高等院校通识教育“十三五”规划教材

大学生 心理健康教育

刘国秋 张利萍 ⊕ 主编
孙景福 王翠春 刘倩 ⊕ 副主编

人 民 邮 电 出 版 社
北 京

图书在版编目（CIP）数据

大学生心理健康教育 / 刘国秋，张利萍主编. -- 北京 : 人民邮电出版社，2018.2（2024.1重印）
高等院校通识教育“十三五”规划教材
ISBN 978-7-115-47490-2

Ⅰ. ①大… Ⅱ. ①刘… ②张… Ⅲ. ①大学生一心理健康一健康教育一高等学校一教材 Ⅳ. ①G444

中国版本图书馆CIP数据核字(2018)第016529号

内 容 提 要

本书共分10章，分别是走近心理健康、认识自我与发展自我、完善自己的人格、建立良好的人际关系、管理情绪与压力、学会学习、在爱中成长、性心理与性健康、大学生心理障碍的预防与治疗、生命教育与心理危机干预。每章均设有“话题导入”“延伸阅读”“心理训练”“心理测试”“思考题”等模块，便于学生灵活掌握所学知识。

本书适合作为高等院校“心理健康”等相关课程的教材，也可供关注心理健康、对心理健康感兴趣的读者阅读参考。

◆ 主　　编　刘国秋　张利萍
副 主 编　孙景福　王翠春　刘　倩
责任编辑　王亚娜
责任印制　焦志炜

◆ 人民邮电出版社出版发行　　北京市丰台区成寿寺路11号
邮编　100164　　电子邮件　315@ptpress.com.cn
网址　http://www.ptpress.com.cn
北京隆昌伟业印刷有限公司印刷

◆ 开本：787×1092　1/16
印张：15.25　　　　　　2018年2月第1版
字数：372千字　　　　　2024年1月北京第11次印刷

定价：42.00元

读者服务热线：(010)81055256　印装质量热线：(010)81055316
反盗版热线：(010)81055315
广告经营许可证：京东市监广登字20170147号

本书编委会

主　编：刘国秋　张利萍

副主编：孙景福　王翠春　刘　倩

编　委（按姓氏笔画排序）：

王国辉　王效仿　王海艳　王晓雷　王清春　王德国　孙贝贝

李明国　李晓丽　林　红

前言 PREFACE

心海浩淼，奥秘无限，人类在探索外部世界的同时，也在探索着自己心的海洋。作为成长中的大学生，正处在脱离家庭、走向社会的关键时期，如何认识自我、完善自我、塑造健全人格，真正成长为德才兼备的优秀人才，是关乎大学生一生的重大发展主题。

目前，我国经济进入快速发展时期，其主要特点是思想文化激荡、价值观念多元、人才竞争激烈。在这种成长环境下，大学生很容易在环境适应、自我认识、人际交往、专业发展、爱情选择、情绪管理与调适等方面产生心理困惑。

为贯彻落实《高校思想政治工作质量提升工程实施纲要》提出的“构建心理育人质量提升体系，着力培育师生理性平和、积极向上的健康心态，促进师生心理健康素质与思想道德素质、科学文化素质协调发展”要求，贯彻落实《普通高等学校学生心理健康教育工作基本建设标准（试行）》和《普通高等学校学生心理健康教育课程教学基本要求》，切实为大学生释疑解惑，我们组织了校内长期从事心理咨询工作的教师，根据多年的工作经验，在吸取相关领域先进理论成果的基础上，紧密结合大学生的心理实际，编写了本书。

本书以普及心理健康知识、为大学生提供心理健康指导为出发点，力求体现操作性、参与性和可读性的特点，旨在帮助大学生解决在现实生活中遇到的心理困惑，为其“成长为更好的自己”提供指导。在内容安排上，本书对大学生普遍关心的成长主题都有所涉及；在结构体例上，力求简洁、实用，既有利于学生掌握理论知识，也有利于教师课堂活动的组织。希望大学生在轻松的阅读中有所领悟和收获，实现自我启迪和自我成长。

本书的出版，相信会为大学生朋友提供有益帮助。由于编者自身知识结构所限，加之经验不足，书中难免有挂一漏万之处，希望读者在使用过程中提出宝贵意见。本书在编写过程中，参考并借鉴了一些专家学者的观点、研究成果及相关数据，在此一并表示衷心感谢。

编　者

2018年1月

目 录

CONTENTS

第4章　建立良好的人际关系　74

第5章　管理情绪与压力　98

第1章 走近心理健康

话题导入

一锤定音的是什么？

从神舟五号到神舟六号飞船的成功发射，航天英雄杨利伟、费俊龙、聂海胜的名字瞬间传遍了祖国的大江南北。

我国首批14名航天员，是在我军成千上万名飞行员中层层遴选出来的。经过漫长艰苦的训练，他们各方面素质都很过硬。在出征太空前的最后选拔中，三位中哪一位能有幸成为"神五"航天员？三组中哪一组能有幸成为"神六"航天组成员？一锤定音的是什么？

专家说，最后决定航天员胜出的是他们的心理素质。也就是说，不管个人其他条件如何出众，只要心理状态不佳，都将与神舟失之交臂。他们在太空遨游后安然归来，是他们过硬的素质，特别是心理素质大放异彩的真实写照。

亲爱的同学们，这个真实的故事给了你哪些启发？什么是过硬的心理素质？什么是心理健康？心理健康的标准是什么？心理健康对一个人成才与发展有怎样的作用？……让我们带着这些问题，一起走进本章的学习！

第一节 心理与心理健康

一、什么是心理

（一）心理、心理活动及其内容

心理是脑的机能，是脑对客观现实的反映。心理的表现形式叫作心理现象，也称为心理活动，如感觉、知觉、记忆、思维、想象和情感、意志及个性等。人的心理活动极其复杂，觉醒着的人每时每刻都在进行着心理活动。

为了便于开展研究，心理学把人的心理活动划分为心理过程和个性心理两个方面（见图1-1）。人的心理过程包括认知过程、情感过程和意志过程，称为“知、情、意”。认知过程是人的感觉器官接受刺激后产生的感觉、知觉，并通过记忆、思维、想象等心理活动来完成，它是心理活动中最基本的过程。人们除了通过感官去感知事物外，对感知的事物还会产生一定的态度和情感体验，如喜、怒、哀、乐等，这称为情感过程。人在改造客观事物活动时总是有目的的，在目的支配行动、克服困难过程中所产生的心理活动，称为意志过程。

- **人的心理现象**
  - **心理过程**
    - **认知过程：感觉、知觉、记忆、思维、想象**
    - **情感过程：情绪、情感**
    - **意志过程：意志、意志行动**
  - **个性心理**
    - **个性心理倾向：需要、动机、兴趣、信念、价值观**
    - **个性心理特征：气质、性格、能力**

图1-1　心理结构示意图

心理过程是人所共有的，体现了人的心理活动共性的一面，但反映在每一个具体人身上，会表现出不同特点，且具有比较稳定的特征，这种心理特征的总和称为个性心理，简称个性，也称作人格。个性心理由个性心理倾向和个性心理特征两方面组成。个性心理倾向主要包括需要、动机、兴趣、信念、价值观等，是个性心理的动力结构，是个人从事活动的基本动力，决定着一个人的行为方向。个性心理特征包括气质、性格、能力等，是个性心理的特征结构，是个性心理差异性的集中体现，比较稳定地反映了个体的特色风貌。

人的心理的认知、情绪、意志过程不是彼此孤立的。心理过程和个性心理也不是截然分开的，而是密切相连的。心理学的主要任务就是研究人的心理过程和个性心理的形成与发展规律，进而促进或改进一些心理活动、心理特征的形成和发展。

延伸阅读1-1

走过鳄鱼桥的实验——心理对行为的影响

一天，几个学生向美国著名心理学家弗洛姆请教：心态对一个人的行为会产生什么样的影响？

弗洛姆微微一笑，一句话也没说，把他们带到一间黑暗的房子里。在他的引导下，学生们很快就穿过了这间伸手不见五指的神秘房间。

接着，弗洛姆打开房间里的一盏灯，这盏灯暗淡昏黄，光线不足，在里面适应一阵子，才能看清房间里的东西。等同学们看清楚房间的布置后，不禁吓出了一身冷汗。原来，这间房子的下面是一个很深很大的水池，水池里不仅游动着几条张着血盆大口的大鳄鱼，还有很多各种各样的毒蛇，其中几条毒蛇正高高地昂着头，朝他们“嗞嗞”地吐着信子，进行挑衅呢。

“我们刚才是怎么过来的？”同学们更加惊诧了。原来，在这座水池的上方，搭着一座很窄很窄的独木桥，他们刚才就是从这座独木桥上走过来的。同学们你看看我，我看看你，面面相觑，不禁又是一阵后怕。

停了一会儿，弗洛姆问：“谁愿意再一次走过这座桥？”大家的心一下子都又缩紧了，有的人脸色都吓白了，竟然没有一个人作声。过了好一会儿，终于有3个学生畏畏缩缩地站了出来。其中一个学生一走上去，就像体操运动员踩平衡木一样，异常小心谨慎，大气都不敢出，速度比第一次慢了好多。第二个学生战战兢兢地踩在小木桥上，身子不由自主地颤抖着，才走到一半，一头鳄鱼追了过来，吓得他“哇”的一声大哭起来。后来弗洛姆赶走了鳄鱼，他才勉强爬过了小桥。第三个学生刚跨上小桥腿就软了，他干脆趴到桥上，匍匐着慢慢地爬过了小桥。

“啪”，弗洛姆又打开了房间里的另外几盏灯，强烈的灯光一下子把整个房间照耀得如同白昼。学生们揉揉眼睛仔细一看，原来小木桥的下方装着一层透明的玻璃地板，只是因为刚才光线暗淡，他们没有分辨出来。

“原来老师是在考验我们。”同学们不禁轻松地笑了。

弗洛姆又问：“现在，谁愿意通过这座小桥？”

同学们相视一笑，一个个争先恐后地过了小桥。

“你们不是问什么叫心态吗，现在我可以告诉你们了，”弗洛姆笑着说，“这座桥本来不难走，可是桥下的鳄鱼、毒蛇对你们造成了心理威慑，于是，你们就失去了平静的心，乱了方寸，慌了手脚，表现出各种程度的胆怯。面对同样的困难，心态好时，心静如水，如走平地；心态不好时，心乱如麻，如履薄冰——心态对行为有多么大的影响啊。”

在我们的现实生活中，有的人总是面带微笑，笑对人生；有的人则双眉紧锁，怨天尤人。一位哲人说：“你的心态就是你真正的主人。”一位伟人说：“要么你去驾驭生命，要么是生命驾驭你。你的心态决定谁是坐骑，谁是骑师。”

——《改变生活的68个心理学经典故事》

（二）心理学及研究领域

心理学是研究人和动物心理现象的发生、发展和变化规律的科学，用以指导人们的实践活动，主要以研究人的心理现象为主。随着心理学的不断发展和人类对提高生活质量的不断追求，心理学的研究领域也越来越广泛，目前已经是具有100多个分支学科的庞大科学体系。现在多从以下两个方面对心理学进行分类。

1. 理论心理学

理论心理学主要以人类心理机制及与此相关的脑机制为对象，通过实验、测量及问卷调查等研究方法得到普遍的适用性理论，为应用心理学提供理论依据，包括普通心理学、发展心理学、人格心理学、生理心理学、动物心理学、心理测量、实验心理学、神经心理学、心理语言学、心理统计学、心理生理医学，等等。

2. 应用心理学

应用心理学主要是将基础领域的理论成果运用于人类不同群体，以便更好地帮助其发展与生活，包括管理心理学、教育心理学、劳动心理学、人事心理学、工程心理学、工业心理学、犯罪心理学、医学心理学、健康心理学、运动心理学、变态心理学、咨询心理学、临床心理学、环境心理学、音乐心理学、民族心理学、宗教心理学、消费心理学，等等。

可以看出，心理学的研究范围非常广泛，已经基本涵盖生活的各个领域，可以说只要有人类存在的地方，就有心理学的存在，心理学在为人类服务方面扮演着越来越重要的角色。

二、什么是心理健康

健康是人的第一财富，是实现人生理想的首要条件。如果没有了健康，智慧就难以展现，知识也无用武之地。因此对当代大学生来说，健康是学业成就、事业成功、生活快乐的物质基础。

（一）科学的健康观

曾经担任世界卫生组织总干事的马勒博士说过：有了健康并不等于有了一切，但没有健康就等于没有一切。关于健康内涵的认识，随着社会的发展及人类自身认识的深化，正在发生着极大的变化，那种认为只要身体没有疾病、生理机能正常就是等于健康的观念正在被一种“立体健康观”所替代，即健康应由心理尺度、医学尺度和社会尺度来评价，健康的概念已经从传统的生物医学模式向生物—心理—社会模式转变。

1948年世界卫生组织（World Health Organization，WHO）成立时，在宪章中把健康定义为：“健康乃是一种生理、心理和社会适应都日臻完满的状态，而不仅仅是没有疾病和虚弱的状态。”同时，为了加深人们对健康的认识，WHO还明确提出了健康的10条标准。

第一，有充沛的精力，能从容不迫地担负日常工作和生活而不感到疲劳和紧张。

第二，态度积极，勇于承担责任，不论事情大小都不挑剔。

第三，精神饱满，情绪稳定，善于休息，睡眠良好。

第四，能适应外界环境的各种变化，应变能力强。

第五，自我控制能力强，善于排除干扰。

第六，体重得当，身体匀称，站立时头、肩、臂的位置协调。

第七，眼睛炯炯有神，善于观察，眼睑不发炎。

第八，牙齿清洁，无空洞，无痛感，无出血现象，牙齿和牙龈颜色正常。

第九，头发有光泽，无头屑。

第十，肌肉和皮肤富有弹性，走路轻松协调。

由这10条标准可以看出，健康包括身体和心理两方面的健康，二者相互影响，相辅相成，缺一不可。

1989年WHO又将健康的标准修订为：健康应包括生理、心理、社会适应和道德品质的良好状态。这个新概念的突出特点是，强调人的生理与心理、自然性与社会性的有机统一。

（二）心理健康及标准

1．确定心理健康的依据

人的心理世界是复杂多样的，心理健康也是相对的，很难有固定、精确、清晰的度量标准，在“正常”与“异常”之间没有绝对的分界线，即使一个健康的人，也可能随时产生心理问题。那么，人的心理健康以什么作为标志？

一般来说，判断心理健康状况如何，主要看以下4个方面。

（1）主观感受标准，即按照自己的主观感受进行判断，他人则凭借个人的经验对当事人进行判断，重点关注的是当事人的主观心理感受。

（2）社会适应标准，即以社会中大多数人的常态为参考标准，观察自己或他人是否适应常态而进行判断。

（3）统计学的标准，依据对大量正常心理特征的测量取得一个常模进行对照，来判断自己的心理是否健康。

（4）自身行为标准，每个人在以往生活中都会形成稳定的行为模式，将自己的心理行为同已形成的行为模式相对照来加以判断。

2. 心理健康诊断标准

怎样的心理才算健康？这是一个很复杂的问题。心理健康与否，不像生理健康那样都有具体、精确的衡量指标，如脉搏、体温、血压、血糖等。从症状学角度来讲，诊断一个人心理是否健康应遵循以下三条基本准则。

一是心理过程具有完整性和协调性，即心理活动中的认知、情感、意志三个过程的内容要完整、统一、协调；二是心理活动与外部环境具有同一性，即个体能够根据客观环境的需要和变化，不断调整自己的心理行为，使所思所想、所作所为能正确反映外部世界，无明显差异，达到与客观环境保持协调的状态；三是个性心理特征具有相对稳定性，即人的个性心理特征在没有重大的外部环境改变的前提下，气质、性格、能力等个性特征相对稳定，行为表现出一贯性。

3. 心理健康的标准

国内外许多心理学家从不同的角度对心理健康的标准进行了归纳，其中有代表性的是美国心理学家马斯洛和米特尔曼经过多年研究于1951年提出的心理健康10标准。

（1）有足够的自我安全感。

（2）能充分地了解自己，并能对自己的能力做出适度的评价。

（3）生活理想切合实际。

（4）不脱离周围现实环境。

（5）能保持人格的完整与和谐。

（6）善于从经验中学习。

（7）能保持良好的人际关系。

（8）能适度地发泄情绪和控制情绪。

（9）在符合集体要求的前提下，能有限度地发挥个性。

（10）在不违背社会规范的前提下，能恰当地满足个人的基本要求。

长期以来，人们习惯于将人的精神正常与否看作黑白分明的事情：要么是个正常的人，无论思想和行为有多大的变化和异常现象；要么就是一个精神病患者，无论疾患有多大的好转。这种将人的精神正常与否作非白即黑的判断，未免太过简单化。国内学者张小乔提出心理健康的“灰色理论”的概念，如图1-2所示，即人的精神正常与不正常没有明显界限，它是一个连续变化的过程。具体来说，如果将人的心理正常比作白色，心理不正常比作黑色，那么在白色与黑色之间就存在着一个巨大的缓冲区域——灰色区域。灰色区域又可划分为浅灰色区域与深灰色区域。处于浅灰色区域的人只有心理冲突而没有人格的变态，其突出表现为诸如失恋、丧亲、工作学习不顺心、人际关系不和睦等生活矛盾所带来的心理不平衡与精神压抑。深灰色区域的人则患有某种异常人格障碍和神经症等。一般而言，浅灰色区域与深灰色区域之间无明确界限。

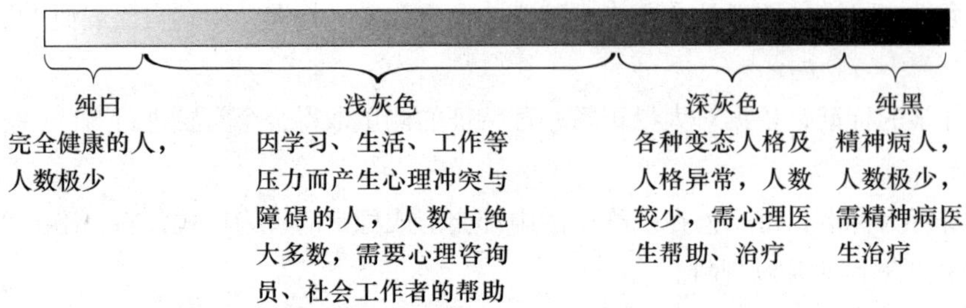

图1-2　心理健康灰色理论示意图

延伸阅读1-2

正确认识心理问题

（一）心理问题≠精神病

心理咨询在我国是一门起步较晚的新兴学科，人们对它有一种神秘感。来访者通常都是左顾右盼、鼓足了勇气才走进诊室，在医生反复保证下，才肯倾吐愁苦；或是绕了很大圈子，才把真实的情况表述出来。因为在许多人眼里，来咨询的人很可能精神不正常或有精神病，要不就是有见不得人的隐私或是道德品质方面的问题。此外在中国人的传统观念中，表露出情感上的痛苦是软弱无能的表现，对男性来说尤其如此。以上种种原因，使很多人宁愿饱受精神上的痛苦折磨，也不愿或不敢前来就诊。其实，心理问题与精神病是两个不同的概念。每个人在成长的不同阶段及生活工作的不同方面，都有可能会遇到这样那样的问题，从而导致消极情绪的产生。对这些问题如能采取适当的方法予以解决，个体就能顺利健康地发展；若不能及时加以正确处理，则会产生持续的不良影响，甚至导致心理障碍。这样看来，心理问题是日常生活中经常会遇到的，就这些问题进行心理咨询并不意味着有什么不正常或有见不得人的隐私，相反，这表明了个体具有较高的生活目标，希望通过心理咨询更好地自我完善，而不是回避和否认问题，混混沌沌虚度一生。有相当一部分人认为精神病就是疯子，其实他们所说的精神病严格地来讲是重性精神病，如精神分裂症、躁郁症等，它与一般的心理问题和轻度心理障碍有很大区别。绝大部分精神病人对自己的疾病没有自知力，更不会主动求医。

（二）心理问题≠心理变态

很多人都说他们走进心理咨询室是需要很大勇气的，可能还有过思想斗争："去还是不去？人家会不会认为我是精神病？朋友知道了会怎么看我……"这在一定程度上反映了很多人对心理咨询的看法：去做心理咨询的人都是心理有问题的人，心理有问题就是变态。之所以有如此看法与媒体的片面宣传有关，媒体在表现与心理有关的题材时往往都喜欢选择一些极端案例，其实案例中一般都是处于深灰色区域的甚至多是心理变态的人。

（三）心理问题人人都有，只是程度与形式不同

心理问题同躯体疾病一样具有普遍性，每个人在成长过程的不同阶段即学习生活工作的不同方面，都有可能遇到这样那样的问题，导致消极情绪的产生，所以每个人都或多或少存在一定心理问题，这就好像一个人不可能从来不感冒发烧、拉肚子一样，不存在没有一点躯体疾病的人，也不存在没有一点心理问题的人，任何人在遇到失败打击时都会沮丧、抑郁、失落。远离父母家人、昔日的老师和同学来到大学陌生的环境，都会或多或少出现不适应的情况，必须及时进行调适，否则持续下去就会逐渐积累转化为心理障碍，严重的则会进一步发展成精神病，甚至会感到难以应付，无希望，出现自杀、他杀等威胁生命的恶性事件。

三、心理健康的重要性

（一）心理健康是大学生身心健康发展的需要

俗话说："笑一笑十年少，愁一愁白了头。"我们日常生活中看到的那些长寿老人，大多有一种乐观豁达的心态。大学生要保持躯体健康，就必须保持心理健康。被称为生理学之父的俄国伟大生理学家巴甫洛夫曾经说过："一切沉重顽固的焦虑和忧郁足以给各种疾病打开大门。"人是一个身心统一体，心理问题往往与人的生理疾病互为条件。一方面，长期的身体疾病可能引发心理问题；另一方面，长期存在心理问题且得不到调适，也会引发身体疾病：如果大学生的心理长期处于灰色区域，经常处在紧张、焦虑、抑郁、悲伤、恐惧或愤怒之中，又得不到及时调整，则他们的躯体健康也会受到损害。

现代医学与心理学研究表明：人的情绪、心态与健康密切相关。例如，人在恐惧和悲哀时胃黏膜会变白，胃酸会停止分泌，容易导致消化不良。人在焦虑、怨恨的时候胃黏膜会充血，胃酸分泌会增多，长期的焦虑、怨恨情绪会导致胃溃疡的发生。同时，长期的焦虑与愤怒还会使血压增高、心脏受损，从而导致高血压和心脏病。另外，一些皮肤病、女性的乳腺病和妇科疾病，以及一部分癌症都与心理不健康有关。许多大医院的内科门诊调查发现，内科疾病中约有70%的都与心理不健康有关，通常称为心身疾病。而愉悦情绪能够使人体内的激素分泌保持平衡，增强免疫系统功能，从而有助于生理健康。

此外，从精神病学的角度来看，不良情绪还容易导致心理障碍。不良情绪如果过度或长期（一般为三个月以上）得不到及时调整，就会影响人的大脑功能，造成大脑功能失调，从而导致各种神经症或精神病，如抑郁症、焦虑症、强迫症等，严重者甚至会出现自杀行为。

（二）心理健康是大学生适应现代社会的需要

其实，早在半个多世纪以前，心理学家荣格就曾经提醒人们，要防止远比自然灾害更危险的人类心灵疾病的蔓延。他认为，随着人们对外部空间的拓展，人们对心灵的提升却停止了；人们在智力方面收获过剩，心灵方面却丧失殆尽。精神生活的深度不安折磨着现代社会中最敏感的人尤其是青少年学生。他们面对社会竞争的压力，在学习、生活、人际交往、自我意识和升学就业中会遇到各种问题，苦闷、孤独、焦虑、冷漠……甚至精神崩溃，自杀、杀人等恶性事件频频发生，如马加

爵事件、复旦大学博士投毒事件等都发人深思，心理健康问题已成为一个“世纪性”的问题，抑郁症就被世界卫生组织称为“世纪病”。

具备良好的心理素质是时代发展的需要，是社会全面发展对培养高素质创新人才的必然要求。现代社会挑战与机遇并存，面对社会的迅速变革，每个大学生都会承受来自学习、人际交往、求职择业、事业发展、恋爱婚姻等多方面的巨大压力，需要有较强的社会适应能力，培养自信、乐观、创新、合作、进取等良好的个性品质。

在现代社会中，谁具备了以上这些良好的心理品质，谁就能够把握机遇，获得成功，取得发展。不难想象，一个智商（IQ）中等、情商（EQ）高的人，会比一个IQ高、EQ低的人更容易适应周围环境和社会生活的要求。因此，大学生要主动提高自己的心理健康意识，促进身心健康发展，从而适应现代社会对人才提出的更高要求。

（三）心理健康是大学生成功发展的需要

美国成功学家安东•尼奥尼说过：“每个人都有一座潜能金矿，蕴藏无穷，价值无比。”当一个人拥有自信、情绪乐观、意志坚强时，他便能够最大限度地发挥自己的潜能；而当一个人处于自卑、愤怒、抑郁、焦虑、紧张等消极状态时，他对外界的感知能力也会下降，从而限制自己潜能的发挥。许多成功人士的外在条件并不一定比别人好，但是，由于他们拥有良好的心理素质，因此他们的潜能得到了充分发挥，最终在自己努力的领域取得了成功。例如，乒坛皇后邓亚萍就是凭着自己的自信、坚强和毅力，不仅夺得了奥运冠军，而且获取了英国剑桥大学的博士学位，成为一名出色的管理人才。然而，一些大学生尽管智商很高，学习成绩也很优秀，但是由于心理素质不佳，出现了心理疾病，甚至发生了自杀危机，其个人价值自然也就无从实现，又谈何成功发展呢？

第二节　了解心理咨询

一、心理咨询及作用

（一）心理咨询的含义

心理咨询是经过专业培训的心理师通过语言、文字等媒介，运用心理学的理论和技术，针对求助者的各种适应与发展问题，通过协商、交谈、启发和指导等，使其在认识、情感和行为上有所变化，从而帮助求助者更好地发挥潜能，适应环境，保持身心健康。

延伸阅读1-3

关于心理咨询的几个认识误区

1. 心理咨询是窥心术

人们总是以为心理学家应该能透视眼前人的内心活动，和算命先生差不多。“研究心理”就是揣摩别人的所思所想。许多来访者也有类似的心态，他们不愿或羞于吐露自己的心理活动，认为只要简单说几句，咨询师就应该能猜出他心中的想法，要不就表明咨询师水平不高。其实心理治疗师也是人，他们没有什么特异功能可以窥见他人的内心世界，他们只是应用心理学的理论和方法，给来访者提供的一定信息进行讨论和分析，并进行咨询与治疗。因此，来访者需详尽地提供有关情况，才能帮助双方共同寻找问题的症结咨询。其实，最了解自己的莫过于自己，不要过分迷信专家或过高地要求他们。

2. 心理咨询就是做思想工作

来访者中还有另一种极端的认识，就是认为心理咨询没多大用处，无非是讲些道理，因而忽视或未意识到心理问题是需要治疗的。一女孩因强迫观念痛苦异常前来就诊，家人反对并干涉："你就是死钻牛角尖，想开点就会好的。"亦不让患者服药。患者得不到家人的理解支持，内心很绝望，从而影响到治疗的连续性和效果。心理咨询作为一门学科，有着严谨的理论基础和诊疗程序，它与思想工作是有本质区别的。思想工作的目的是说服对方服从和遵循社会规范、道德标准及集体意志，而心理咨询则是运用专门的理论和技巧寻找心理障碍的症结，予以诊断治疗，咨询者持客观、中立的态度，而不是对来访者进行批评教育。另外，某些心理障碍同时具有神经生化改变的基础，需要结合药物治疗，这更是思想工作所不能取代的。

3. 去做心理咨询是见不得人的

许多同学觉得做心理咨询是一件很难为情的事，因此总是躲躲闪闪，生怕别人看见，更有甚者反复犹豫是否去做心理咨询，结果是旧病未了又添新病。其实，心理咨询绝不是什么见不得人的事，只是因为这个新生事物在中国兴起的时间不长，了解它的人不太多，能接受它的人就更少了。其次许多人对心理咨询也有这样那样的顾虑，这也导致了他们不敢走进心理咨询室。但正如哈佛大学博士岳晓东所说："心理咨询是一种享受而不是痛苦，是明智的选择而不是蠢笨的做法。"因此，需要我们正确认识它。

4. 一次心理咨询就可以解决我的问题

许多人对心理咨询的期望值非常高，总是希望通过一次心理咨询解决现存的所有问题。其实"冰冻三尺，非一日之寒"，心理问题不是一天形成的，当然也不是一次心理咨询可以解决的。同时心理咨询需要咨访双方的互动及来访者对心理咨询有关领悟的主动实践。所以说心理咨询往往需要多次才能真正解决问题。

5. 心理咨询老师是万能的

许多人走进咨询室，目的就是要求咨询师告诉他怎么做，这只是一种"给予鱼"的方法，而咨询的主旨是"助人自助"，是应当达到"给予渔"的效果。心理咨询老师的工作是针对学生的烦恼，运用掌握的专业知识，帮助你梳理出烦恼、困惑和障碍的根源，教你掌握自我调适的方法，达到自我成长的效果，整个过程中需要依靠来访者的主动领悟和调整。所以，能够祛除你烦恼、焦虑的还是你自己。

（二）心理咨询的特点

从对心理咨询的界定来看，心理咨询既不是"授人以鱼"，也不是"授人以渔"，更像是咨询师和来访者一起去探索捕鱼的方式，即助人以自助。心理咨询有以下一些特点。

1. 助人自助

心理咨询师会在咨询过程中运用心理咨询的原理和方法来帮助来访者解决他的心理困扰，这个过程并不是心理咨询师直接解决问题，而是"助人自助"的过程，目的是让来访者启动自己的潜能，领悟并找到解决问题的方法。

2. 互动性

心理咨询不像通常看病，医生提问题，病人回答，然后医生根据病人的回答开处方，病人按药方抓药。很多人对心理咨询有这样的误解：进了咨询室之后会喋喋不休地先给咨询师讲一堆的问题和症状，讲完之后就等着咨询师"开处方"。其实，心理咨询师和来访者的交互并非这样的一问一答过程，而是互动的。咨询师会提问，但这种提问不是为了"开处方"，而是为了促进来访者自身的探索和思考。

3. 心理性

心理性的意思就是它解决问题的范畴是心理问题，而一些非心理的问题则不属于心理咨询的范畴。心理咨询不能直接给你好成绩，也不能让离开你的爱人回来，更不能治疗癌症，但是它可以帮助你探索获得好成绩的方法，正确面对失恋时的伤痛和应对罹患癌症之后的绝望感。

（三）心理咨询的主要作用

1. 倾诉心声

倾诉是人的一种心理需要，它能帮人们缓解心理压力，是分析和解决问题的前提。朋友、同学、亲人都可以成为倾听心声的人，但也有不方便、不适宜的时候。而与自己没有亲缘和利害关系的心理咨询师，他能耐心听你诉说，并且有心理学的专业知识，能帮你分析问题，排忧解难。

2. 辨明问题

人的心理问题有各种类型和性质，其中许多并非心理疾病，它们是由纷繁复杂的社会生活问题引发的。心理咨询是和你一起去分析所面临问题的实质，发现引起问题的原因。

3. 磋商对策

当一个人处于生活旋涡之中，在精神压力的重负下，他的思路常常会被堵塞。而咨询师处于旁观者的角色，他的头脑冷静，思路较为开阔，能为你提出一些合理化的参考建议，帮你打开思路。

4. 平衡情绪

心理咨询通过给你宣泄压抑情绪的机会，帮你辨明自己所面临问题的性质并且磋商解决问题的对策，使你的不良情绪得到缓解，心态也随之得到平衡。

5. 促进成长

学校心理咨询的性质多属于发展性咨询，目的在于助人成长。即不仅要帮你处理好当前的问题，更要通过处理当前的问题提高你的认知水平，增强你的自信心，发展和完善你的人格。

需要特别强调的是：心理咨询并不是万能的，其咨询效果不仅取决于咨询师的学识水平，更取决于当事人是否具有强烈的成长与改变自己的意愿。因此要想取得较好的心理咨询效果，不仅要找一位好的可靠的心理医生，而且自己也要抱有坚定的治愈的决心和信心。

心理咨询主要解决的是发展性问题。心理咨询师帮助来访者了解自己处在什么样的发展阶段，需要发展哪些心理品质，以及怎样发展这些心理品质。其重点是帮助来访者更好地认识自己和社会，增强社会适应能力，充分开发潜能，促进人的全面发展，促进早日成功和成才。

延伸阅读1-4

需要心理咨询的时刻

在大学中，每个人都会遇到困难。如果你有以下相似的困惑，那么，你可以考虑进行心理咨询。

1. 对大学生活不适应，感觉对生活失去了控制感。
2. 与同学关系不和睦，或正在结束某个重要的人际关系。
3. 生活中遇有重大选择时，犹豫不定。
4. 经常感到情绪焦虑、抑郁等。
5. 经历了失恋、单相思后，心理创伤无法自愈。
6. 过分自卑，经常感到心情压抑。
7. 经受挫折后，精神一蹶不振。
8. 学习压力大，有无力感，但又不能自行调节。
9. 睡眠状态发生改变，经常失眠。
10. 觉得自己并没有发挥出全部的潜能。

二、心理咨询的设置

（一）心理咨询的主要对象

心理咨询的主要对象可分为两大类：一是正常人群，遇到了与心理有关的现实问题并请求帮助的人群，或者希望在某一方面做得更好的人群；二是心理有问题，但是并非精神异常的人群。病态人群，如精神分裂症、抑郁症等患者都是精神科医生的工作对象。

（二）地点设置

心理咨询作为一项专业的助人工作，不同于简单的聊天，它必须有严格的地点设置，这是心理咨询设置中最根本的一点。心理咨询的地点一般是在固定的、安全的心理咨询室内进行，如遇特殊情况（如危机干预）则可以在事发现场进行。

（三）时间设置

心理咨询需要进行时间设置，这主要是为了把咨询控制在来访者注意力最容易集中的时间段，这样对于解决来访者的问题更为有效。

1. 咨询时间

个体咨询的面谈时间一般为50分钟/次，以使咨访双方都能保持全神贯注状态。当然根据来访者的不同情况和咨询技术选用的不同，咨询时间也会有所差别，需要具体问题具体对待。

2．咨询频率

经典精神分析的咨询频率通常是每周4～5次，其他形式的个体咨询目前以每周一次的设置比较普遍。依据来访者的情况，设置相应的心理咨询频率，可以确保良好的咨询效果。

3．疗程

疗程是指从第一次会谈开始直到咨询目标的实现，整个咨询过程所持续的时间长度。心理咨询的疗程长短取决于求助者心理的困难程度、咨询目标及所选的咨询技术，短的只需要一次50分钟，长则需要几年，甚至是几十年的时间。目前，心理咨询中的疗程一般都为6～20个小时。在不同咨询阶段，根据咨询的不同任务，咨询时间的长度和频率还需要不断地进行相应的调整。

（四）预约设置

咨询师的咨询时间安排需要有严格的预约设置。预约设置，一方面是为了避免咨询中心经常有人任意来往，给来访者造成不安全的感觉；另一方面也是为了保障咨询师有休息时间，能够在一次咨询后有充足的时间整理自己的情绪，做好迎接下一个来访者的准备。咨询师一般不接受临时到访者，除非属于危机情况。

（五）转介设置

在遇到下列情况时，咨询师可以将来访者转介到其他机构或咨询师。

超出心理咨询工作范畴的，如精神疾病患者，心理咨询师就会将其转介到精神疾病治疗机构，这样更有利于帮助来访者；再如像法律问题、学校的校纪校规等问题的咨询，也不属于心理咨询的范畴，咨询师也可以将来访者进行转介。

咨询师认为自己不适合做咨询的情况都应当转介。如有的咨询师不擅长解决来访者的求助主题，有的咨询师个人遇到了重大事件，导致情绪出现波动的，这时必须将来访者转介给更匹配、更具有工作能力的咨询师。

转介的原则是维护来访者的权益。所以来访者需要明白：转介不一定是因为问题有多严重，或者是咨询师不喜欢自己，转介是为了更好地在专业层面进行助人工作。

心理咨询的方式有个体咨询、团体咨询、电话咨询和网络咨询等，应依据自己的实际情况和需求，采用不同类型的心理咨询方式。

三、心理咨询时应注意的问题

（一）要积极主动参与

做心理咨询，不能像到医院就诊那样，把病情向医生一说，就被动地等待医生开药方、配药。在整个咨询过程，来访者的配合十分重要，咨询师与来访者共同努力，才能帮助来访者面对现实、采取恰当的方法解决心理问题。

（二）建立较强的咨询动机

要想在心理咨询中取得满意的效果，必须要有改善或改变自己某一方面状况的真诚愿望。在去咨询之前，要先给自己提两个问题："对自己的现状，我确实不满意吗？""我确实愿意在某个方面、某种程度上改变自己吗？"如果你的回答是肯定的，你可以去做心理咨询；如果你的回答是否定的，那么你很难从心理咨询中得到真正有价值的帮助。

（三）切勿浅尝辄止，似“蜻蜓点水”

心理困扰、心理障碍不可能像感冒那样吃些药片就可以很快恢复，它需要一个过程，需要耐心探索自我的实践，切不可因一时看不到明显的咨询效果就放弃。

（四）在咨询室里，你是安全的

对于你的个人隐私，咨询师会为你保密，这一点你尽管放心。保密是心理咨询的基本职业道德之一，是每个心理咨询师必须遵守的行业信条。

（五）做好遇到困难的准备

心理困扰最终的解决必须依靠来访者自己的力量，在这一过程中必定会遇到困难，因为咨询会触碰来访者不愿意触碰的最柔软的心灵深处的秘密，有时在恢复到良好状态之前，来访者也许会感觉更加糟糕，因为心灵的伤口被揭开了。

咨询是帮助你变得更加强大的过程，你需要对自己的生活负责，你要学会很多生活的技巧，学会很多应对困难的方法，这样你一定可以更好地面对生活中的挑战，走向自己渴望的生活之路！

延伸阅读1-5

心理咨询的基本原则

1. 保密性原则

心理咨询不会危害来访者自身或他人安全，咨询师对来访者所谈的内容及全部信息，包括来访者的姓名及其他身份信息全部予以保密。因而来访者可以保持放松的心态。

2. 理解性原则

咨询人员对来访者的语言、行为和情绪等要充分接纳和理解，帮助来访者分析出现问题的原因并寻找解决问题的方法。

3. 时限性原则

心理咨询必须遵守一定的时间设置。咨询时间一般规定为每次50分钟左右（初次来访时可适当延长），原则上不能随意延长咨询时间或变更来访频率。

4. 助人自助的原则

在心理咨询过程中，咨询师能帮助来访者理清思绪，学习理性处理问题，使来访者的心理素质得到成长，因此咨询本身就是一个来访者学习并成长的过程，同时也是咨询师“助人自助”的过程。

5. 客观中立和无条件积极关注原则

来访者在成长过程中，已经形成了自己特有的应对方式，心理咨询师要给予来访者无条件的积极关注，以便帮助他们走出心灵的雨季。

6. 重大决定延期的原则

心理咨询期间，由于来访者情绪不稳定，原则上心理咨询师应规劝其不要轻易做出诸如退学、分手等重大决定。在咨询结束后，来访者的情绪得以稳定、心境得以平静之后做出的决定，往往不容易后悔或反悔的比率较小。这一点应在咨询开始时予以告知。

四、心理咨询主要理论流派

据不完全统计，目前用于临床/咨询的心理治疗方法有数百种之多。在现代心理学领域，精神分析、行为主义和人本主义被认为是最有影响力的三大理论体系，它们也是心理治疗领域最为重要的三大理论流派。由这三大学派衍生出很多方法和技术，下面做简要介绍。

（一）精神分析理论

精神分析学派是20世纪最重要的学术思潮之一，是由奥地利心理学家西格孟德·弗洛伊德（1856—1939年）于1896年创立的。他的理论学说、治疗技术，以及对人类心灵世界的理解，开创了一个全新的心理学研究领域。它所包含的内容比较庞杂，其主要理论要点有以下几个方面。

1. 潜意识学说

弗洛伊德把人的心灵比作大海中的冰山，其主体部分隐匿在海水下面，是看不到的，露出水面的部分仅仅是冰山的一角，就像人的意识；那些隐匿在水下的冰山主体则像是人的潜意识，它占据了心灵的绝大部分，因此他认为，潜意识中储存着那些实际存在，但却意识不到的心理事实。所以该学说把人的心理活动分为意识、前意识和潜意识（又称无意识）三个部分。其中意识指人能够知觉的心理活动，前意识指那些当前不在意识中的记忆和思维，必要时能被提取到意识中的经验，潜意识指人意识不到，却没有被清除而是被压抑了的心理活动。弗洛伊德认为，许多心理障碍的形成，是由于那些被压抑在个人潜意识当中的本能欲望或意念没有得到释放的结果。

2. 人格结构理论

弗洛伊德依据潜意识理论的心理划分，建构了他的人格理论。他把人格结构分为三个部分，从低级到高级依次排列为“本我”、“自我”和“超我”。“本我”是人格的原始部分，包括一切与生俱来的本能冲动，比如食欲、性欲、攻击欲、自我保护欲等，它依照“快乐原则”行事。“自我”是“本我”的表层部分，是由“本我”与现实的接触中衍生出来的一部分，是有意识的。它依照“现实原则”行事，并调节 “本我”的冲动，采取社会所允许的方式行事。“超我”是道德化的自我，是“自我”的典范，主要是指人性中的高级本性，如良心和自我批判能力等。它依照“理想原则”行事，是人格的最高层次，也是良知与负疚感形成的基础。弗洛伊德认为，“本我”“自我”“超我” 之间的矛盾冲突及协调构成了人格的基础。人想要维持心理健康，就必须使三者始终保持一种平衡关系。

3. 释梦理论

释梦理论是精神分析学说的重要组成部分，是探索无意识心理过程的一条基本途径。“梦是欲望的满足”是该理论的哲学出发点。弗洛伊德认为，梦以视像为代替物来满足的那个欲望，并不是现实实现的欲望，而是未实现或被压抑的欲望。梦中实现的欲望，属于无意识，而背后的推动力是本能的冲动。他把梦的内容意义分为两个层次：一个是表层意义，是梦的“显意”，指梦者可以回忆起来的梦的情境及其意义；一个是深层意义，是梦的“隐意”，是指梦者联想可以知道的隐藏在显意背后的意义。他用凝缩、转移、象征作为释梦的基本方法，探讨了梦的来源，如生活的残迹、躯体内外感知觉的刺激、压抑的欲望、已经遗忘的童年体验，等等。1900年发表的《梦的解析》是他一生中最伟大的著作之一。

4．心理防御机制

弗洛伊德认为，人们在社会生活过程中，其生理的、心理的需要和欲望不可能都会得到即时的满足，或多或少地总会遇到挫折与冲突，因而人们会产生情绪上的紧张与焦虑、烦恼与不安，多数人会用自己较能接受的方式加以解释和处理，从而不至于引起难以接受的痛苦和不安。弗洛伊德将其称为“心理防御机制”，根据发展水平不同，这种机制又分为成熟的、不成熟的和病态的三种类型。通常成熟的机制包括升华、补偿、认同、幽默等；不成熟的和病态的机制包括合理化、退化、冷漠、否认、压抑、反向、逃避等。弗洛伊德认为，这些心理防御活动多是无意识的，前者对人们的心理健康起到积极作用，后者则会起到消极作用，甚至使人罹患精神疾病。

5．精神分析学派的其他代表人物及观点

当下学界将弗洛伊德的精神分析理论称作经典精神分析，将之后衍生发展的各学派统称为现代精神分析，更多地称为精神动力取向。

（1）在精神分析学界，影响力几乎与弗洛伊德相当的是荣格。他提出了意识、个体无意识、集体无意识、原型等精神系统的结合概念，主张在治疗中采取宣泄、分析、教育、个体化治疗手段和广泛的创造性技术。他的贡献还在于对心理类型学的发展工作，现在广泛使用的沙盘游戏治疗，其理论基础就是荣格心理分析。

（2）在弗洛伊德之后，两位杰出的女性分析家发展了新的精神分析理论。一位是安娜·弗洛伊德，她与埃里克森发展出了精神分析自我学派，其中最经典的观点是埃里克森的自我同一性的阶段性理论。另一位是英国分析家克莱茵，她创造性地建立了客体关系理论。该理论是当今精神分析学派中最强盛的理论之一。

（3）美国分析家科胡特在客体关系理论和对于自恋性人格障碍治疗的基础上，建立了精神分析的自体心理学派。从人格的自恋问题着手来治疗来访者，其中最有特点的是对于自恋性人格障碍的治疗。

（4）雅克·拉康创建了关于主体心理发展的“镜像阶段”理论。他在对6～18个月的婴孩能逐步辨认出自己身体（譬如在镜子中）的形象，从而逐步获得自己身份的基本同一性这样一个经验过程的研究中，证实婴儿的自我意识由此开始建立。拉康认为，人在前语言期就有了自我意识，并建立起一种“内在世界”与“外在世界”之间的关系，然而这个意识到的“自我”一开始就不是真实的，它不过是一个虚幻的“镜像”。镜子阶段之后，个体逐渐进入社会这个语言文化的网络。拉康首次把索绪尔为代表的现代语言学引入精神分析学，对弗洛伊德的相关理论做了重读和“激活”，对无意识与语言的关系、主体的符号建构及其与他者的关系等做了深入的探讨，从而建立了拉康式的结构精神分析学派。因此，他被学界称为将精神分析学推向后现代主义阶段的人。

在当下的心理咨询与治疗实践中，为了明晰来访者产生心理障碍的根源，人们需要接受精神分析的治疗，通过移情关系的建立来重塑人格。在这一过程当中，心理分析师通常使用谈话、自由联想、催眠、释梦等技巧来疏解思考“本我”与“超我”的冲突，减轻“自我”的压力，以使人能更好地健康地生活。

精神分析的方法和技术主要有：自由联想（发掘无意识的途径）、催眠、梦的解析、对阻抗的处理、对移情的处理、解释（使无意识中的内容意识化）等。

精神分析理论的贡献在于：扩大了意识的研究范围和意识的要素：包括意识结构由三要素增加

为四要素，即意识觉醒、意识内容、意识意向和意识感情及评估；为内隐认知提供了研究神经机制的心理事实，加深了对意识的认识；由人格结构要素之间的冲突理论为人格心理学开辟了新的研究途径；其个案治疗创造出了临床心理学方法，同时形成了第一个正规的心理治疗体系，所以精神分析是现代心理治疗的奠基石。而弗洛伊德经典精神分析的局限性在于：过分强调人的生物性，忽视了人的理性和社会性，过分夸大了性本能的作用。

（二）行为主义理论

行为主义理论是由约翰·华生（1878—1958年）于1913年创立的，他反对研究意识，极力主张以实验方法研究人的行为。他强调通过对环境的控制来改变人的行为表现，通常采用四种客观方法进行分析：一是不借助仪器的观察法和借助机器的实验观察法；二是言语报告法；三是条件反射法；四是测验法。行为主义理论基础包括“条件反射”理论、“操作性条件反射学习”理论等，其代表技术包括系统脱敏法、暴露疗法、厌恶疗法、阳性强化法等。行为主义理论的主要观点如下。

1. 人的所有行为都是通过学习获得的

其中强化对行为的巩固和消退起决定性作用。强化可采取嘉奖或鼓励（正强化）的方式，也可采取批评或惩罚（负强化）的方式。由此，学习与强化，是改变个人不良行为的关键。

2. 心理治疗的目的是利用强化使来访者模仿或消除某一特定行为，建立新的行为方式

它通过提供特定的学习环境促使来访者改变自我，摒弃不良行为。由此，它很注重心理治疗目标的明确化和具体化，主张对来访者的问题采取就事论事的处理方法，不去探究个人潜意识和本能欲望对偏差行为的作用。

行为主义理论的贡献在于：把研究重点转向可以直接观察到的行为，对心理学走上客观研究的道路具有积极的作用；揭示了行为塑造是由行为之前的刺激和行为之后的强化作用而来的规律。而其局限性在于：过分强调行为，不研究心理的内部结构和过程，否定研究意识的重要性，因而具有极端片面性。

（三）人本主义理论与当事人中心治疗

20世纪五六十年代，人本主义心理学在美国兴起，成为当代心理学的主要流派之一。人本主义心理学以美国的马斯洛（1908—1970年）、卡尔·罗杰斯（1902—1987年）等人为代表。它假设人应该对自己的行为负主要责任，强调人的自由意志，认为人有能力决定自己的命运和行动方向。其主要理论观点如下。

1. 人都有能力发现自己的缺陷和不足，并加以改进

所以心理咨询的目的，不在于操纵一个人的外界环境或其消极被动的人格，而在于协助来询者自省自悟，充分发挥其潜能，并最终达到自我的实现。

2. 人都有两个自我：现实自我和理想自我

其中前者是个人在现实生活中获得的自我感觉，而后者则是个人对“应当是”或“必须是”等的自我概念。两者之间的冲突导致了人的心理失常。

3. 强调建立具有治疗作用的咨询关系，以真诚、尊重和理解为其基本条件

罗杰斯认为，当这种关系存在时，个人内在自我的力量就会发生作用，而其在行为和人格上的积极变化也会随之出现。所以，心理咨询师应该与来访者建立彼此平等、相互尊重的关系。这样就可使来访者处于主动的地位，学会独立决策。

4. 操作技巧多样

操作技巧包含倾听、无条件积极关注、让来访者发掘自身“自我实现”的潜能，调整行为，向“自我成长”方向迈进等。这一疗法反对操纵或支配来访者，主张在谈话中采取不指责、不评论、不干涉的方式，鼓励来访者言尽其意，直抒己见，以创造一个充满真诚、温暖和信任的气氛，使来访者无忧无虑地开放自我。

该理论的贡献在于：它重视建立融洽的咨访关系，并进行了相应研究；对人的能力持有积极信念；强调咨询师的人格和态度的作用。而它的局限在于：关注人的心灵世界，但偏重于人的非认知方面（需要、情感），同时对人的理性关注不够。内功不扎实的咨询师容易陷入束手无策之中；也不适合内省力弱的来访者。

（四）认知理论与认知-行为治疗

认知心理治疗是由贝克（A.T.Beck）在20世纪60年代发展出的一种有结构、短程、认知取向的心理治疗方法，主要针对抑郁症、焦虑症等心理疾病和不合理认知导致的心理问题。它的主要着眼点，放在患者不合理的认知问题上，通过改变患者对己、对人或对事的看法与态度来解决心理问题。其代表疗法有：快速眼动心理治疗、现实疗法。

认知行为治疗认为：人的情绪来自人对所遭遇的事情的信念、评价、解释或哲学观点，而非来自事情本身。正如其主要代表人物贝克所说：“适应不良的行为与情绪，都源于适应不良的认知。”

例如，一个人一直“认为”自己表现得不够好，连自己的父母也不喜欢他，因此，做什么事都没有信心，很自卑，心情也很不好。治疗的策略，便在于帮助他重新构建认知结构，重新评价自己，重建对自己的信心，更改认为自己“不好”的认知。

认知行为治疗认为治疗的目标不仅仅针对行为、情绪这些外在表现，而且还要分析病人的思维活动和应付现实的策略，并找出错误的认知加以纠正。

（五）后现代心理咨询与治疗

后现代心理学是后现代主义与心理学结合的产物，是20世纪90年代在西方兴起的一种新的思潮，它包含了许多不同的理论流派，如建构主义心理学、焦点解决疗法、叙事疗法等。

它的主要内容和研究思路包含三点：一是反对机械论和实证主义，提倡经验论和相对主义；二是轻视低级心理的研究，重视高级心理的研究，强调心理学应尽快与伦理学、艺术、社会学接轨；三是反对还原论、简约论和拟畜性，提倡整体论和从文化历史的角度来研究人的心理。

后现代心理治疗与现代心理治疗相比有以下几个主要变化。

第一，对心理问题定位的视角转换。与现代心理治疗着眼于个体的感受、把心理问题定位于个体内部有所不同，后现代心理治疗把心理问题定位于人际关系，即以语言为媒介的种种关系构成的社会空间，强调的是语言的社会过程。

第二，治疗任务的不同。后现代心理治疗的任务就是对固有的社会观念进行重构，即建构新感受的过程。也可以说是通过治疗师与来访者的对话，建立和发展新的意义的过程。面对新的治疗任务，咨询师要问的问题是某种特定的自我描述能否被改造成一种新的形式，或是用另外一种替代的描述能否同样处理好同一个事实。咨询师与来访者并不是主体与客体的关系，而是共同的参与者。他们所进行的思考、感受及想象并不是个体的内心事件，而是通过参与而建立起来的过程。参与的媒介是语言。咨询师要对他本人的意见、价值观的后果承担责任，并且也要鼓励来访者这样做。在这样的治疗方案中，咨询师帮助来访者把症状或问题看作是生活的社会形态的一部分，而不是一种疾病或是个体的内部问题。这种“生活中的冲突”并不发生在思想与情感之中，而是发生在不同的冲突性的社会情境之中。咨询师要做的是通过采用各种互动方式，以帮助来访者建立并发展新的意义；通过与来访者合作，以创造出一种新的、令人满意的、可发展的情境。

第三，咨询师角色的变化。后现代主义心理治疗要求心理咨询师放弃对心理问题无所不知的权威的态度，而是采取一种不知者的立场，不对问题做任何预先的假定、期望及回答，这样可以排除他们以往知识所带来的偏见，以免对新的意义关上理解的大门。他们要做的是，尽可能多地倾听来访者的发言，鼓励来访者带来新的意义和理解。

延伸阅读1-6

现代心理学新取向——积极心理学

“积极心理学”（Positive Psycholo-gy）是宾夕法尼亚大学教授马丁·赛里格曼Martin E.Seligman于1998年出任美国心理学会主席时倡议及定位的，是赛里格曼于2000年在《美国心理学家》（American Psychologist）上刊登的《积极心理学导论》一文中正式提出来的。“积极心理学是致力于研究人的发展潜力和美德的科学”。赛里格曼博士认为，积极心理学的力量是帮助人们发现并利用自己的内在资源，进而提升个人的素质和生活的品质。每个人的心灵深处都有一种自我实现的需要。这种需要会激发人内在的积极力量和优秀品质，积极心理学利用这些内在资源来帮助普通人或具有一定天赋的人最大程度地发掘自己的潜力，并以此获得美好的生活。人类的这些积极力量和优秀品质是人类赖以生存和发展的核心。积极心理学的本质体现在修正先前心理学发展的不平衡，强调心理学的发展既依赖于预防和治疗人类的心理疾病，同时更依赖于培养、建构人类的优秀品质，二者可以相辅相成，平衡发展。

赛里格曼认为：“当代心理学正处在新的历史转折时期，心理学家扮演着极为重要的角色和新的使命，那就是如何促进个人与社会的发展，帮助人们走向幸福，使儿童健康成长，使家庭幸福美满，使员工心情舒畅，使公众称心如意。”积极心理学倡导心理学研究的积极取向，研究人类积极的心理品质，更加关注人类的健康、幸福与发展，试图以新的理念、开放的姿态，诠释与实践心理学。它以人的积极力量、善端和美德为研究对象，强调心理学不仅要帮助那些处于某种“逆境”条件下的人们知道如何求得生存并得到良好的发展，更要帮助那些处于正常环境条件下的多数人学会建立起高质量的社会生活和个人生活。

第三节　大学生的心理健康

一、大学生身心发展的特点

艾里克森认为，大学生处在成年早期，发展任务是获得亲密感，避免孤独感。大学生是未来社会发展的生力军，而其身心发展水平直接关系到将来能否成才。大学生身心发展具有以下三个方面的特点。

（一）大学生的生理发展状态

大学生的生理发展正处于迅速走向成熟的时期。人从出生到成熟，成长发育要经历两次高峰，第一次是一岁左右，第二次是十一二岁到十七八岁。在生长发育的高峰期，身体的形态、肌肉骨骼等迅速变化。大学生正处于生长发育的第二个高峰后期，从生理发展看，已经历了第二次快速生长期，并到了成长稳定期，骨化逐渐完成，身体形态日渐定型，各器官各系统的机能日臻完善成熟。因此，大学生的生理发展不仅为自己独立生活和学习提供了必要的生理前提，而且还直接影响了心理的发展，使大学生成人感增强，强烈要求自主独立。他们精力充沛，朝气蓬勃，愿意处处显示自己的能力。

（二）大学生的心理特征

在生理发展的基础上，大学生的心理发展处于迅速走向成熟，而又未完全真正成熟的阶段。因此，这一阶段他们在心理发展方面表现出以下明显特征。

1. 智力发展达到高峰

人的智力构成是多方面的，认知能力、思维能力和创造能力是智能的支柱；抽象思维的形成、思维独立性的增强，是智能发展成熟的重要标志。大学生各项智力因素已达到成熟状态，他们不再满足于现象的罗列和现存的状况，而是主动深入地探究事物的本质规律，充分发挥抽象思维能力和创造力。但是，他们有时也容易出现主观片面、固执己见、脱离现实、怀疑一切等倾向。

2. 情绪情感日益丰富

大学生的情绪变化主要受到内在需要的变化和价值观的影响。随着内在需要日益增多，大学生的情绪日益丰富而强烈；随着教育的深化和环境的熏陶，大学生的情操迅速发展，理智感、道德感、美感升华。虽然大学生已能注意控制自己的情绪，但遇事仍易激动，情绪尚不稳定，带有明显的两极性，有时表现出为真理而奋斗的热情，有时又可能为现实状态而心灰意冷。

3. 自我意识增强

由于脱离了父母的保护，生活空间扩大，独立感、成人感增强，注意力开始从外部世界转向内心世界，因此大学生表现出一系列新的特点，如更注重自己的穿着、打扮，建构了独特的审美观，并成为自我观感的一部分；自尊心、好胜心明显增强，渴望得到他人的尊重与理解；往往容易过高估计自己；一旦遇到挫折，容易产生自卑感，不能正确把握自己。

4．性意识进一步增强

大学生的性机能更趋成熟，性意识更加强烈。他们关心异性，渴望与异性交往，从而获得感情满足。由于大学环境自由开放，与异性交往机会增多，很多大学生开始恋爱。但是，也有一些学生不能正确选择恋爱的时机，或者人格不成熟而陷入爱情的旋涡不能自拔，甚至产生了一些负面影响。

（三）不同阶段大学生的心理发展倾向

第一阶段是新生适应阶段。这是大学生进入大学的起步阶段。刚刚进入大学，首先面临着从中学生活到大学生活的急剧转折。由于青年初期还没有完全独立、社会阅历浅、过于理想化等特点，这时候大学生的整个心理都处于动荡之中，表现为对大学生活的多方面不适应。比如，对集体生活不适应，对学习方法不适应，对饮食、气候、语言环境改变不适应，从而产生了一些心理矛盾和冲突。大学新生的诸多不适应既是心理发展尚未成熟的表现，也是进入陌生环境的正常心理反应。大多数学生经过一两个学期的学习生活实践便能逐步适应，但也有极少数学生出现适应困难、心理压力过大等问题，从而影响了健康和学习。

第二阶段是心理逐步发展阶段。这是大学生全面成长的阶段，也是学习最紧张、生活最活跃的时期。经过一年左右的时间，大学生对新环境已逐渐熟悉。加上年龄的增长、知识的扩展、视野的开阔，不再像低年级那样不适应，而是表现出思维逐渐稳定、人生思考更加深入、奋斗目标日趋明晰、求知欲望更加强烈、重视各种能力培养、社会责任感增强、政治上要求进步等特点。同时，这一阶段又是大学生群体出现分化的阶段，有的学生思想活跃、学习努力、兴趣广泛，而有的学生却缺乏明确的学习目标和学习动机，纪律散漫，学习松懈，或沉溺于玩乐，或沉溺于恋爱，严重的甚至违法违纪。

第三阶段是毕业准备阶段。这是大学生趋于成熟、准备成为社会独立成员的阶段。高年级的大学生经过几年的学习，认识问题、分析问题和解决问题的能力都有了较大的提高，个性已趋于稳定，面临着即将完成学业踏上社会的新阶段。这个时候，大学生一方面对大学生活充满了深深眷恋，一方面也充满了对未来新生活的向往。这一阶段，紧迫感、责任感、焦虑感并存，临近毕业，不少学生都在准备毕业设计、考研、择业等，因此感到时间不够用，从而产生紧迫感；即将进入社会，许多学生更加关心国家政治、经济的发展，关心自己所学专业的动态，从而社会责任感增强；围绕求职择业，大学生担心学非所用，对未来的工作能否满足自己的愿望、自己能否适应今后的工作等实际问题而忧心忡忡。

二、大学生的心理发展任务

上了大学，你的成长目标是什么？大学生有哪些心理发展任务？发展心理学家哈维格斯曾就青年期的发展课题进行了系统的论述，总结起来包括以下10个方面。

（1）对身体的发育，特别是对因性成熟引起的诸多变化的理解和适应。

（2）从精神上和经济上脱离父母并走向独立。

（3）逐渐完善作为男性或女性的性别角色。

（4）对新的人际关系，特别是异性关系的适应。

（5）正确认识自己在社会中的角色，通过各种社会活动完善自己。

（6）树立作为社会一员所必须具备的人生观和价值观。

（7）掌握作为社会一员所必须具备的知识和技能并付诸社会实践。

（8）选择职业及工作适应。

（9）恋爱、结婚及婚姻适应。

（10）成就感的获得与自我实现。

三、大学生应该具备的心理素质

心理素质是一个人综合素质的基础，心理的健康发展是最基本的人生课题。作为当代大学生，应注意提升以下几方面的心理素质。

（一）热爱生活，乐于学习和工作

一个心理素质良好的大学生，能够珍惜和热爱生活，保持良好的学习兴趣和学习能力，能够为自己的未来发展做准备，积极克服学习中遇到的困难，积极参与学习活动，保持较高的学习效率，努力发现和发展自身潜能，并能够从学习中体验到快乐和满足。

（二）正确的自我意识

正确认识自我、评价自我、悦纳自我，体验到自己存在的价值，对自己的能力、性格和优缺点能做出恰当的评价，有自知之明，自尊自重、自信乐观；不苛求自己，对自己的生活目标和理想也能定得切合实际，因而对自己是满意的，即使有自己无法补救的缺陷也能安然处之。

（三）良好的情绪状态

其标志是情绪稳定和心情愉快。经常保持愉快、开朗、乐观的心境，对生活和未来充满希望；情绪稳定，善于控制与调节自己的情绪，既能有效克制又能合理宣泄；情绪反应与环境相适应。虽然也有悲、忧、哀、愁等消极体验，但能主动调节，并能适当表达和控制情绪，喜不狂，忧不绝，胜不骄，败不馁；整个身心处于积极向上的状态，对一切充满信心和希望。

（四）和谐的人际关系

良好的人际关系是事业成功与生活幸福的前提。其表现为乐于与人交往，既有广泛的人际关系，又有知心朋友；在交往中保持独立而完整的人格，有自知之明，不卑不亢；能客观评价别人和自己，善取他人之长补己之短，宽以待人，乐于助人，积极的交往态度多于消极态度，交往动机端正。能用尊重、信任、友爱、宽容的态度与人相处。能与他人合作共事，能与集体保持协调的关系。

（五）良好的环境适应能力

正确认识和处理个人与环境的关系，对环境做出客观评价，在环境改变时能面对现实，使个人行为符合新环境的要求；能与社会保持良好接触，对社会现状有正确的认识；能及时修正自己的需要和愿望，使自己的思想行为与社会发展步伐协调一致。

（六）优良的意志品质

意志健全者在行动的自觉性、果断性、顽强性和自制力等方面都能表现出较高的水平。意志健全的大学生在各种活动中都有自觉的目的性，能主动支配自己的行动，以达到预期目标；具有行动的果断性，善于明辨是非，适时、果断地决定行动计划并实施计划；具有行动的顽强性，在实施计划的过程中，能克服困难、排除干扰，做到锲而不舍、坚持不懈。意志是人在完成一种有目的的活动时，所进行的选择、决定与执行的心理过程。

（七）完整统一的人格

人格构成要素无明显的缺陷与偏差；具有清醒正确的自我意识；以积极进取的人生观和理想信念作为人格的核心；气质、能力、性格等方面平衡发展，具有完整统一的心理特征；所思、所想、所做协调一致，个人的需要、愿望、目标和行动相统一。

（八）心理行为符合年龄特征

人在每个年龄阶段的心理发展都会表现出相应的特征，称为心理年龄特征。心理健康的人，其认识、情感、言行、举止都符合他所处的年龄段的心理发展水平。大学生是处于特定年龄阶段的特殊群体，应当具有与年龄和角色相符合的心理行为特征。

四、大学生常见心理困扰

（一）适应问题

大学生离开了熟悉的家庭生活环境，进入到了一个全新的学校生活环境，在气候、饮食习惯、住宿条件等方面都会感到不适应。另外，他们还会面临新的学习环境和人际交往人群，这些可能都会加重他们的生活不适应感。还有一些学生，由于没有考上自己理想的大学，来到大学后理想和现实的差距让他们倍感失落。面临着上述诸多的不适应，许多学生产生了紧张、焦虑、孤独和抑郁的情绪，如果这些情绪不能及时得到调整，则会持续整个大学学习过程，从而影响他们的大学生活。

（二）学习问题

大学生的主要任务是学习，这也是他们大学生活的主要组成部分。有些学生学习动机不强，上课注意力不集中，长此以往，跟不上学习进度，还会产生厌学情绪。有些学生还是用以前高中的学习方法来对待大学的学习，学习方法的不正确，导致学习吃力。有些学生不喜欢自己的专业、对专业学习缺乏兴趣。还有些学生缺乏自信，意志力薄弱，制订了学习计划却总是执行不了，或者一次没考好就灰心丧气。由此大学生都可能产生焦虑等心理问题。

（三）人际关系问题

进入大学后，如何与周围的同学友好相处．建立和谐的人际关系，是大学生面临的一个重要课题。大学生由于离开了过去熟悉的老师、同学和亲人，来到了新的群体，必须与不同个性的人交往，因而产生了不适应感。又由于个人待人接物的方式不同、个性不同，再加上青春期心理固有的闭锁、羞怯、敏感和冲动的特质，大学生在人际交往过程中会不可避免地遇到各种困难，如缺乏良好的沟通能力和社交技巧、人际关系不良、出现人际冲突等。这些都会使大学生产生困惑、焦虑、孤独、抑郁、自卑等心理体验，影响自身的健康成长。

（四）恋爱与性问题

大学生正处在青春期的大好时光阶段，对感情比较冲动，而他们的爱情也如同夏日里的太阳雨，美丽却又有些伤感。恋爱问题处理不当，导致当事人抑郁消沉、人格扭曲，甚至引发精神失常、犯罪等问题的也不乏其人。由于大学生接受青春期性教育不够，他们对性发育成熟缺乏心理准备，对异性的神秘感、恐惧感和渴望交织在一起，由此产生了各种性心理问题，严重的还会产生性心理障碍。

（五）性格与情绪问题

大学生在人格发展过程中，由于各种主客观因素的影响，会出现一些不良的表现，如自卑、怯懦、依赖、猜疑、神经质、偏激、敌对、孤僻、抑郁、冷漠、悲观、急躁、嫉妒等。这些人格缺陷不仅会影响活动效率，妨碍正常的人际关系，同时还会给人整体心理活动蒙上一层消极的色彩。

情绪与大学生的生活、学习、人际交往、个人发展密切相关，也会直接影响大学生的身心健康、学业发展和个人成长。大学生常见的情绪困扰主要有焦虑、抑郁、冷漠、愤怒等，“郁闷”是大学生群体中普遍存在的一种情绪状态。

（六）求职择业方面的心理问题

求职择业是人生必经之路。而大学生在寻找人生目标、规划职业生涯过程中，必然要受到社会政治、经济、文化等多方面的影响，加之自身条件的局限性，以及部分大学生涉世不深、经验不足、自我期望值过高及社会适应力较弱等特点，他们不可避免地出现种种困惑和不适应，如缺乏择业主动性，缺乏走向社会的心理准备，对面试缺乏自信；自我定位不准确，自我期望过高；在求职过程中不会选择，不能应对拒聘后的心理挫折；缺乏竞争意识，自我逃避等。

五、影响大学生心理健康的因素

（一）早期经验与家庭环境

许多心理学实验表明，个体的早期经验对其心理的发展起着十分重要的作用，而早期经验又与个体的家庭教育和生长环境密切相关。研究表明，儿童早期与父母的关系及父母对儿童的态度是影响个体心理健康的重要因素。国内外很多学者对恐怖症、强迫症、焦虑症和抑郁症这4种神经症个体早期家庭关系的调查研究表明，这4种病人的父母与正常个体的父母相比，表现出较少的情感温暖，较多的拒绝态度，或者较多的过度保护或过多的惩罚。在个体的早期发展中，父母的爱、支持和鼓励容易使个体建立起对最初接触者的信任感和安全感。而这种信任感和安全感的建立保证了子女成年后与他人的顺利交往。而儿童早期的这种信任感和安全感的缺乏会随着儿童的发展逐渐使其产生一种孤独、无助的依恋模式，难以与人相处，因此容易产生心理问题。同时，对子女的过分保护和过分严厉，也同样会影响他们的独立性及自信心的发展。这样的个体在以后的发展中也会承受很多压力，极易出现过分的依赖和过分的自我谴责。

（二）生活事件

生活事件是指人们在日常生活中遇到的各种各样的社会生活的变动，如结婚、升学、亲人亡故等。生活事件不仅是测量应激的一种方法，也是预测心理健康的重要指标。例如，大量的研究结果表明，即使是中等水平的生活事件，如果它连续发生，它们对个体抵抗力产生的影响是累加的，最终也会导致个体出现心理障碍。对生活事件与心理健康之间的关系进行解释时，一般都认为由于生活事件的发生增加了个体适应环境的压力，Ostrow等人曾表明心理障碍或精神病理变异可用生活事件解释的部分占15%。换言之，个体每经历一次生活事件，他都要付出精力去调整由于这一事件的发生所带来的生活变化。当个体在某段时间内遭遇很多生活事件时，生活事件对个体的作用就会累加，心理应激就会增加，从而影响个体的心理健康。

（三）人格的特点

每个人都有自己独一无二的人格特点，它直接影响着人的心理健康。特殊的人格往往成为导致某种心理问题或心理障碍的内在因素之一。例如，强迫性神经症，其相应的特殊人格称为强迫性人格，这种人往往表现得谨小慎微，求全其美，自我克制，优柔寡断，墨守成规，拘谨呆板，敏感多疑，心胸狭窄，事后容易后悔，责任心过重和苛求自己等。这就是为什么面对着同样的生活事件或生活境遇，有的人会得病，而有的人则相安无事的原因。因此，培养健全的人格已经成为保持心理健康、预防心理障碍、避免罹患精神疾病的一项重要课题，也是学校开展心理健康教育的重大任务。

（四）应对方式

当我们面对生活事件的压力时，所采取的具体的应对方法、手段或策略称为生活事件的应对方式。不同的人处于相同的困境，由于采取各自习惯的应对方式，往往会产生截然不同的结果。现代人的疾病大多数与应对方式有关。回避、依赖型等不成熟的应对方式很容易导致心理困惑的产生，研究表明消极的认知或行为的应对与抑郁症状具有显著正相关，能加大生活事件的负面影响，进而影响心理健康。

延伸阅读1-7

“5 · 25”的由来

为了引导大学生关注自身的心理健康，2000年，“5 · 25全国大学生心理健康节”在北京师范大学拉开帷幕。健康节取“5 · 25”的谐音“我爱我”，发起人的解释是：爱自己才能更好地爱他人。意为关爱自我的心理成长和健康，活动的主题是大学生人际交往和互助问题，口号为“我爱我——走出心灵的孤岛”。

2004年，教育部、团中央、全国学联办公室向全国大学生发出倡议，把每年的5月25日确定为全国大学生心理健康日。

心理健康的第一条标准就是认识自我，接纳自我，能体验到自己存在的价值，乐观自信，这样的人才能用尊重、信任、友爱、宽容的态度与人相处，能分享、接受、给予爱和友谊，能与他人同心协力。选择“5 · 25”是为了让大学生便于记忆，关注自己的心理健康。

随后，“5 · 25——大学生心理健康日”在全国的高校得到认同，全国高校都利用这一天开展多种形式的心理健康教育活动，甚至认为这一天就是“大学生的心理健康节”。

六、大学生心理成长的途径

良好的心理素质、完善的人格，是大学生成才的重要基础。大学生应当通过多种途径、多种方法自觉提升自身的心理素质，呵护自身心理健康，培养健康人格。

（一）学会“内观”

紧张的学习生活之余，经常让自己安静下来，做几个深呼吸，试着与自己的潜意识链接，精心自我觉察，即“内观”。自我反省就像一面镜子，可以帮助我们看到自己没有留意的心理和行为模式，觉察到平时被我们压抑的、忽略的情绪。每个人内在都有一位年幼的受伤的小孩。所有人在童年时都经历过困难，甚至是创伤。为了保护自己及防备将来再受痛苦，我们尝试忘记从前的苦痛。每次触及痛苦的经历，我们都以为自己会无法忍受，因而将感受与记忆深深地埋藏在潜意识内。几十年来，我们可能因此不敢面对自己的内在小孩。但是忽视这个小孩并不表示他不存在。受伤的内在小孩总会请求关爱。因此一旦觉察到自己的内在小孩，我们就不要再和自己的情绪对抗，而是好好照顾自己，温柔地拥抱内在小孩，只要几分钟情绪就能得到舒缓。痛苦的情绪可能还在，但我们都不再感到痛苦了。

（二）参加心理成长小组

参加心理成长小组有利于我们发现自己心灵深处的心理情结，打开自己的心灵密码，使自己的心、身、灵处在和谐状态，同时也学会如何去追寻心灵自由，并获得新的成长体验；在成长小组中通过互相观察、学习、体验，从而认识自我、探讨自我、接纳自我，调整、改善与他人的关系，提高主观幸福感，增强自信；同时可在心理训练过程中获得他人支持，学会解决问题的方法，学习其他同学的长处，共同成长。

（三）阅读计划

广泛阅读有关心理学方面的经典书籍、成长类书籍，仔细对照分析，这是一个在理论指导下个人成长的好方法。注意，你要尽量选择科学性强的读物，而不是大众娱乐性读物。

（四）心情写作

除了记录下自己的所思所感，你还必须花一些时间对日记进行思考，总结常常出现的认知、情感、行为模式，然后对这些经常出现的模式进行思考：是什么使自己形成了这样的模式，这样的模式对自己有什么积极影响和消极影响，怎样改变不良的模式，怎样建立新的模式，等等。

除此之外，你还可以通过参加丰富多彩的心理健康教育活动，如大学生心理健康节、心理沙龙、心理讲座等，学习心理健康的科学知识，掌握心理调适的基本方法；可以通过参加心理社团来更多地了解心理健康知识，丰富心理体验，增加社会阅历，提高心理素质，促进自我成长；也可以预约专业的心理咨询，专业的心理咨询师会运用心理学的原理和方法，帮助来访者发现自身的问题和根源，促进来访者自我了解、自我成长。

心理训练

抓蜻蜓

设计理念：心理学家认为，当人们将注意力集中在某件事物上时，往往会高度紧张。在紧张的状态下，人会产生强烈的生理反应，如心跳加快、手心出汗等。有趣的是，一旦这种令人产生紧张的刺激消除时，人们就会立刻感到轻松与快乐。

训练目的：让学生在由紧张到放松的过程中体验自己情绪的转变，体验快乐的感觉。活跃团体气氛，让学生体验快乐的感觉。让学生体验到紧张、放松和兴奋的情绪及它们之间的循环转换。通过轻微的身体接触，促进学生之间彼此的交流。

训练时间：根据故事长短可进行调整，一般为5分钟。

训练步骤：

（1）学生围成一个圆圈（可以站也可以坐），每个人的右手手掌伸平，掌心朝下放在他右边学生的左手食指上方，做好“抓”的准备；同时，他的左手食指朝上顶住他左边学生的右手手掌心，做出“蜻蜓”的样子。

（2）教师讲一个故事，在听故事的过程中，学生听到“乌鸦”和“乌龟”这两个词的时候，要迅速去抓右侧人的食指，同时避免自己的左手食指被抓。根据故事内容，会出现多次抓“蜻蜓”的情况。

（3）在活动过程中，学生仅可以变换手部的姿势，但不能移动手臂来探抓或逃避。每个人在手部姿势变化后要快速复原。听到其他词的时候不能动手。

（4）讨论与分享。引导学生讨论：“刚才玩游戏的时候，你有什么感觉？”

注意事项：教师在讲述故事的过程中，应该尽量语音清晰、语速缓慢。使用适当的断句和夸张的语气更能让学生体会紧张和注意力高度集中的感觉，学生的情感体验也会更强烈。如在朗读那些以“wu”音开头而又不是“乌龟”和“乌鸦”的词语时，如果故意加快速度或加重语气，可能会实现更好的游戏效果。

创新建议：

（1）可以通过对故事材料的改变来降低或提高活动的难度，也可以将带来行动改变的词换为“乌贼”和“巫婆”等。

（2）也可以改变学生之间的手势，例如每个人的左手掌心向下平摊在左边同学的右手上，而右手掌心向上托着右边同学的左手；当听到“乌鸦”或“乌龟”时，右手迅速掌心翻下，轻打在右边同学的左手背上，同时，收回自己的左手，防止被左边同学打到手背。

附：《乌鸦与乌龟》的故事

乌鸦与乌龟

森林里有一座小小的城堡。里面住着可怕的巫婆和她的仆人乌鸦。这一天，突然天空飘来了片片乌云。转眼间天空就乌黑乌黑的，什么也看不见了。在狂风暴雨中，巫婆听到有人在敲门，开门一看，原来是一只乌龟，还有一只乌贼。它们要求巫婆让它们进屋。巫婆同意了，可是乌鸦不同意，它和乌龟是宿敌。雨越下越大，大家也越吵越凶。乌贼指着乌云对巫婆说：“雨这么大，乌鸦却不让我们进去，我和乌龟都会生病的。再不让我们进去，我一定会让你的城堡变得乌烟瘴气。”没多久，雨停了，太阳出来了，乌云也散了。巫婆和乌鸦这才打开门来，看见乌龟已经冻得缩成了一团。

心理测试

心理健康测试

下列30项中，如果是“常常”或“几乎是”，就计2分；如果是“偶尔”或“有点儿”就计1分；如果是“完全没有”，就计0分。

（1）上床后，怎么也睡不着，即使睡着，也不能熟睡，总是在做梦。

（2）心情焦躁不安，做事没有效率，情绪不停地变化，精力不集中，健忘——符合其中某项。

（3）懒得做任何事情，也没有做的精神气，虽然很焦急，认为“这样不行”，但却仍然游手好闲，虚度光阴。

（4）与人见面感到麻烦。

（5）对诸如“口中积着唾液”“自己的身体有怪味”或“有口臭”等这种事情很在意。

（6）某种想法浮现在脑海，难以忘记，怎么也排除不掉。

（7）毫无道理的失败、严重失败、不道德或粗暴的事情、犯罪——做了其中某项的感觉。

（8）担心是否锁门和着火，躺在床上后又起来确认，或刚一出门就返回等。

（9）脸红，或与人见面时有害怕给对方留下不愉快印象的倾向。

（10）一紧张就出汗或血一下子涌上头，身体莫名其妙地开始颤动。

（11）高处、宽广场所、上锁的狭窄房屋、电梯、隧道、地道、拥挤的人群，有害怕其中某项的倾向。

（12）害怕特定的动物、交道工具（电车、公共汽车）、尖状物及白色墙壁等稍微奇特的东西。

（13）感到被谁监视、被窥探或被人暗地说坏话。

（14）有某人想加害自己、企图陷害自己的感觉。

（15）不触摸什么或不做占卜之类的事情就不能外出，不能做工作，不能上台阶；走路不隔一块基石迈步就不舒服，以及与此类似的事情。

（16）伏案工作时，数纸的页数、铅笔的支数；对其他事情也是如此，不计算就不行。

（17）从早饭到上学，或从放学到就寝，不按程序举行仪式就不行。

（18）一天必须洗几次手，公用电话的话筒不擦就不能使用，或对不洁极端在意。

（19）在鸦雀无声的集会或重要会议中，被想叫喊的冲动所驱使，或有其他害怕某种冲动的倾向。

（20）站在悬崖边、大厦顶、路边，有摇摇欲坠跳下去的感觉。

（21）面临担心的事情和困难的场面，有呕吐、泻肚、胃痛、头痛、心脏病发作、发疼及发热等症状。

（22）白天，突然被不可抗拒的睡意袭扰，无论怎样抵抗，还是睡着了。

（23）书看不进去，作业或考试老是出错，认为这是自己未来出现棘手问题的征兆。

（24）对心脏声音和呼吸情况非常介意，或为此难以成眠。

（25）突然感到心脏停止跳动，呼吸困难，要晕倒或类似的感觉。

（26）有虚构“灾难临头”或“遭受不幸”等畏惧事情发生的倾向。

（27）非常担心是否患癌症、脑疾病、各种传染病及其他疾病。

（28）悲观地看待诸事，无精打采，情绪忧郁，心情不好。

（29）认为自己不行，或给周围的人添麻烦，虽然想活着，但又感觉毫无意义。

（30）除以上列举的症状之外，被判断“自己一定是神经症”的时候。

自我诊断的方法：

“O”代表2分，“△”代表1分，“×”代表0分。请算出合计分。

大体评价：

0～5分：你的心理非常健康，神经强韧，能顺利地适应现实。但是，也许过于强韧，请反省自己是否给周围的人留下“有点缺乏细致和灵活”的印象。

6～13分：大致属于健康的范围。但是，你必须要改正“神经症与自己完全无关”的想法，你也有患神经症的可能性。

14～25分：你在精神方面有些疲劳，应减少工作量，或通过休假和娱乐改变情绪，应采取适当的治疗方法。

26～30分：黄牌警告。你有可能患了神经症，建议去看心理医生。

如果在这种自我诊断中得分较高，就立即断定自己是神经症还为时过早，但有必要找找心理医生进行相关检测。

思考题

1. 联系实际谈谈心理健康的重要性。
2. 对照“大学生应具备的心理素质”，检查自己存在哪些心理弱项，打算如何改进与成长?
3. 谈谈你对心理咨询的认识，大学生应如何接受心理咨询?
4. 做出提升自己心理健康水平的初步计划。

第2章 认识自我与发展自我

话题导入

自知者明

关于认识自我、发展自我，中国传统文化思想中有一些精辟论述。

老子在《道德经》里说："知人者智，自知者明。胜人者有力，自胜者强。知足者富，强行者有志"。意思是：能了解别人的人称为机智，能认识自己的人才叫聪明。能战胜别人的人只能说明有力气，战胜自己的人才叫强者。知道满足者才感到自己富有，身体力行者才说明他有远大的志向。

王阳明说："学须反己，若徒责人，只见得人不是，不见自己非。若能反己，方见自己有许多未尽处，奚暇责人？"意思是：学问必须落实到自身实修上，如果只是责备别人，就会只看见别人的不对，看不到自己的错误；如果自身践履，会发现自己有很多不足的地方，哪有工夫去责备别人？

中国传统文化中，"认识自己"是认识他人和世界的基础。但现实生活中，我是谁？我要成为怎样的人？这类自我意识方面的问题依然困扰着很多大学生，那么，何谓自我意识？怎样构建正确的自我意识？如何调适自我意识方面的偏差？……下面的心理知识课堂将为你解答这些困惑。

第一节 "我"是谁？

一、自我意识的概念及特征

（一）自我意识的概念

自我意识（Self-consciousness）也称自我，是一个人对自己存在的意识，是个体在社会实践中自己对自身及周围关系的认知、体验和评价，是个体关于自我全部的思想、情感和态度的总和。自我意识是个人意识发展的高级阶段，是意识的核心。

（二）自我意识的特征

1. 自我意识的社会性

自我意识的社会性是自我意识的本质属性，个体自我意识的发生、发展、变化都是受社会环境制约的。自我意识的发生与发展，就是人格社会化的过程，是个体在社会环境中处于一定社会关系的情况下，在与他人互动的过程中萌发的。

2. 自我意识的能动性

自我意识的能动性是指个体不仅能根据自我实践和他人的客观评价形成对自己的意识，即自我意识，而且能根据自我意识自觉、主动地认识、调控自己；个体的能动性不仅能使个体积极自觉地认识自我，也能使个体主动地进行自我监控、自我批评和自我激励。

3. 自我意识的区别性

当一个人的自我意识开始发展以后，便能够意识到自己与别人是不同的，即区别于他人的“分离感”。

4. 自我意识的同一性

自我意识的同一性指自我意识的协调统一性。自我意识是在长期的社会化过程中形成的对自己本身的一种相对稳定的意识，从青年期以后，个体对自我的基本认识和基本态度会保持一贯，表现为前后同一的心理面貌，具备了跨时间、跨情境的“稳定的同一感”。

二、自我意识的结构

自我意识是人的意识发展的高级阶段和重要特征，它具有复杂的心理结构。

（一）精神分析学派的相关理论

精神分析学派创始人弗洛伊德是将自我引入心理学研究的第一人，提出了“自我的三结构说”，即本我（id）、自我（ego）和超我（superego）。弗洛伊德认为，这三个层次相互交织，形成一个有机的整体。它们各行其责，分别代表着人格的某一方面。

1. 本我

本我代表人的生物本能，按快乐原则行事，是“原始的人”。

2. 自我

自我在环境条件允许的情况下，让本能冲动能够得到满足，是人格的执行者，按现实原则行事，是“现实的人”。

3. 超我

超我追求完美，代表人的社会性，是“道德的人”，包括道德、良心和自我理想。

在通常情况下，本我、自我和超我处于协调和平衡状态，保证了人格的正常发展。如果三者失调甚至严重失调，就会极大阻碍人格的发展，直至使人罹患精神疾病。

在经典精神分析理论之后，克莱茵创立了客体关系理论，科胡特创立了自体心理学理论，这些理论都对自我、自体的结构有了新的理论假设。

（二）生理自我、心理自我和社会自我

从内容上进行区分，自我意识可分为生理自我、心理自我和社会自我。

1. 生理自我

生理自我是指个体对自己的生理属性的意识，包括对自己的身体、体能、容貌及温饱感、舒适感、病痛等生理方面的意识。生理自我是自我意识的最初形态。如果一个人不能接纳生理自我，嫌自己个子不高、身材不好，或相貌不漂亮、皮肤太黑，就会产生自卑心理；如果认为自己容貌姣好、身材标准，就会对自己比较满意而自信满满。

2. 心理自我

心理自我，是对自己心理活动状态的意识，如智慧、能力、性格、气质、兴趣、爱好、意志等的认识和体验。如果一个人嫌自己不够聪明，能力差，性格不成熟、不能很好地与人交往，自制力差等，就会对自己的心理自我评价较低，进而否定自己、讨厌自己；如果觉得自己聪明、多才多艺、性格随和、爱好广泛、坚强自制等，就会对心理自我有较高的评价，进而肯定自己、喜欢自己。

3. 社会自我

社会自我，是对自己与周围关系的意识，即对自己在群体中的地位、作用及和他人相互关系的认识、评价和体验。如果一个人认为自己不善于交流和沟通，周围的人不喜欢自己、不接纳自己，就会导致自我封闭，时常体会到孤独感，容易影响自身的发展；如果一个人认为自己善于和他人沟通与交流，深受大家的喜爱和欢迎，就会时常体验到自豪、快乐等，并会把这些正能量传递给周围的人。

（三）自我认识、自我体验和自我调节

从心理成分上区分，自我意识可分为自我认识、自我体验和自我调节。

1. 自我认识——我是一个怎样的人

自我认识就是自己对自己的认识，它是自我意识的一部分，它使个人认识到：自己的身心特点，自己和他人及自然界的关系等。

自我认识主要涉及“我是一个什么样的人”“我为什么是这样的人”等问题。它包括自我感觉、自我观念、自我观察、自我评价、自我批评、自我分析等，比如，“我很漂亮”“我非常真诚”等都属于自我认识的内容。其中，自我评价集中代表自我认识的发展水平，是自我意识的核心。认识自我是智慧的体现。善于认识自我的人更成熟，更能把握生活，获取人生的幸福和成功。

例如，日本的“管理之神”松下幸之助，就曾对自己进行过分析、评价，说自己有三个缺点，有了这个认识之后，经过调节，把这三个缺点变成了三个优点，最后成为“管理之神”。他说：第一是因为我家里穷，没钱没势，所以我知道只有靠自己的努力才能成功；第二是我没文化，无知才愚昧，所以我懂得要自学；第三是因为身体不好，让我懂得与人团结、合作的重要。

那么，你呢？你有哪些缺点？怎么把这些缺点变成优点呢？《孙子兵法》中说：“知彼知己，百战不殆；不知彼而知己，一胜一负；不知彼不知己，每战必殆。”希望你善于认识自我，清楚地知道自己的优点和缺点，从而扬长避短，成为一个成功而幸福的人。

2. 自我体验——我是否接纳自己

自我体验属于情绪范畴，是指情绪，情感的体验，它是在自我评价的基础上，个体对评价结果是否符合自己的需要所产生的一种情感体验。

自我体验主要涉及“我是否接受自己”“我是否满意自己”“我是否悦纳自己”等。它主要表现为某种自我感受，包括自爱、自尊、自信、自骄自傲、自卑、自怜自弃、羞耻感、责任感、义务感、优越感、成就感、挫败感等情绪情感体验。比如，当一学期结束了，经过考试的检验，你达到

了预期的目标，成绩优秀。总结这一学期的收获，你发现：成绩提高了，各方面的能力提升了，整体状态改进了，这时候你会感到幸福、快乐、自豪，产生一种成就感和自豪感。如果状态不佳，你就会产生自卑、挫败感。

3. 自我调节——我怎样调节、改变自己

自我调节是在自我评价指导和自我体验推动下，个体对自己心理行为的自觉和有目的的调节、控制，以达到理想自我的目标。自我调节又包括自立、自强、自主、自制、自我监督、自我调节、自我控制等心理成分。其中，自我控制是最集中的调节手段。自我调节主要涉及“我应当成为一个怎样的人”“我怎样改变现状来成为理想中的那种人”等问题。

自我认识、自我体验、自我调节，也像意识一样表现为知、情、意的统一，三者紧密联系，有机结合，完整统一，成为一个人个性中的核心。通过自我认识，知道“我是一个怎样的人”；通过自我体验，知道“我是否满意自己，接受自己”；通过自我调节，特别是自我控制、自我教育，可以解决“我应当成为一个怎样的人”。

（四）现实自我、投射自我和理想自我

从存在形式上区分，自我意识可分为现实自我、投射自我和理想自我。

1. 现实自我

现实自我是个体从自己的立场出发对现实中自我的各种特征的意识，包括对自己的身体特点、行为特点、人格特点、角色特点等的意识。比如，认为自己是个优秀的大学生、觉得自己的家庭经济比较窘迫等。现实自我又称个人自我。纯属个体对自己的看法，是自我概念中的最重要的内容。

2. 投射自我

投射自我（或称镜中自我）是个体所认为的他人对自己的看法和评价。比如，觉得别人看不起自己或别人认为自己的能力很强等。现实自我和投射自我不一定相同，两者之间可能会有距离。当这个距离相差太大时，个人便会感到别人不理解自己，因而产生隔阂。但是，投射自我对于现实自我的形成起着重要的作用，因为人们总是把他人对自己的看法和评价作为重要参考来形成自我概念的。

3. 理想自我

理想自我是个体从自己立场出发构建将来要达到的理想标准，它引导个体实现理想中的个人自我。比如，大学毕业后想当科学家、政治家或企业家等。理想自我往往和现实自我有一定的差距，当两者之间的距离过大并呈非调节性关系的时候，个体就会出现心理问题。当一个人的人生指向于一种不切实际的理想自我时，就会对现实自我采取一种专横的态度，横挑鼻子竖挑眼，最终由于无法达到理想自我而产生自我厌恶和内疚自责的心态，这是以完美理想自我来要求现实自我的结果。只有当两者之间保持适当的、可调整的距离时，这种理想自我才是符合个人实际的。

罗杰斯关于自我研究的一个重要贡献是对自我差距的关注。他认为，个人的理想自我是自我的一部分，是人们向往的自我。理想自我与现实自我越接近，个人就越感到幸福和满足，如果差距很大，就会产生不愉快和不满足。

总之，自我意识中的各个成分之间是相互作用、相互影响的，它们的协调一致、积极互动是自我意识发展的动力所在。自我意识是个体自主性的体现，人格的塑造自始至终是通过自我导向、自我监督和自我激励来实现的。

（五）中国人的自我观

想真正了解中国文化对中国人的“自我”观的深刻影响，必须从“我”字入手来研究，因为在汉语中，人们更常用“我”来表示“自我”。据《汉语大词典》对“我”的字面解释，“我”是代表向他人、他族宣战的意思。中国人的自我主要包括以下内容。

1. 人前我与人后我

前者指在公共场合或众人面前表现出来的我，后者指在私下场合或极少数人面前表现出来的我。人前我像演戏，一般是将自己的最好一面展现给他人看，依社会规范的要求行动，朝他人期望的方向努力，希望给他人留下好印象。相对而言，人后我则真实得多，一般会依自我的真实想法行动，而不是像人前我那样需要不断严格要求自己。

2. 大我与小我

前者代表多数人利益的自我；后者代表少数人乃至个人利益的自我。大我与小我的内容是可以变化的。中国文化历来赞同牺牲小我保全大我的做法，认为“没有国，哪有家；没有家，哪有我”。

3. 公我与私我

前者代表公家或公共利益的我，后者代表私人或小集团利益的我。公我与私我也是相对而言的，例如，当私我仅代表个人利益时，代表其家庭利益的我就称为公我；当私我代表家庭利益时，公我至少代表家族利益的我；当私我代表家族利益时，公我就代表社会乃至国家利益。

4. 表我与里我

前者指个体表现出来的自我，有真伪之分；后者指个体藏在内心的我。因为里我潜藏于心，所以若不以一定的言行流露出来，别人便无法知晓，故而里我全是真的。

5. 真我与伪我

前者指真实反映个体本来面目的自我；后者指未真实反映个体本来面目的自我。绝大多数人在向外人展现出来的自我里，往往是真伪掺杂的。

三、自我意识的发展

关于个体的自我发展，不同的心理学家从不同的角度或领域提出了自己的观点和看法。

（一）詹姆斯的自我理论

美国心理学家詹姆斯于1890年最先提出将自我分为“主体我”（I）和“客体我”（Me）。根据詹姆斯的观点，主体我指自我中积极地知觉、思考的部分，客体我指自我中被注意、思考或知觉的客体，客体我包括物质我、社会我和心理我。当一个人说“我看见……”时，其中，只涉及主体我，当一个人说“我看见我自己”时，两个术语都涉及了。我是看的主体，也是看的客体。

（二）米德的自我发展理论

米德在《意识，自我与社会》中指出，自我的产生是躯体内部相互作用的结果。他认为，自我的产生是以人际交往过程，特别是分析交往过程中，人们所使用的符号的作用和意义为出发点的。米德把自我形成和发展过程分为三个时期。①准备期：这一时期的自我是原始的，不能运用符号的自我，其主要特点是无意识地模仿他人，对符号和意义缺乏理解。②模仿期：这一时期儿童学会了语言，学会了扮演他曾模仿过的某个重要他人，并学会从对方的角度看待自己。但在一定的时期内只能模仿某一重要他人，不会做情境的转换，还不能综合几个重要他人的角度来全面看待自己。③社会角色扮演期：这一时期，能把自己扮演为某个角色，能从几个重要他人的角度看待自己，并将他们概括为一个泛化他人。泛化他人可以看作为群体的期望、社会的期望，使社会群体的规范、态度、价值、目标内化，形成自我，使自己所扮演的社会角色被社会认可、接受。

（三）荣格的自我实现观点

荣格认为："自我是我们生命的目标，它是那种我们称之为个性的命中注定的组合的最完整的表现。"自我是在人的一生中逐步形成和发展的，在他看来，只有当个人意识到自己的目的之所在时，才表明其个体已经发展到了顶峰。荣格认为，这一时期，个体的各方面包括无意识与意识、各种心理类型等都已经过不断的整合而达到了和谐、统一和平衡，个性也得到了充分发展，他称之为"自性"。

荣格认为，要达到自我实现的境界，需要两个前提。第一，对自我要有一个客观认识，这种认识是一个人的长期经历所提供的。例如，耐心、毅力和许多年的艰苦努力等；而且，为了努力达到自我实现，必须大胆地、开放地、毫无保留地面对无意识，让意识与无意识进行沟通，允许无意识展示出自己真实的面目。但这并不意味着被无意识所主宰，只意味着将它们融入意识的过程。第二，自我实现的达成还有赖于个体其他因素的发展，包括人格面具、阴影、阿尼玛和阿尼姆斯的变化。例如，人格面具的解除，承认所戴的公开面具不可能代表真实本性；认识到阴影的各种力量，理解和接受人的本性中的阴暗面，但不屈服于它们或被它们所主宰，本性中的阿尼玛和阿尼姆斯两方面都得到表达并取得平衡，等等。

（四）罗杰斯的自我理论

罗杰斯的自我理论认为，自我由现象场的一部分逐渐分化而成，是指"那些有结构的、和谐一致的概念格式塔，其组成是对于主格我或宾格我的特征的知觉和对主格我或宾格我与他人和生活的各方面的关系的知觉，以及与这些知觉有关的价值观念。"通俗地讲，自我是指个人的独特思想价值观念、知觉及对事物的态度。罗杰斯认为，个体在发展的过程中，在与环境的交互作用中逐渐将"自我"与环境分化开来。刚出生的婴儿，除了本能的感知外，通常不知道自己是独一无二的实体。在他们生长发育的过程中，父母及其他重要他人开始影响他们时，婴儿才意识到有一种叫"我"的存在。孩子开始说"我要……""我想……""把东西给我""这是我的"，以及"我自己来"等，这类语言的出现标志着婴儿自我开始出现。起初，婴儿的这种自我多变而不稳定，随着年龄的增长和阅历的增加，"自我"将慢慢趋于稳定和一致。

（五）我国心理学界的观点

我国心理学家在前人研究的基础上，提出了自我意识发展的三阶段模式，认为一个人的自我意识从发生、发展到相对稳定，大致要经历20多年的时间，即以下三个发展阶段。

1. 自我中心期

人刚出生的时候，没有自我意识，也不能意识到自己和外物的区别。你可以看到几个月大的婴儿吸吮自己的手指，就像吸吮母亲的乳头一样津津有味，此时的婴儿还生活在主客体尚未分化的状态之中。8个月左右，婴儿的生理自我开始萌生，这就是自我意识的最初形态。1岁左右，儿童开始能把自己的动作和动作对象区别开来，初步意识到自己是动作的主体。1周岁以后，逐步认识自己的身体，也开始能意识到自身的感觉。不过，他只是把自己作为客体来认识，他从成年人那里学会使用自己的名字，并且像称呼其他人一样称呼自己。2～3岁，儿童学会用第一人称“我”来代表自己，这是个体自我意识建立的标志。随着“我”的使用频率提高，许多事情都要求“我自己来”，开始有了自立的要求。应该说，3岁儿童的自我意识已经有了一定发展，但其行为仍然是以自我为中心的，即以自己的想法解释外部世界，并把自己的想法和情感投射到外界事物上去，可见，这个阶段儿童的自我意识处于自我中心期。

2. 客观化时期

从3岁到青春期，是自我意识的发展时期，这个阶段是个体接受社会文化影响最深的时期，也是学习角色的时期。个体在家庭、幼儿园、学校中游戏、学习、劳动，通过模仿、认同、练习等方式，逐渐形成各种角色观念，如性别角色、伙伴角色、学生角色、家庭角色等。青春期以前，个体的眼光向外，引起个体兴趣和注意的是外界，对自己的内心视而不见。虽然已经意识到自己是一个主体，可以充分认识到自己的行为，但却不了解自己的心态；常常把自己的情绪视为某种伴随行动而产生的东西，而不懂得情绪是自己的主观感受；不善于用自己的眼光去认识世界，只是照搬成年人的观点作为自己对外界的认识。这一时期，也是获得社会自我的时期。因此，心理学家也把这一时期的自我意识称为“社会自我意识”。

3. 主观化时期

从青春期到成年的大约10年中，个体自我意识趋于成熟，并逐步获得了心理自我。青春期是人发展过程中一个特殊又重要的时期，是自我意识发展的关键期。有人把这一关键期定义为自我意识由“客观化期”到“主观化期”的过渡期。伴随个体在生理、认知、情绪等各方面的急剧变化，如性的成熟、抽象思维和想象力的发展、感受性的提高，个体把关注的重点转向内部，开始去发现、体验自己的内心，关心自己的形象，不再简单认同别人的观点，有了自己的独特见解。自我意识逐渐趋于成熟。

自我意识的发展是一个连续的过程，自我的成长伴随人的一生。虽然理论上一般将自我意识的发展分为以上三个阶段，但不同的个体在不同的生理机制、生活经历、社会文化的影响下又会有所差别；同时并非每个人都能获得成熟的自我意识，有的人一生都会处于“客观化时期”，使自己完全受外界环境的影响而缺乏主动性和自觉性；也有的人过早地进入“主观化”时期，显得与生理年龄不协调或过度关注自身而陷入焦虑、紧张的负面情绪状态。因此，自我意识发展是否正常、是否完善是人心理健康的一个重要标志。

四、自我意识发展的影响因素

人本主义心理学家对人性持乐观的态度，坚定地认为，人具有一种与生俱来的向上、向好的潜能。然而，长大之后，很多人却丧失了这些潜能，甚至向相反的方向发展；自卑、退缩、逃避困难、害怕挑战……这些消极的行为往往与自我意识紧密相关。自我意识并非与生俱来，那么，我们一路走来是如何成为现在的“我”的呢？自我意识的发展到底受哪些因素影响？

（一）内部因素

内部因素主要是指个人的遗传素质，包括机体的构造、形态、感官和神经类型的特征等。遗传素质是人的身心发展的生物前提，其个别差异为人的身心发展的个别差异提供了最初的可能。如巴甫洛夫认为，大脑皮层的基本神经过程有强度、均衡性和灵活性三种基本特性。可根据这三种特性将人的气质分为兴奋型（冲动型）、活泼型、安静型和抑制型（弱型）。人的气质类型不同，对自我、他人和社会的体验不同、认知倾向不同，由此发展出来的人格结构也不同。

（二）外部因素

1. 家庭

我们都生活在一定的社会环境中，家庭是我们接触到的第一个社会环境。家庭的氛围、自然结构、成员的文化素质及受教育程度、成员之间的关系（夫妻关系、亲子关系）、职业类型、收入情况、教养方式及双亲的心理健康状况等，对自我的发展都有直接的影响。

心理学中有个术语叫“原生家庭”，是指人从小成长的家庭。原生家庭对一个人自我的影响是潜移默化的。如果你的原生家庭充满爱和信任，家人之间的关系和谐而亲密，那么，你就容易形成安全感，并具备与他人建立亲密关系的能力，形成健全而稳定的自我。但假设你在原生家庭中所经历的与上述理想情境不一致，那么在这种情况下，你非但不会确立坚定的自我感，而且你的“自我”很可能极不稳定而残缺，并出现一系列的自我偏差。

家庭所给予我们的影响往往是不自觉的，很多时候我们自己可能意识不到。正如一位心理学家所说：“那些历史并没有消失，它们就存在于我们心灵最隐秘的地方，时时在引导着我们的行为准则，在操纵着我们的喜怒哀乐。”“我们与周围人的主要关系，常常反映出我们和父母的关系。”“你为什么是现在的自己？”这个问题是有源可循的，对自我觉察越透彻，自知力越强，你就越可以更好地成长和超越自己。

延伸阅读2-1

早期亲子依恋对自我意识的影响

亲子依恋是孩子在两岁前与母亲或主要养护人之间建立的一种特殊的情感纽带。Sullivan等客体关系理论学家们一致认为安全的亲子关系是健康自我发展的重要条件。

为什么早期依恋对个体自我意识的发展会有深远的影响？鲍尔比等提出了有趣的解释。他们认为，婴儿在同主要养护人不断交往中形成了一种内部工作模式，即对自我和他人的一种认知表征。敏感、及时的照顾使儿童认为他人是可靠的（对他人的积极工作模式），而不敏感、忽视的照顾将导致不安全和缺乏信任（对他人的消极工作模式）；与此同时，儿童还会发展出对自我的工作模式，在敏感．及时的照料下形成的自己是可爱的、有价值的积极自我工作模式，在忽略、忽视的照料下形成的自己是一无是处、讨人嫌的消极自我工作模式。

这些认知表征形成于早期生活，不为人们察觉，渐渐进入潜意识中，为人们自我意识的进一步发展奠定了潜在的动力基础。就像相片的底色一样，会持续地影响人们对自我的评价。

2. 重要他人

“重要他人”是一个心理学术语，它由心理学家Sullivan提出，意思是在一个人心理和人格形成的过程中，起过巨大的影响甚至是决定性作用的人物。Sullivan在人际关系理论中指出，“自我”是在重要他人的反应中确立的，“重要他人”有着十分重要的作用。

“重要他人”可能是个体的父母长辈，或者是兄弟姐妹，也可能是老师，也或者是萍水相逢的陌生人。在成长的不同阶段，重要他人的构成也有所不同。在幼儿阶段，重要他人主要是家长。到小学阶段，老师可能发挥超越家长的影响力。但小学高年级成长阶段之后，同伴的影响力会明显增加，大学阶段，教师也是重要的影响源之一。也就是说直到大学阶段，重要他人仍在影响着自我意识的确立。如果在成长过程中重要他人的否定性评价过多，个体就会直接内化为否定性评价，形成“我真的不行”的自我认识。

（三）内外因结合

Hormuth提出自我生态系统，从系统的角度来把握自我概念及其诸多影响因素，他认为，影响自我概念的内因和外因相互依存、相互影响，在互动基础上实现动态平衡。

总之，自我概念形成于与人的社会比较和社会互动过程中。在这个过程中，人们通过自我认识形成自我概念。正如凯利所说：“人们就像科学家一样，观察和形成概念来组织现象和预测未来。一个人把自己和他人当作观察的对象，对自己的行为与他人的行为进行参照比较，认识到自己与他人的相同点和不同点，并把这些观点用于界定自我，这就形成了完备的自我概念。”

第二节　构建正确的自我意识

良好的自我意识在大学生人格形成与发展中具有决定性的作用：一个缺乏自知之明的人很难实现自我发展与自我完善，因此，我们要学会培养与塑造自己良好的自我意识。那么，怎样培养与塑造良好的自我意识呢？大家不妨从以下几个方面入手。

一、从片面到全面——自知者明

认识自我并不容易，这不仅因为自我的结构复杂，而且还因为自我会随着人的成长不断变化。美国心理学家John和Harry提出的“乔哈里窗口理论”揭示了自我的不同领域，对我们探索认识自我有重要的指导作用（见表2–1）。

表2–1　“乔哈里窗口理论”

	自己知道	自己不知道
别人知道	A. 公开的我	B. 盲目的我
别人不知道	C. 秘密的我	D. 未知的我

该理论认为，人对自我的认识是一个不断探索的过程，人的自我可以划分为四个领域：第一块是公开的自我，这部分自己很了解，别人也很了解；第二块是秘密的自我，是自己了解但别人不了解的部分；第三块是盲目的自我，别人看得很清楚，自己却不了解；第四块是未知的自我，是别人和自己都不了解的潜在部分，通过一些契机可以激发出来。每个人的自我都由这四部分构成。但每个人四部分的比例是不同的。而且，随着人的成长和生活经历的增加，自我的4个部分也会不断地发生变化。

当一个人自我的公开领域扩大，则其生活会变得更真实，无论与人交往还是独处，都会感到轻松愉快而充满活力；而盲目领域变小，人对自我的认识就会更清晰，在生活中更容易扬长避短，发挥自己的潜力。

“乔哈里窗口理论”告诉我们：人对自己的认识是一个不断探索的过程。要想不断认识自我，最好的方法是借鉴别人对我们的评价、恰当运用比较及通过自己的生活实践来认识自我。

扫一扫

乔哈里资讯窗理论

（一）借鉴评价

个体的一言一行都会对周围的人产生影响，留下印象。他人对你的反应与评价，就像一面镜子，反映出你的形象，是个体形成自我评价的一个重要参考。

借鉴他人的评价来认识自我，可重点参考以下几种情况：一是关系密切者对自己的评价；二是大多数人、异口同声的评价；三是逆耳但在理的评价；四是他人言语、态度前后发生很大变化。

为了更好地认识自我，我们需要参考他人的评价和看法，但他人的评价未必都是正确的，我们需要有自己的主见和判断。听什么就信什么的人，很难获得正确的自我认识。

（二）恰用比较

恰当使用两种不同的比较方法，可以更客观和全面地认识自己。

1. 与他人比较，激励自己

他人可以给我们提供一个参照的标准，与他人比较可以让我们更客观地认识自我，并且激发出超越自我的动力。与他人作比较有以下几种方式。

（1）向上比较。对于能力、修养等可以完善的方面，我们可以和比自己优秀的人比较。通过向上比较，我们能认识到自己的不足，激励自己努力进取，不断改进和提高自己，但在比较时，要避免不满、气愤和自卑等消极情绪的产生。

（2）向下比较。外貌、家庭等无法选择和改变的方面，我们可以和不如自己或比自己境况差的人比较。通过向下比较，我们可以提升自我评价，体验到愉快、满足和成就感，但要避免产生自我感觉过分良好、不思进取等负面影响。

（3）相似比较。与自己状况相似的人进行比较是我们最常用的比较方式，也最能影响我们对自己的评价和看法。相似比较同样也能使自己产生积极和消极的情绪。一般而言，在比较中，占优势的一方，能体验到强烈的自尊、自豪；居劣势的一方，则羞愧、内疚。因此，建议相似比较中要多方面比较，要既能看到自己的长处，也能看到自己的局限。

2. 与自己比，完善自己

自己与自己比较，是正确认识自我的一种最基本的方法。

（1）现在我与过去我比较。人最大的对手其实就是自己，战胜了自己就是对自己最好的肯定。人与人比较的时候，没有永远的失败者，也没有永远的胜利者，但是关注自己的点滴进步，挑战自己，战胜自己，就是永远的胜利者。无论在集体处于什么位置，只要自己比过去进步了，这就是胜利、成功。要在与自己的比较中获益，比较时需要注意以下几方面。

①真心肯定点滴进步。能够真心关注自己的每一点进步，并为自己的点滴进步而欣喜。经常告诉自己：只要每天进步一点点，不久就会前进一大步。

②坚持每天自我反思。每天反省、检查自己，对一天的行为进行小结，分析自己的得失。每天睡前不妨用些时间来思考当天的事情或者写成长日记。

③坚持定期自我总结。事情发生的当时和之后，我们对之的认识常常会有所不同。隔一段时间来总结，往往能获得新的自我认识。因此，建议大家每周、每月、每学期和每年都进行阶段总结，主要是分析这段时间以来的重要事件，从中发现自己的成败、进步及不足。

（2）现实我与理想我比较。理想我是个人想要达到的完美形象，是个人追求的目标，是自我发展的动力和方向。现实我是对现实中自我的各种特征的认识。时常将现实我与理想我比较，可以明确自己的努力方向，产生成长的动力。事实上，每个人的现实我与理想我之间都会存在或大或小的差距，合理的差距可以促使人不断努力、向理想我靠近；而如果差距过大则会产生沮丧甚至绝望，感慨“心比天高，命比纸薄”。现实我与理想我越一致，个人就越能体验到自我价值的实现。要想从两者的比较中获益，我们就尽量从以下两方面来协调两者的关系。

①使现实我向理想我靠近。首先，我们要悦纳现实我，对现实我要有积极的评价，然后制定切实可行的计划对现实我进行不断的调节和完善，允许自己有一个逐步成长、进步的过程。

②完善现实我、调整理想我。理想我要建立在现实基础之上，包括客观的外在条件（如经济基础、社会支持等）和个体的内在条件（能力、人格等），要“跳一跳，够得到”。这种理想我会对现实我的不断完善起到激励作用。如果理想我与现实基础之间差距过大而根本无法实现，则会使人产生失望、无助，甚至是绝望的体验，会严重危害到心理健康。

（三）反观实践

从实际学习和生活的实践中反观自己，也可以增强自我认识。学习和工作的成就与挫折可以帮助我们重新认识自己。如果你觉得自己具有某方面的才能或天赋，不妨寻找机会予以尝试，以证实自我认识的正误；有时，我们内心并未注意到自己的某种特殊才能，然而，偶然的机会却使这种才能凸显在自己面前，这可以使我们重新认识自己，甚至改变我们的人生轨迹。

在日常生活中，我们也可以通过自己经历的一件件小事情来认识自己。如果你一直认为自己很豁达，但今天却因为一件小事愤怒失控，很久无法释怀，这时你可以借此深入觉察自己，问问自己：这件小事为何让我如此失控？背后有什么深层的心理原因吗？我到底是怎样的一个人？这些探讨都有助于借助实践来重新认识自我。

总之，在认识自我时，应从多方面入手，整合多方面的信息，恰当评价自己。当你敏感于他人的评价，如别人说你有或是没有某方面能力的时候，从学习和工作的实践中看看，自己到底是不是这样？当你一直为达不到设定的目标而闷闷不乐，认为自己水平不佳的时候，比较一下身边的人，或许他们目前还不如你出色，这样你会重新找到自信。

二、从消极到积极——接纳当下的我

我们很多人都会为自己的过去感到悔恨，为明天的自己感到担忧；或者为自己的缺点感到羞愧，为自己的优点又感到不安。其实，人生没有绝对的完美，我们人生在世，首先要学习的就是接纳。接纳之后，我们才不会将自己的精力消耗在无知的对抗中，才会知道如何去享受生活，我们也才能一点点建立起生活的信心。

（一）发现自己的潜能

心理学家威廉·詹姆斯认为，“普通人只用了潜力的极小部分，与我们应该成为的人相比，我们只苏醒了一半。我们的热情受到打击，我们的蓝图没能展开，我们只运用了我们头脑和身体资源的极小一部分。”所以，悦纳自我不但要看到、喜欢有闪光点的自己，还要善于发现、喜欢目前平凡但潜藏着巨大潜能的自己，然后在此基础上，去体验价值感、幸福感、愉快感与满足感。

（二）接纳自己的不完美

没有人是十全十美的，每个人都有优缺点。人既不会事事行，也不会事事不行。一事行不代表事事都行，一事不行也不说明事事都不行，因此，要接纳、善待不完美的自己，这是自信的表现，也是完善自我的起点。

三、从依赖走向独立——增强自我独立性

很多发展心理学家都认为，“分离 — 个体化”是青少年阶段的一个重要发展任务。这个概念来源于精神分析理论，是指个体在成长的过程中，需要有一个与养育者共生，然后走向独立自主的过程。这个过程是一个内在、主观的过程，需要个体在心理上与父母分离，并建立自己作为独立个体的形象。

良好分离个体化的人，能与他人合作，考虑他人的利益，越处于压力时越能保持冷静；他们对各种各样的观点持开放态度，尊重他人，为自己负责，能意识到自己对他人的依赖；能保持平静并理智地处理冲突、批评和拒绝，思维较少受情感的影响，他们的行为是处于慎重选择的结果，是建立在对事实认真的评估基础上的；在一个分化水平高的家庭中，成员不需要不断地从他人那里寻求爱、赞许和感激，他们不会因为别人没有满足他们的需要，而控制别人为他们负责。良好分离的家庭成员能够在表达他们的个体化的同时彼此保持亲密的关系。

大学生正处于与父母分离个体化的阶段，这个时候会逐渐形成独立的“我”。因此，大学生要勇于思考，拥有自己的观点和看法，逐渐脱离父母和他人的影响。

四、从混乱走向统一——构建自我同一性

自我同一性的概念最早是由心理学家埃里克森在人格发展八阶段的理论中提出的，它是指人格发展的连续性、成熟性和统合感。埃里克森认为，人要经历8个阶段的心理社会演变，这种演变称为心理社会发展（Psycho-social Development）。这些阶段包括4个童年阶段、一个青春期阶段和三个成年阶段。每一个阶段都有这个阶段应完成的任务，并且每个阶段都建立在前一阶段之上，这8个阶段紧密相连。如果个体难以完成他所处阶段的任务，就会出现发展危机。而解决发展危机的方法对一个人的发展具有非常重要的意义。积极的解决办法有助于自我的加强，因而也有助于自己形成较好的顺应能力。消极的解决办法削弱了自我，阻碍了顺应能力的形成。在某个阶段中积极的危机解决办法增加了下个阶段特征的危机得到积极解决的可能性。而在某个阶段中消极的危机解决办法降低了下一阶段特征的危机得到有效解决的可能性（见表2-2）。

表2–2　埃里克森的心理社会性发展模型的8个阶段

生命阶段	心理社会冲突	特　征
第一年	信任VS不信任	当婴儿受到温暖、持续的照顾时，他就能建立起信任感；缺乏照料或照顾不够则产生不信任感
1～3岁	自主性VS羞怯和怀疑	当鼓励儿童探索自我和环境时，自主感得以发展；当儿童的探索受到抑制时，羞怯感和怀疑产生
3～5岁	自发性VS内疚感	当鼓励儿童进行各种各样的尝试时，他们的自发性就得到促进；如果父母嘲笑孩子或过度批评他们，就会使他们产生内疚
6～12岁	勤奋VS自卑	当儿童受到表扬时他们就会获得勤奋感；当他们所做的努力被认为是不充分的或差劲时就会产生自卑感
青春期	同一性VS角色混乱	个体要面临的一个关键问题是“我是谁”，拥有可靠和整合特性的个体被认为是达到同一性的；无法建立稳定和统一特性的个体将会面临角色混乱
成人早期	亲密VS孤独	个体所面临的关键问题是建立一种承诺的和亲密的人际关系；这个过程出现失败将导致孤独
成人中期	生殖VS停滞	个体是社会中能够进行生产的成员，为社会做出贡献，为未来创造人口，这可以通过工作、志愿努力和抚养孩子来实现；与之相反是停滞，它的特征是个体过度关心自己的幸福或认为生活是无意义的
成人后期	完整VS绝望	完整是指当个体回头看自己所经历的生活时会有满足感，这使他们能够有尊严地面对死亡；如果遗憾成为主导，那么个体会感到绝望

埃里克森的人格终生发展论，为不同年龄段的教育提供了理论依据和教育内容，任何年龄段的教育失误，都会给一个人的终生发展造成障碍。它也告诉每个人：我为什么会成为现在这个样子，我的心理品质哪些是积极的、哪些是消极的，是在哪个年龄段形成的？这些都会给我们以反思的依据。

埃里克森认为，在第五个阶段，即青年期，主要任务是解决同一性对同一性混乱的冲突。同一性，本质上是指人格发展的连续性、成熟性和统合感。玛西亚等心理学家更加详细地界定了同一性的概念：是指个体将自身动力、能力、信仰和历史进行组织，纳入一个连贯一致的自我形象中。它包括对各种选择和最后决定的深思熟虑，特别是关于工作、价值观、意识形态和承诺等方面的内容。如果青少年无法将这些方面和各种选择整合起来，或者说他们感到根本没有能力选择，那么角色混乱就发生了。例如，不知道自己是谁，自己要做什么，不能认清自己的发展方向。

玛西亚以探索和承诺为变量对自我同一性进行操作定义。由探索和承诺两个变量的组合提出了四种同一性状态。

1．成就型同一性

成就型同一性指经历了一段可能性选择的探索并呈现出相对固定的承诺。同一性达成表明个体考虑了各种实际选项，做出了选择，并实践选择。跨入大学校门的学生需要花一定的时间做出决定并实践。对个体而言，自我同一性一旦达成，并不意味着一成不变，有可能会摒弃前面形成的同一性，而形成新的同一性。

2．延缓型同一性

延缓型同一性指正处于可能选择的探索过程中并积极考虑各种可能的选择，但没有达到最后的承诺。大学生在探索自己的过程中，会不断地去发现新的自己，积极考虑各种选择，虽然没有达到最后的承诺，但也是建立牢固自我同一性的重要部分。这一阶段不再成为危机了，因为对于大多数人来说，自我同一性的达成是一个逐渐缓慢的探索过程，而不是外在的急剧变化。延期选择很正常，而且是健康有益的。

3．排他型同一性

排他型同一性指从未经历同一性危机（探索）就对一定的目标、价值观和信念做出了承诺。描述的是个体过早地将自我意象固定化，没有考虑各种选择的可能，而停止了同一性的探求。排他型同一性的大学生往往缺乏主见，容易遵从他人的目标、价值观和生活方式。这里的他人主要包括父母、同伴群体等。同一性完成过早的人会显得刻板与肤浅，不会沉思，应变能力差，但很少会忧虑。这类人倾向于与父母保持密切的关系，并采纳父母的价值观。他们喜欢有组织、有秩序的生活，尊重权威。

4．弥散型同一性

弥散型同一性指没有探索也没有固定的承诺。个体很少“发现自己”，不知道自己是谁，不知道想做什么，也没有明确的发展方向。经历着同一性分散的青年无法成功地做出选择，或者他们会逃避思考问题。对事物缺乏兴趣，感到孤独，对未来不抱希望，或者可能很叛逆。他们宁可塞着耳塞听音乐或睡觉，也不愿接触父母和老师。

从玛西亚对同一性的分类来看，排他型同一性和弥散型同一性都属于同一性混乱，或者是同一性达成较低的水平，这二者通常是联系在一起的。

为了形成一个统合、健全的自我，走出自我同一性混乱，大学生要增强对自己的了解和主动探索，并从多个维度整合自我。例如，回忆过往人生历程，分析自己人生发展轨迹，从而找到人生发展方向；分析过去的我和现在的我、他人眼中的我和自己眼中的我、理想我和现实我等方面的不同和相同之处；学会为自己做决定，为自己的决定负责任，而不是让其他人来负责，等等。

五、从平凡走向超越——挑战自我

每个大学生都有自己的抱负和理想，大学生成为自己的过程，是大学生自我同一的过程，也是大学生不断完善自我、超越自我的过程。那么，大学生该如何进行自我的超越呢？

首先，珍视内心深处的渴望。很多人都知道自我完善很重要，也希望不断超越自己，但现实生活中，许多人之所以不成功，是因为“成功”的愿望不强烈。其实，当一个人决定“一定要”的时候，他的潜能才可能真正被激发出来。很多时候，我们会因为外界因素放弃内心的渴望，从而影响潜能的发挥。所以，如果想要真正塑造一个崭新的自我，就需要我们尊重内心的渴望，变“想要”为“一定要”，坚持不懈地为实现自己的目标而努力。

其次，发挥优势，实现超越。“天生我材必有用。”每个人都是与众不同的，都具有自己的特殊性，学会运用自己的内在资源，扬长避短，在社会中找到合适自己的位置，就能超越自我。

最后，积极坚韧，实现超越。积极、乐观的心态是超越自我、成就自我的重要条件，从困境中看到希望，从失败中领悟教训，积极应对、乐观向前，才能让你赢得成功、成就自我。另外，我们还需要在生活中主动把握机会，展示自己，只有这样才能把握住转瞬即逝的机会，超越自己。

第三节　大学生自我意识的偏差与调适

大学生在自我意识发展的过程中，常会出现自卑、自负、追求完美、要求过低、自我中心等心理偏差，在面对自我成长时，学会走出自卑与自负的误区、调整过分追求完美的心态、纠正以自我为中心的倾向等是非常重要的。

一、克服自卑

【案例】　雨轩家境贫寒，他以顽强的毅力克服了诸多困难，考入了某重点大学，成为山乡少有的几个大学生之一。然而，上大学之后，尽管他仍然和过去一样努力，但学习成绩却不再理想，特别是英语和计算机课程成绩很差。由于自己经济拮据，没有多余的钱和同学一起娱乐、消费，因此，宿舍同学过节或是生日聚会，他总是借故推脱。班上女同学很少主动与他来往。渐渐地，他对学习失去了信心，也很少与人交往，变得孤独和敏感……

雨轩的困扰就是缘于自卑心理。那么，何谓自卑呢？

（一）自卑的表现和成因

自卑，就是在和他人进行比较时，个体由于低估自己的能力而产生的一种消极情绪体验，即“自以为卑”。有自卑感的人，其外在的表现形式主要有两种：一种表现为极度的消沉、颓废、无能、软弱、沮丧、精神萎靡、脆弱；另一种则以自尊的形式表现出来，主要特点是敏感、多疑、强硬、傲慢、自以为是、自高自大、以自我为中心。

造成自卑的原因往往因人而异，有的人因为生理方面的某些特殊性备受歧视，如五官不端正、过矮、过胖、过瘦、口吃等；有人则因为社会环境方面不如别人而感到自卑，如出身农村、家境较差等；有人因为自己的性格缺点、能力不足而感到自卑，表现为孤僻、内向、学习成绩差等。

按照精神分析的理论，人的自卑心理与童年的创伤性经验有关。虽然成年产生自卑的也大有人在，但是孩童时代所受创伤造成的自卑感持续时间最长、影响最大，克服起来也最不容易。如父母经常打骂训斥、批评孩子的缺点或生理缺陷等，这一切都会在孩子幼小心灵留下阴影，这些阴影可能会影响孩子一生的幸福与成长。

这些阴影也许在童年时并未得到充分展现，但成年以后，这样的孩子就变得极其重视他人的评价，非常关心自我在他人心目中的形象，甚至用苛刻的眼光寻找和放大自己的缺点和不足。越是如此，他们越是对自己不满。此时，孩童时所受的创伤造成的自卑开始浮现出来，从而加剧了他们对自己的悲观和失望，并逐渐固化为内向、孤独和偏见等不良个性特征。

奥地利心理学家阿德勒（AdlerA）认为，每个人都有先天的生理或心理缺欠，这就决定了每个人的潜意识里都有自卑感存在。如果处理得好，会使人超越自卑去寻求优越感，而处理不好就将演化成各种各样的心理障碍或心理疾病。例如，长期的自卑感会使人意志消沉、心情沮丧，对学习和生活失去兴趣和信心，甚至走上自杀或犯罪的道路。

（二）如何树立自信

1. 悦纳自我、正视自我

常言道："金无足赤，人无完人。"每个人都有自己的弱点，也有自己的优点，我们应该坦然地接受自己的优点，但也不忌讳自己的缺点。历史上的很多伟人、名人都不完美，只要接纳自己，扬长避短，不断努力，每个人都能找到成功的舞台。

2. 积极社交、拓宽视野

自卑的人多数比较孤僻，少与周围人群交往，常自己把自己孤立起来。由于缺少沟通，他们的心理活动往往是片面的、主观的。自卑者如能多参与社会交往、开阔视野，就可以感受到他人的喜、怒、哀、乐，丰富情感体验；在与人交往的过程中，可以抒发压抑已久的情感，增强生活勇气、走出自卑的泥潭，更可以增进相互间的友谊、情感，使自己的心情变得开朗，使自信心得到恢复。

3. 恰用暗示、重建自信

自我暗示就是个人对自己所说的话，其核心内容就是自我评价。自我评价与人的行为之间关系密切。消极的自我暗示会导致消极的行为，积极的自我暗示可带来积极的行动。每个人的智力相差都不太大，我们在做事的时候，应该不断地暗示自己，别人能做的我也一定能做好。我们不妨始终默念"坚持就是胜利""我一定行"。成功了，自信心得到加强；失败了，也不要灰心。不妨告诉自己"胜败乃兵家常事，大不了从头再来"。

4. 勇于练习、积累成功

自卑感往往是在表现自己的过程中，由于受到挫折，对自己的能力产生怀疑而产生的。有这种心理的同学，不妨多做一些力所能及、把握较大的事情，一举成功后便会有一份喜悦，每一次成功都是对自信心的强化。而自信心的恢复是克服自卑的关键。但要注意的是，自信心的恢复需要一个过程，切不可操之过急。应从一连串小小的成功开始，通过不断的成功来表现自己和确立自信，进而消除对自己能力的怀疑。表现自己时，期望值不要过高，不要操之过急，要循序渐进地锻炼自己的能力，逐步用成功的实践取代自卑感。

延伸阅读2-2

"习得性无助"带来的启示

"习得性无助"是美国心理学家塞利格曼于1967年在研究动物时提出的一个概念。他用狗做了一项经典实验，起初把狗关在笼子里，只要蜂音器一响，就给以难受的电击，狗关在笼子里逃避不了电击，多次实验后，蜂音器一响，在给电击前，先把笼门打开，此时狗不但不逃反而不等电击出现就先倒在地上开始呻吟和颤抖，本来可以主动地逃避却绝望地等待痛苦的来临，这就是习得性无助。

在对人类的观察实验中，心理学家也得到了与习得性无助类似的结果。细心观察，我们会发现：正如实验中那条绝望的狗一样，如果一个人总是在一项工作上失败。他就会在这项工作上放弃努力。甚至还会因此对自身产生怀疑，觉得自己"这也不行，那也不行"，无可救药。

而事实上，此时此刻的我们并不是“真的不行”，而是陷入了“习得性无助”的心理状态中。它的特征是：低成就动机、低自我概念、消极定势、低自我效能感。这种心理让人们自设樊篱，把失败的原因归结为自身不可改变的因素，放弃继续尝试的勇气和信心，比如，认为学习成绩差是因为自己天赋不好，失恋是因为自己本身就令人讨厌等。当人类得到习得无助感时，他们通常会从三个角度来处理问题。

个人（Personal）：他们也许会将自己投射到问题上，换句话说，倾向于针对问题来内化自己。

普及（Pervasive）：他们也许会认为问题影响了生活中的每个层面。

永恒（Permanent）：他们也许会认为问题是不可能被改变的。

上述这三点看问题的角度，通常被称为“3Ps”。所以要想让自己远离绝望，我们必须学会客观理性地为我们的成功和失败找到正确的归因。

二、纠正自负

【案例】 梅梅是个非常优秀的女大学生，长得漂亮，又能歌善舞，博学多才，在大学是个颇受欢迎的学生。班主任更是将她视为不可多得的骨干成员，一直很重用她，凡事都让她管理。回到家里，父母又把她捧为掌上明珠，宠爱有加。渐渐地，梅梅越来越自命不凡，和同学之间的矛盾也越来越大了。这个学期初，班级重新组建班委会，班主任征求她的意见，她说这个“太笨”，那个“不会说话”，不是摇头就是撇嘴，意思十分明显：全班除了她没人能当班干部了!也许正是她的这种态度，引起了同学的不满，班干部竞选时，她以11票之差落选了。

梅梅的问题与她的自负不无关系。

（一）自负的表现和成因

自负，从字面理解就是自恃、自大的意思，是一种过度自信的心理表现。自负的人对自己的肯定评价往往有过之而无不及。他们拿放大镜看自己的长处，甚至把缺点也视为长处；他们拿显微镜看他人的短处，甚至把别人细微的短处找出来，人际交往容易陷入“我好，你不好”“我行，你不行”的模式。自负的人容易产生盲目乐观情绪，自以为是，因为过高评价自己的能力，因此很容易低估任务要求从而导致失败。

自负，往往与不良的家庭教育方式有关，比如，父母的过分溺爱会使孩子过分重视自我地位，家庭条件优越会使孩子无法接受“较差”的环境和事物，“赞美式”教育会使孩子无法正确认识自己的能力。

（二）自负的克服

对于自负的人来说，下列方法也许会有帮助。

（1）勇敢接受批评，客观评价自我

这是消除自负的最佳办法，自负者的致命弱点是不愿改变自己的态度或接受别人的观点，接受批评即是针对这一特点提出的方法。这并不是要让自负者完全服从于他人，而只是要求他们能够接受别人的正确观点，通过接受别人的批评，看到自己的缺点和短处，从而形成客观、全面的自我认知。

（2）与人平等相处，多看他人优点

自负的人无论在观念还是行动上都无理地要求别人服从自己。平等相处就是要求自负的人以一个普通人的身份与别人平等交往。在交往对象上，多选择优秀或成熟的人，多看他人的优点、长处，还可以多读一些名人传记，树立可以督促自己进步的榜样，通过向榜样学习，消除自负心理。

三、放弃完美主义

【案例】　“上大学后我发现身边有许多人比自己有优势：有的人长得俊俏；有的人社交能力强；有的人多才多艺。而我自己只会读书，就算学习成绩暂时领先又有什么用？我知道自己的不足，我也努力过，我希望拥有一切，我希望我超过所有的人。可现实并不是像我想象的那样，我不知道怎样做才能使自己更加完美。”

这是一位女大学生的困扰。随着自我意识的发展，大学生总是与周围的同龄人进行比较，总希望能通过努力使自己在外貌、学识等各方面都变得更完美。学习他人之长弥补自己之短，这固然很好。然而，过分追求完美是却不现实的。那么，如何才能克服过分追求完美的心态呢？

（一）改变关于“优秀”的认识

在任何文化中，“优秀”都是一个相对的概念，而无绝对的标准。我们要正确认知“优秀”。例如，人从来都没有十全十美的，每个人都会有优缺点；谁也不能避免犯错误，由于错误经常发生，所以我们要接受并学会从中学习；如果害怕犯错误，就会限制行动；只有不断地“试误”，我们才能变得越来越好。

（二）明确追求完美的弊端

列出过分追求完美而产生的种种弊端，例如，常常因怕犯错误而不敢创新；不敢尝试新事物；经常内疚自责，失去很多的生活乐趣；总是因发现自己的不足而不安；常常感到目标过高而信心不足，以致总是无法行动起来等。

（三）睡前反思

每晚睡觉之前列举当天所做的很棒的事情，梳理自己累积起来的成就，坚持21天，你就会改变内疚自责的习惯。即使犯错误，你也应及时记下自己可以从中吸取的教训。不要害怕犯错误，因为每吃一堑，必会长一智。

四、避免自我中心

【案例】　丽莎是一名大一的女生，殷实的家庭、秀丽的外表及优异的成绩都使她产生了一种优越感。在同学的眼里，丽莎是位骄傲的公主，言行间常流露出自己的与众不同。平时与同学相处，丽莎总要说上句。与舍友相处也要以自己为中心，占最好的床位，舍友不可随意动用她的东西；随便早起晚睡，很少考虑舍友的起居习惯；打起宿舍的电话没完没了，从不顾及他人的电话是否能打进来……久而久之，丽莎身边没有了朋友，无法与人沟通。最终，她走进了心理咨询中心向老师求助。

心理咨询老师真诚地指出丽莎要摆脱人际关系紧张的困扰，要纠正“以自我为中心”的倾向。

（一）自我中心的表现

自我中心一般与不良的家庭教育方式有关，主要表现在以下三方面。

1. **很少关心别人，与他人关系疏远**

自我中心的人时时事事都从自己的利益出发，很少考虑别人的感受和需要。

2. **固执己见唯我独尊**

自我中心的人在人群中总是以自己的态度作为别人态度的“向导”，别人都应该与自己的态度一样；而且这种人在明知别人正确时，也不愿意改变自己的态度或接受别人的态度，因而很难从态度、价值观的层次上与别人进行交往。

3. **自尊心过强，过度防卫，有明显的嫉妒心**

自我中心的人有很强的自尊心，不愿损伤自己的自尊，强烈地维护着自己，因此他们不希望或不愿意别人在自己之上，对别人的成绩、成功非常嫉妒，对别人的失败幸灾乐祸，不向别人提供任何有益的信息。

（二）如何克服以自我为中心

要纠正以自我为中心的倾向，就要做到如下几点。

1. **换位思考**

换位思考即站在他人的角度、用他人的观点看问题。从自我的圈子中跳出来，多设身处地为其他人着想，以理解他人；学会尊重、关心、帮助他人，这样才可能获得别人的回报和好感，从中体验到人生的价值与幸福。

2. **倾听意见**

以自我为中心的人往往只顾个人利益的满足，不善于接受他人的意见与建议，待人傲慢。要克服这些弱点，就要学会谦虚待人，善于倾听他人意见，把个人与他人的观点做比较，接纳他人正确的观点。

3. **广泛交往**

在与人交往的过程中，可以更多地了解他人的个性特点和需要；同时，多与他人合作，这些都有助于克服自我中心的倾向。

4. **摆正位置**

摆正自己的位置，既重视自己也不贬抑他人，自觉地把自己和他人、集体结合起来，走出自我的小天地。

5. **恰当自评**

要实事求是、恰如其分地评估自己，既不高抬自己，也不妄自菲薄。

五、永不放弃自我

与追求完美相反，有些大学生则对自己的要求非常低。学习上得过且过，生活上消极懒惰，对前途一片茫然，甚至数门功课不及格仍然无动于衷，陷入自我放纵的颓废状态。这种状态如果长期发展，可能导致学业中断，发展停滞。从某种意义上说，这些都是放弃自我的表现，如放弃生活的主动权，放弃努力，不关心未来，认为人生没有意义等。一个人放弃自我可能由多种因素造成，如创伤经验、缺乏社会支持、自我价值感的丧失等。但是无论何种原因，放弃自我对自己和他人都是一种伤害。要改变要求过低、颓废懒惰的状态，需要从以下方面入手。

首先，要珍爱自我，珍爱生命。作为一个高级生命体，“认真地活着”本身就是最大的意义。“活着”是对生命负责任的表现，也是对父母、他人和社会负责任的表现。人的能力有高低，但是生命的意义、人生的价值却没有高低之分。尊重自己的生命和人生，使它展现出本来的模样，是我们每一个人第一要做的事情。

其次，要相信自己的潜能。罗杰斯相信所有行为都受自我实现倾向的影响，人类同其他生命有机体一样，都具有生存、成长和促进自身发展的内在动力，它是与生俱来的。罗杰斯认为，自我实现是人格结构中唯一的动机，其他一切动机都可归属于这种自我实现倾向之下。正是自我实现倾向使人的自主性和自足感增加。大学生朋友也要相信自己有自我实现的潜能，通过与积极乐观的同学交朋友等方式，激发自我实现的需求，提高自我成长的动机。

最后，确定目标，让理想自我启动成长动力。当感到人生没有任何意义时，当感到自己走投无路时，不妨给自己定几个目标，激励自己不断前进。此外，还可以积极参加团体心理咨询活动，在生涯幻游活动中，了解自己的理想自我，让梦想照进现实，让理想自我成为激发自己成长的动力。

心理训练

一、假如我是……

请认真思考下面的问题，并填空；完成后，请与邻桌四人一组进行分享，分享时请注意：不批评或指责别人，只做耐心的听众，当然，没有听懂或有疑问之处可以提问；完成练习后，请思考：有没有与自己完全相同的人？从中你对自己和他人有了怎样的了解和认识？

① 假如我是一朵花，我希望是……因为……

② 假如我是一种动物，我希望是……因为……

③ 假如我是一种乐器，我希望是……因为……

④ 假如我是一种食物，我希望是……因为……

⑤ 假如我是一种交通工具，我希望是……因为……

二、谁塑造了我?

操作：在每个人的成长历程中，其塑造往往是有根可寻的。请在下面的表格中填写对自己影响较大的一些事情。在进行这项活动时，注意以下几点。

① 你对哪个人的看法最为重视？原因是什么？

② 最难填写的或最少资料的是哪一部分？原因是什么？

③ 假设你在努力填写，却始终出现资料贫乏的现象时，你应当反省一下自己整体性人际关系到底如何？

④ 除非有充分理由，对于全栏出现空白的情况时，应做出探索。

父亲	老师	自己
母亲	一位重要的人	只一位重要的人

心理测试

自我和谐量表

下面是一些个人对自己看法的陈述，回答时，请你看清每句话的意思，然后圈选一个数字（1代表该句话完全不符合你的情况，2代表比较不符合你的情况，3代表不确定，4代表比较符合你的情况，5代表完全符合你的情况）以代表该句话与你现在对自己的看法相符合的程度。每个人对自己的看法都有其独特性，因此答案是没有对错的，你只要如实回答即可。

完全不符合	比较不符合	不确定	比较符合	完全符合
1	2	3	4	5

1. 我周围的人往往觉得我对自己的看法有些矛盾。
2. 有时我会对自己在某方面的表现不满意。
3. 每当遇到困难，我总是首先分析造成困难的原因。
4. 我很难恰当表达我对别人的情感反应。
5. 我对很多事情都有自己的观点，但我并不要求别人也与我一样。
6. 我一旦形成对事物的看法，就不会再改变。
7. 我经常对自己的行为不满意。
8. 尽管有时得做一些不愿意的事，但我基本上是按自己的意愿办事的。
9. 一件事好就是好，不好就是不好，没有什么可含糊的。
10. 如果我在某件事上不顺利，我就经常会怀疑自己的能力。
11. 我至少有几个知心朋友。
12. 我觉得我所做的很多事情都是不该做的。
13. 不论别人怎么说，我的观点决不改变。
14. 别人常常会误解我对他们的好意。
15. 很多情况下我不得不对自己的能力表示怀疑。
16. 我朋友中有些是与我截然不同的人，这并不影响我们的关系。
17. 与朋友交往过多容易暴露自己的隐私。
18. 我很了解自己对周围人的情感。
19. 我觉得自己目前的处境与我的要求相距太远。
20. 我很少去想自己所做的事是否应该。
21. 我所遇到的很多问题自己都无法解决。
22. 我很清楚自己是个什么样的人。
23. 我能很自如地表达自己所要表达的意思。
24. 如果有足够的证据，我也可以改变自己的观点。
25. 我很少考虑自己是一个什么样的人。
26. 把心里话告诉别人不仅得不到帮助，还可能招致麻烦。
27. 在遇到问题时，我总觉得别人都离我很远。
28. 我觉得很难发挥出自己应有的水平。

29. 我很担心自己的所作所为会引起别人的误解。

30. 如果我发现自己某些方面表现不佳，总希望尽快弥补。

31. 每个人都在忙自己的事，很难与他们沟通。

32. 我认为能力再强的人也可能遇上难题。

33. 我经常感到自己是孤立无援的。

34. 一旦遇到麻烦，无论怎样做都无济于事。

35. 我总能清楚地了解自己的感受。

【评分说明】

各分量表的得分为其包含的项目分直接相加，三个分量表包含的项目如下。

1. 自我与经验的不和谐：1，4，7，10，12，14，15，17，19，21，23，27，28，29，31，33。

2. 自我的灵活性：2，3，5，8，11，16，18，22，24，30，32，35。

3. 自我的刻板性：6，9，13，20，25，26，34。

将自我的灵活性反向计分，再与其他两个分数相加。得分越高自我和谐度越低。在大学生中，低于74分为低分组，75～102分为中间组，103分以上为高分组。

思考题

1. 何谓自我意识？自我意识包括哪些心理结构？
2. 请写出20句“我是一个怎样的人”，要求尽量选择一些反映个人风格的语句，避免出现“我是一个男生”这样笼统的句子；然后，将上述20个句子分别按身体（外貌、身高、体型等）、心理（能力、性格、兴趣等）、社会（与他人的关系等）状况进行归类；检查你的答案中是不是包括了这些方面？如果没有的话，再补充一些句子从三个方面去认识自己。
3. 请用“乔哈里窗口理论”分析自我。
4. 请用埃里克森的心理社会发展八阶段模型的理论，分析自我成长的历程。
5. 你存在哪些自我意识的偏差？应如何去调整？
6. 在你内心深处，你希望成为怎样的人？希望做些什么事情？

第3章 完善自己的人格

话题导入

这一刻的差距说明什么？

金秋送爽，收获的季节，正是每年一度全国各地高校新生报到的日子。校园里彩旗飘扬，标语排排，人流如潮。父母、亲朋、老师、同学穿梭在高校校园里，所有的新生都在办理各种手续……每个人的脸上都洋溢着兴奋和喜悦的神情，整个校园沉浸在欢乐、喜庆和忙碌的气氛中。在这喜庆的日子里，有人可能会认为大学生们会产生相同的心理和行为反应。但是，你仔细观察就会发现，即使在相同的情境中，每个人的反应也会各不相同。在之后的时间里，一些同学主动与他人交往，交流感情，结交朋友，很快成为大家注意的中心；有的同学却被动地与同学结伴而行；还有的同学独自静静地观察周围的一切，形单影只……观察越多，你就能越多地发现，不是所有的人都一样。观察越仔细，就越能看出他们之间的明显差异。有人活泼开朗，有人性情温柔；有人思维敏捷，有人呆板固执，有人自私自利，有人公而忘私；有人冲动莽撞，有人小心谨慎；有人成功，有人失败；有人伟大，有人渺小；有人高尚，有人平庸。这些“差异”其实就是人格的差异表现。

亲爱的同学们，生活中你看到人们之间的差异了吗？你知道什么是个性？什么是人格？什么是气质和性格？它们是怎么形成的？它们可以改变吗？你了解自己的人格吗？了解自己的人格有什么意义？让我们带着这些问题走进我们的大学心理课堂！

第一节　人格的特征及影响因素

日常生活中，人格可以从不同的角度进行理解和使用。人们经常使用“人格”这一概念对人的行为进行评价，如“某人人格高尚”或“某人人格卑鄙”，等等，这是从伦理道德的观念出发，指的是人的“思想道德品质”；说“某人的言行损害了他人的人格”，则是法律含义上的“人格”概念，指的是“尊严”与“权力”。这些都不是心理学意义上的概念，那么心理学上的“人格”是什么？它有什么特征？其形成的过程及影响因素有哪些？

一、了解人格

（一）人格的含义

世界上没有一模一样的两片树叶，在生活中也没有一模一样的两张面孔，即使是同卵双生子也是如此。人格如同人的面孔一样，千差万别，千姿百态。那么，什么是人格？它是指一个人的整体精神面貌，是在长期的社会生活中形成、丰富和发展起来的，具有一定倾向性的稳定的心理品质和心理特征的总合。其中“心理品质”包括动机、兴趣、信念、世界观、人生观和价值观等；“心理特征”包括气质、性格和能力等。

（二）人格的基本特征

1. 人格的整体性与独特性

人格的整体性是指人格不是单一的特质，更不是多个特质或特征的简单组合，而是多个身心特质之间相互密切联系的一个有机组织。各特质之间的协调整合保证了我们与外界的和谐相处，保证了个体自身的健康完整，同时又是自我发展的前提条件。一旦这些特质之间出现了断裂，不仅特质间无法实现统整，而且也无法将外界经验整合到自身的人格结构之中，精神分裂症就是极端的表现形式。

人格的独特性是指人与人之间心理和行为的差异性。这种差异不仅体现在各人格特质的数量、组合方式上，还体现在每种特质的表现方式上。俗话说：“人心不同，各如其面。”即便都是外向的人，他们的表达方式也会有很大差别；即使是同卵双生子，他们的人格也不会完全相同。如有人热情开朗，有人文静内向；有人直率坦诚、有人含蓄敏感；有人顽强果断，有人优柔寡断；有人高尚助人，有人恃强凌弱。日常生活中，可以看到每个人的言行都不同于他人。

2. 人格的稳定性与可塑性

俗话说“江山易改，本性难移”。这种人格的稳定性一方面表现为跨时间的持续性，即个体的人格特征在不同年龄阶段都在稳定持续地不断发展；另一方面表现为人格特征跨情境的一致性，亦即个体的行为不会随情境的变化而有所不同。如一个孩子很友好，不仅是他在学校表现得很友好，在家里或其他场合都会表现得很友好。

人格的可塑性是指其稳定性是相对的，不是一成不变的，而是具有一定的可塑性。人格是在主客观条件相互作用过程中发展起来的，同时又在主客观条件相互作用过程中发生变化，同时，也会受到重要事件的影响，出现部分人格特质的改变甚至整个人格结构的改变。儿童的个性还相当不稳定，受环境影响较大；成年人的个性比较稳定，但是通过自我调节也可以改变某些人格特质，例如，逆境既可以使人消沉，也可以使人坚强。

3. 人格的统合性与功能性

人是极其复杂的高级生命体，人的行为表现出多元性、多层次的特点。各种人格结构的组合千变万化，因而使人格表现也色彩纷呈。在每个人的人格世界里，各种特征就像宇宙世界一样，是一个依据一定的内容、秩序与规则有机组合起来的动力系统。人格的有机结构具有内在一致性，受自我意识的调控。当一个人的人格结构的各方面彼此和谐一致时，人们就会呈现出健康的人格特征，否则就会出现各种心理冲突，导致“人格分裂”。

人格的功能性。人格是一个人生活成败、喜怒哀乐的根源。正如人们常说的“性格决定命运”。人格决定了一个人的生活方式，甚至有时会决定一个人的命运。人们常常使用人格特征解释某人的言行及某事件的原因。面对挫折与失败，有志者认真总结经验教训，在失败的废墟上重建人生的辉煌；而怯懦的人则一蹶不振，失却了奋斗的目标。当人格功能发挥正常时，表现为健康而有力，支配着人的生活与成败；当人格功能失调时，就会表现出懦弱、无力、失控甚至变态。

4. 人格的生物性与社会性

人格的形成和发展既有生物因素的作用，也有社会因素的作用。人们出生之时只是一个生物学意义上的个体，与其他动物并无本质区别。这时人与人之间的差异性纯粹是生物学上或遗传学上的差异，但出生也就意味着从一个简单的生理环境进入到了一个复杂的社会环境之中，要掌握所处社会的行为道德规范、价值观念、信念体系、社会风俗等。这种社会化过程在已有的生理基础上赋予了人格更加丰富的内涵。

二、人格形成与发展的影响因素

人既具有生物属性，又具有社会属性。影响人格形成和发展的因素亦是取决于生物遗传因素和社会环境因素，即人格的形成与发展是遗传与环境两种因素交互作用的结果。遗传因素是人格发展的自然前提，在此基础上，环境因素是人格的形成与发展的决定因素。

（一）生物遗传因素

人格具有较强的稳定性特征，主要是来自于生物遗传因素的作用。巴甫洛夫揭示了大脑神经系统的类型特点是人格的生物学基础，这些特点影响个体的气质、性格和能力的特质，例如，刚出生的婴儿就会有着迥然不同的个性特点：有的安静而容易满足，吃饱喝足就美美睡觉；有的就很没有耐心，经常哭闹不止、动个不停。许多研究表明，大脑的局部受伤会导致人格和行为的改变。

行为遗传学中，双生子被认为是探讨对人格特质影响的最好方法。同卵双生子是由同一个受精卵发育而来的，具有相同的染色体和基因，异卵双生子来自不同的受精卵。研究表明，同卵双生子，在外向和神经质上的相似性，明显高于异卵双生子。而在一些与社会因素相关较大的人格成分上，如支配性、社会性、社交性、责任心等，仍旧是同卵双生子与异卵双生子具有更高的相似性。有些双生子是在一个家庭一起长大的，有的双生子是在不同的家庭中分开抚养长大的。这种情况的结果是同卵双生子比异卵双生子的相似性高得多，分开抚养的与未分开抚养的同卵双生子具有同样高的相关性。

因此，人的生物遗传因素对人格的形成与发展具有重要作用，遗传是人格不可缺少的影响因素。遗传因素对人格的作用程度因人格特质的不同而异，通常在智力、气质这些与生物因素相关较大的特质上，遗传因素的作用更重要。遗传因素是人格形成与发展的必然条件，大脑是人格形成与发展的物质基础。

（二）社会环境因素

人格的形成与发展离不开人们生存的环境。人在对于胚胎状态时，社会环境因素的影响就已经开始了，这种影响会在人的一生中持续下去。社会环境因素主要涉及人成长和生活的环境，如民族、文化、家庭、学校、同伴、社会变迁和生活事件等因素，其中家庭教育、学校教育和社会环境都对人格的形成与发展具有关键作用。

1. 家庭环境因素

个体出生后，最早接触的是家庭环境。家庭的各种因素，如家庭结构的类型（残缺家庭、寄养家庭等）、家庭气氛、父母关系、教育方式等，都会对个体人格的成长和发展起到重要的作用。研究人格的家庭成因，重点在于探讨家庭的差异（包括家庭结构、经济条件、居住环境、家庭氛围等）和不同的教养方式对人格发展和人格差异所产生的不同影响。研究发现，从小与父母之一分开，或从小失去父母或之一，会对儿童的人格和行为产生巨大影响。有研究表明，对比育婴院的婴儿和在正常家庭中的婴儿，发现一岁时育婴院的婴儿与成人的关系有障碍，很少对成人依附，并且言语落后、情绪冷漠等；研究发现，弃儿有更多的心理疾病，较可能变得攻击、反叛和难以相处。孩子生活在残缺家庭或寄养家庭中，往往得不到父爱或母爱，这种情况很可能对他们人格的早期发展产生许多负面影响。

研究发现，父母不同的教养方式对子女的人格形成和发展具有不同的影响（见表3-1）权威型教养方式的父母在子女的教育中表现得支配欲过强，孩子的一切都由父母来控制，孩子容易形成消极、被动、依赖、服从、懦弱，做事缺乏主动性等习惯，甚至会形成不诚实的人格特征；放纵型教养方式的父母对孩子过于溺爱，让孩子随心所欲，父母对孩子的教育有时会出现失控的状态，孩子多表现为任性、幼稚、自私、野蛮、无礼、独立性差、唯我独尊、蛮横胡闹等；民主型教养方式的父母与孩子在家庭中处于一种平等和谐的关系，父母尊重孩子，给孩子一定的自主权和积极正确的指导。父母的这种教育方式能使孩子形成一些积极的人格品质，如活泼、快乐、直爽、自立、彬彬有礼、善于交往、乐于合作、思想活跃等。因此，家庭确实是“人类性格的工厂”，它塑造了人们不同的人格特质。

表3-1　父母人格类型与孩子人格特征的关系

父母人格类型	孩子的人格特征
权威型	消极、被动、依赖、服从、懦弱，做事缺乏主动性，甚至不诚实
放纵型	任性、幼稚、自私、野蛮、无礼、独立性差、唯我独尊、蛮横胡闹等
民主型	活泼、快乐、直爽、自立、彬彬有礼、善于交往、乐于合作、思想活跃等

2. 学校环境因素

学校教育对人格形成与发展具有深远的影响。一是老师是学生崇敬的对象、学习模仿的榜样，学生不仅从老师那里学习知识，而且学习怎样为人处事，学生会观察和模仿老师的言行、态度、思想、观念；二是老师与学生的密切关系和对学生的期望值，对学生的成长发展也起着重大的影响。这就是著名的皮格马利翁现象或期待效应研究。

3. 文化环境因素

每个人都处在特定的社会文化环境中，文化对人格的影响极为重要。社会文化塑造了社会成员的人格特征，使其成员的人格结构朝着相似性的方向发展，这种相似性具有维系社会稳定的功能，又使得每个人能稳固地“嵌入”在整个文化形态里。社会文化对人格具有塑造功能，还表现在不同文化的民族有着固有的民族性格。例如，中华民族是一个勤劳勇敢的民族，这里的“勤劳勇敢”品质便是中华民族的共有的人格特征。在东西方不同文化的影响下，人们形成了不同的人格特征。如欧美西方文化背景下，教育方式是宽松的、非限制性的，因此，人们会把父母、老师的限制性管教视为缺乏爱心；而东方文化背景下的国家，如中国则崇尚“严师出高徒，严父出孝子”，父母、老师的严厉被认为是对少年儿童的最大爱护。

4. 早期童年经验

“早期的亲子关系定出了行为模式，塑造出一切日后的行为。”这是麦肯依（Mackinnon）有关早期童年经验对人格影响力的一个总结。中国也有句俗话：“三岁看大，七岁看老。”人生早期所经历的事情对人格的影响，历来为人格心理学家所重视。需要强调的是，人格发展尽管受到童年经验的影响，幸福的童年有利于儿童发展健康的人格，不幸的童年也会使儿童形成不良的人格，但二者不存在一一对应的关系。比如，溺爱也可能使孩子形成不良的人格特点，逆境也可能磨炼出孩子坚强的性格。另外，早期经验不能单独对人格起作用，它与其他因素共同决定着人格的形成与发展。

延伸阅读3-1

罗森塔尔效应

罗森塔尔效应，亦称“皮格马利翁效应”“人际期望效应”，是一种社会心理效应，指的是教师对学生的殷切希望能戏剧性地收到预期效果的现象。该现象由美国心理学家罗森塔尔和L.雅各布森于1968年通过实验发现。

研究人员首先将学生随机分成两组，两组学生的智商水平相当。老师并不知道研究人员是如何分组的。但是，他们被告知其中一组学生有很大的“发展潜能”；而另一组则“无所成就”。随后的追踪研究表明，被认为是有很大的“发展潜能”组学生的学习成绩明显优于被认为是“无所成就”组学生的学习成绩。显然，老师对“发展潜能”组学生产生了较高期望，从而影响了这组学生的学业，尽管这组学生实际上与另一组学生并无明显不同。老师无形中给予这组学生较多的关注、鼓励和更多的训练和指导，对这组学生的责任心更强。与此同时，学生也从老师的赞赏中获得了更多的自信，对学习产生了更大的兴趣，更加努力学习，而另一组学生则产生相反的效应。

第二节　了解自己的人格特点

大学生身心发展正处于青年期，这期间他们不仅身心会发生剧烈的变化，自我意识也将由分化、矛盾冲突逐渐走向统一，这也是大学生人格发展和完善的重要时期。所以每个大学生都应了解自己的人格特点、关注自己的人格状况，积极主动地塑造自己，逐步使自己的人格走向健康、完善。

一、我属于哪种气质类型

（一）什么是气质

有人说，人出生时犹如一张白纸，可以任意勾画出不同类型。但是，人与生俱来的特质，是在新生儿降生的瞬间，或者说胎儿阶段就已经形成了。例如，“急性子”“慢性子”就属于先天的特质。在日常的生活、工作和学习活动中，我们可以发现有的人性情急躁，喜怒形于色；有的人说话办事，总是慢条斯理，难得发火；有的人活泼好动，善于交朋友；有的人喜欢独处、安静，并且少言寡语等，这些心理活动的差别都是个体所具有的不同人格特质的缘故。

【案例】 达维多娃编写的故事

4个人一起去看戏，结果都迟到了。按照惯例的规定，检票员就不会让他们进去。第一个人立即面红耳赤地与检票员争吵起来，声称自己有票，一定要进去；第二个人头脑灵活，就想检票员是不会让他们进去的，就绕剧场一周，发现一个无人看管的边门，就溜进去了；第三个人很有耐心，他慢条斯理地与检票员磨嘴皮子，阐述自己想进去看戏的种种理由，在他的软磨硬缠下，检票员动了恻隐之心让他进去了；第四个人首先想到的是自我责难，认为是自己运气不好，难得出来看戏就遇到这类倒霉的事情，算了，还是回家吧。

这个故事是由苏联心理学家达维多娃编写的，目的在于描述4种具有典型气质的人在同一情境下的不同行为表现。从中我们可以看出，气质使个体的心理活动涂上一层独特的色彩。那么，气质是什么？气质的类型有哪些？具体行为表现又怎样？

现代心理学认为：气质是个体不以活动的目的和内容为转移的、典型的、稳定的心理活动特征。气质是心理活动表现在强度、速度、稳定性等方面动力性质的心理特征。它相当于我们日常生活中所讲的脾气、秉性或性情。“江山易改，本性难移”，形象地说明了气质的稳定性。具体来讲，心理活动的速度和稳定性是指个体知觉的速度、思维的灵活性程度、注意力集中时间的长短等；心理过程的强度是指个体情绪的强弱、意志努力的程度等；心理活动的指向性是指个体是倾向于外部事物，从外界获得新印象还是倾向于内向，经常体验自己的情绪，分析自己的思想行为等。

（二）气质如何分类及主要特征

早在2500年前，古希腊医生希波克拉特就提出了体液说，他认为人体内有4种液体，即血液、黏液、黑胆汁和黄胆汁，进而把人分为胆汁质、多血质、黏液质和抑郁质4种气质类型。各种气质类型及心理特征与行为方式表现见表3-2。

表3-2 气质类型特点

气质类型	气质心理特征的组合	行为方式的典型表现
胆汁质	感受性低，有一定的耐受性，反应快但不灵活，情绪兴奋性高，抑制力差，外倾性明显，行为有一定的可塑性	热情，直率，灵活，精力旺盛，动作刚直，情绪易激动，心境变换剧烈，脾气急躁，易感情用事
多血质	感受性低、耐受性高，反应快而灵活，情绪兴奋性高，抑制力差，外倾性明显，行为可塑性大	活泼好动，反应迅速，动作敏捷，思维灵活，善于交际，但是注意力易转移，兴趣易变化、缺乏持久力
黏液质	感受性低，耐受性高，反应速度缓慢，稳定性高，情绪兴奋性低，内倾性明显，行为具有一定的可塑性	安静，稳重，喜欢沉思，反应缓慢，善于忍耐，情绪不易外露，注意力稳定，难以转移，灵活性不足
抑郁质	感受性高，耐受性低，反应速度慢，刻板而不灵活，情绪兴奋性低而体验深，内倾性特别明显，行为可塑性小	感情稳重，情绪体验深刻，多愁善感，能够觉察他人无法觉察的细小事物，行动迟缓，胆小孤僻

气质具有复杂的心理结构，其心理特性主要如下。

1. 感受性

感受性即人对外界刺激的感受能力。其大小可以根据他的感受能力与刺激强度的关系来判断。如一个人对引起感觉所需要的刺激量越小，说明这个人的感受性越强。

2. 耐受性

耐受性是指人在经受外界刺激作用时，表现在时间、强度上的耐受程度。耐受性强的人，对已形成的条件反射经受多次强化时，条件反射并不消退，并且有所增强；耐受性差的人，在多次强化的刺激下，则会出现条件反射的消退。表现在长时间从事某项活动时注意力的集中性、对强烈刺激（如疼痛、噪声等）的耐受性等方面。

3. 反应的敏捷性

反应的敏捷性是心理反应和心理过程进行的速度，是神经过程灵活性的表现。它包括两类：一类是指不随意的反应性，无意注意的指向性、不随意反应的指向性等；另一类是指一般的心理反应和心理过程进行的速度，如说话的速度、识记的快慢、思维的敏捷度和注意转移的灵活性等。

4. 行为的可塑性

行为的可塑性是指依据外界事物变化情况而改变自己适应性行为的可塑程度。它反映了人会根据外界事物的变化而改变自己的行为，而且行为果断敏捷，情绪上不出现困扰，那么这种人就具有较大的可塑性；相反，如果主体感到很难适应外界的变化，情绪上出现纷扰，行动迟缓，态度犹豫，那么这种人的可塑性极小。

5. 情绪的兴奋性

情绪的兴奋性是神经过程的强度特性和平衡性的重要表现。包括情绪的兴奋强弱和外观表现的强烈程度。例如，有的人兴奋性强而情绪抑制力弱，表明其神经过程有强而不平衡的特点。

6. 内外倾性

内外倾性是指人的心理活动、言语和动作情绪反应是表现在外还是隐藏于内的活动特性。表现于外的就叫外倾性，是兴奋过程占优势的表现；隐藏于内的就叫内倾性，是抑制过程占优势的表现。

根据上面的气质介绍，我们觉得自己是什么类型的气质呢？仔细观察周围的人，包括自己的父母、亲人、同学、朋友，他/她们又是什么气质类型？例如，中国四大名著《水浒传》里的“黑旋风”李逵，脾气暴躁，为人耿直，勇敢坚强，行为鲁莽，他应该是属于典型的胆汁质。“浪子”燕青，聪明过人，灵活机智，广交天下朋友，十八般武艺样样精通，吹拉弹唱无所不能，他应该是属于典型的多血质。“豹子头”林冲，沉重老练，忍耐克制，最终被逼上梁山，他更像是黏液质。而《红楼梦》里的林黛玉，多愁善感，敏感细密，孤僻清高而聪慧，她更多体现的是抑郁质的特点。但是，现实生活中，我们可能觉得自己既像浪子燕青又像豹子头林冲，甚至也有一些李逵的气质。实际上，属于一种典型的气质类型的人很少，绝大多数的人是属于这四种气质类型的混合型，只是以某一种为主罢了。根据大学生气质类型测试的统计分析，大多数大学生都属于混合型气质，比较起来多血质最多，黏液质次之，胆汁质再次，抑郁质最少。

（三）如何评价气质

了解了气质类型，那我们如何看待气质？

每一种气质都有它积极的方面和消极的方面，我们没有选择的余地，但是我们可以了解自己、悦纳自己，扬长避短，发挥气质积极的方面，努力克服气质消极的方面。如胆汁质的人精力旺盛、热情豪爽、勇敢果断，但是脾气暴躁，易冲动；多血质的人机智灵活、活泼敏捷、善于与人交往，但是做事难以持之以恒，缺少耐心；黏液质的人稳重，情绪平稳，认认真真，但是缺乏激情，易墨守成规；抑郁质的人细心谨慎、敏捷聪慧，做事认真仔细，但是胆小孤僻。

了解了自己的气质特征，我们就可以扬长避短，在人际交往、专业、职业的选择与发展等方面，有针对性地完善自己。

1. 气质与身心健康的关系

心理和生理健康是相互影响和相互转化的。气质类型不同，情绪的兴奋强度、感受性、耐受性高低强弱不同，都会影响个体的适应能力和健康水平。如在不良的环境情况下，那些典型或较典型的胆汁质或抑郁质，尤其是胆汁—抑郁混合型的人，较容易产生神经症类的心理障碍，进而影响学习、生活和工作。有的还容易引起心理紧张、焦虑、抑郁、暴躁等情绪障碍。胆汁质的人脾气急躁，情绪波动大，易冲动，经常处于兴奋、紧张的压力下，易患心血管疾病；抑郁质的人敏感多疑，感受性强，耐受力弱，极易在不良刺激下产生心理困扰，引发心理疾病。

2. 气质与职业选择的关系

气质不能决定人智商的高低，但是却可以影响人的工作效率。每一种气质类型的人，只要努力都可以成才。例如，俄国著名文学家中，普希金是胆汁质的、赫尔筝是多血质的、克雷洛夫是黏液质的、果戈里是抑郁质的。不同的职业岗位需要与不同气质类型的个体相匹配。例如，要求速度的活动，多血质和胆汁质特征的人更适合；要求稳定、持久性的活动，黏液质的人最合适；要求精细、敏锐的活动，抑郁质特征的人更能胜任。多血质的人适应环境能力强，反应灵活，善于与人交往，较适合从事管理、公关、营销和新闻记者等工作，不适合从事较为单调、需要持久耐心的工作；而黏液质的人镇静、稳重、细心，不急不躁，适合从事医生、法官和会计等需要耐心细致的工作，而不适合从事变化快、需要灵活应对的工作。所以，了解气质类型及其特征对我们选择所学专业和职业活动起着重要的参照作用。

3. 气质与人际交往的关系

气质不同的人，在说话、走路、学习和休息及怎样表现自己的痛苦和快乐、怎样对不同事件做出反应等方面都会有不同的特点。了解这些对于同学、同事间加深理解，融洽相处，很有好处。“最容易相处的是熟人。” 我们都有这样的体会，彼此间摸透了脾气，自然就增加了谅解、宽容和包容，也就不会再为有的人说话急躁、直来直去，不爱与人打交道或表现得不那么热情、不主动之类的事，磕磕碰碰而感到心情不快、烦恼不解，从而极大地减少了人际关系的苦恼，有利于建立和谐的学习、工作和生活环境。

当然在一般的学习、工作、生活中，这种影响并不是绝对的。这是由于气质的积极方面对消极方面有补偿作用。多血质的人注意转移灵活可以弥补其注意不稳定的弱点；黏液质的细致、耐心可以适当补偿其速度慢的不足。认识到这一点，可以减少对自己气质弱点的烦恼。不过，一些特殊职业岗位，如飞行员、消防员、大型企业（飞机、火车等）调度员，某些项目的运动员等，对气质有特殊的要求，选择这些职业时，要专门进行气质类型和职业性格测定，这样可以大幅度减少淘汰率和职业风险度。同时，人的言行可以进行自我调节，人的理智思维要求自己必须有一定的约束克制，不能任性和放纵自我。

二、我的性格是怎样的

大千世界，事有迥异，人亦如此。生活中的“人格”概念更多地是指一个人的性格。那么，什么是性格？性格有什么特征和类型？

（一）性格的含义

性格是一个人对人、对己、对事、对物的稳定的态度及相适应的习惯化了的行为方式，表现在人对现实的态度和行动方式当中，比较稳定的、独特的心理特征。例如，一个人具有与人为善的态度，则他通常的行为表现就会是利他、谦让、宽容的。

（二）性格的特征

性格的结构是比较复杂的，通常来说包含4个方面。

1．性格的态度特征

对社会、对集体、对他人及对待自己的态度性格特征。对他人的态度主要有：正直或虚伪、热情或冷漠、礼貌或粗鲁；对学习、工作的主要态度：勤奋或懒惰、认真或马虎、创新或墨守成规、节俭或浪费；对自己的态度主要有：谦虚或自负，自信或自满，自负或自卑等。

2．性格的意志特征

对自己的行为自觉地进行调节的特征。主要有：目的性或盲目性，主动或被动，独立性或依赖性，自制或冲动，勇敢或怯懦，果断或犹豫，坚韧或软弱，持之以恒或虎头蛇尾，等等。

3．性格的情绪特征

人的情绪活动中，在强度、稳定性、持续性和主导心境等方面，表现出来的性格特征。主要有：愉快或忧郁，激动或冷静，乐观或悲观，热情或低沉，高涨或消沉，喜怒无常或情绪稳定等。

4．性格的理智特征

人在认知过程中的性格特征。主要表现有：主动观察或被动观察，主动记忆或被动记忆，想象大胆或想象受阻，理想型或空想型。例如，在观察事物时，仔细或粗糙，易受暗示；在思维方面，片面肤浅、以偏概全或全面深刻、细致灵活等。

（三）性格的分类

性格可以分为很多类型，它们可以从不同的角度来反映个体性格的某一侧面。主要的分类方法如下。

1．理智—情绪型

这是按照情绪的控制程度来分类的。理智型性格是指人的性格中理智特征鲜明。这种人善于控制自己的情绪，能使自己的行为具有鲜明的理智导向，自制力强，处事谨慎，但是容易瞻前顾后，缺少应有的做事激情。如果理智被不健康的意识控制，就可能表现为虚伪、自私、见风使舵、冷漠等。情绪型性格是指情绪体验深刻，举止言行易受情绪左右。这种人待人热情，做事大胆，情绪反应敏感，但是情绪容易起伏，有时会出现冲动，注意力不够稳定，兴趣易转移，容易招惹是非、激化矛盾，进而产生人际关系冲突。

2．独立—顺从型

这是按照个体独立的程度来划分的。独立型性格的人意志坚强，不仅善于独立地发现问题，而且敢于坚持自己的意见，独立自主，自强不息。但是独立性过强的人，也喜欢把自己的思想和意志强加于人，固执己见，独来独往，不易合群。顺从型的人，服从性好，易于与人合作，随和、谦恭，但是独立性差，依赖性强，易受暗示，在紧急的情况下易惊慌失措。

3. 外向—内向型

这是按照个体个性倾向性分类来划分的。外向型的人心理活动倾向于外部，活泼开朗，善于交往，感情易外露，关心外部的事物，处事不拘小节，独立性强，能适应环境，但是易轻信，自制力和坚持性不足，有时表现得粗心、不谨慎、情感动荡多变，等等。内向型的人心理活动倾向于内部，感情较内蕴、含蓄、处事谨慎、自制力强、善于忍耐、克制、富于想象，情绪体验深刻。但是不善于与人交往，应变能力弱，反应缓慢，易优柔寡断，显得有些沉郁、孤僻、拘谨和胆怯。外向者和内向者的不同，突出地表现在人际交往中，表3-3就是一些很好的实例，大家可以对比一下，看看自己是属于外向型还是内向型性格？

表3-3　外向者和内向者在交往中的不同特点

外向者在交往中的特点	内向者在交往中的特点
喜欢表达，即便谈话对象是陌生人	喜欢倾听
喜欢亲自参与进去	喜欢观察事物，洞察力强
坦率、随和、乐于助人、直率、开放、轻信、易于适应环境	安静、耐心、富于想象、爱思考、退缩、害羞、防御性强、敏感
认识很多人，并将他们视为自己的朋友	只是将关系较深的人视为朋友
高调、喜欢表现，易与人冲突	低调，不露锋芒，不易与别人产生冲突

4. A—B—C型

这是按照人的行为方式，即人的言行和情感的表达方式来分类的。A型性格是指性格外向，不可抑制，主动紧张，节奏快，敏感的性格。主要表现为：个性强，有过高的抱负，固执，急躁，紧张，好动，行为匆忙，好胜心强，时间观念强等。B型性格，表现为情绪心理倾向较稳定，社会适应性强，为人处事比较温和，生活有节奏，做事讲究方式，想得开，放得下，与他人关系协调，能正视现实，不气馁，不妄求，抱负较少等。C型性格是指那些情绪受压抑的抑郁性格。主要表现为：害怕竞争，逆来顺从，有气往肚子里咽，爱生闷气等。

一般来讲，典型的某一性格的人也并不多，多数人都处于两极之间或者偏向于某一类型。事实上，任何人都有某些好的性格特征，也有一些不好的特征，所以每个人都应以积极的态度对待自己的性格，对自己的性格进行优化改造。

延伸阅读3-2

内向者和外向者大脑的不同

一般人都认为，内向是不好的一种性格特征，内向者很难获取人际交往和事业的成功。于是，很多内向者都想尽办法让自己变得外向起来。实际上，内向者和外向者各有各的优势，而且两者之间在大脑处理信息方面也有差异。在某些情景和场合下，人们的内向和外向特质可以互相转化，从而更好地适应环境。下面列出了内向者和外向者大脑的6个不同，看完这些，你还想改变自己的内外向特质吗？

（1）玛蒂•兰妮在《内向者优势》一书中提到，内向者脑内处理外部刺激的神经回路比外向者长。因为他们要通过与长期记忆、计划相关联的神经回路来进行情报处理。换句话说，内向者对待人际关系与处理事情的“程序”，相对于外向者来说是较复杂的。内向的人在处理情报的同时，也会把注意力放在自身的考虑与情感上。

（2）从心理学家汉斯•艾森克（Hans Eysenck）的论文来看，内向者比外向者机敏，在睡觉时会因为轻微的刺激就醒过来。也就是说，内向的人容易变得兴奋过度。

（3）像上面所说的那样，内向者对多巴胺很敏感。因此对于内向者来说，只需要很少的多巴胺的量，就能让他们感受到幸福。外向者的大脑通过消耗能量的神经系统来感受幸福，而内向者则是通过存储能量的神经系统来感受幸福。

（4）在面临赌博与冒风险的事情的时候，内向者的大脑并不会像外向者那般，认为这是有好处的。掌管着奖赏与喜悦的脑系统，是通过多巴胺这一神经传达物质来运作的。科学家证明了外向者在面对快乐与赌博胜利时更容易有所反应。换句话说，内向者有着对惊喜与风险不为所动的性质。

（5）内向者的大脑，会以处理人际关系时相同的紧张程度来对待没有生命的物质。内向者不仅会关注人，他们也会注意到环境中的一些细节，并把身边的事物全部在脑中“处理”一遍。

（6）内向者在思考时，为了处理信息会唤醒自身的长期记忆。他们会把过去的经验与新的经验作比较，所以在做决定的时候会花费很长时间。与此同时，通过深思熟虑而做出选择，也正是内向者所拥有的特征。也就是说，内向者和自身的“对话”是非常活跃的，他们会在脑子里想很多事。

概括来说，内向者会在头脑内考虑很多事情。往好的方面说，内向者对任何事都会经过一番踏实的思考。反过来，也可以说内向者优柔寡断，迟迟难做抉择。

三、气质和性格的关系

了解了气质与性格的概念和特征，我们可能还是有点搞不太清楚它们到底有什么不同和相同之处？那我们就一起来进一步加以阐释。

（一）气质与性格的联系

1. 气质决定性格特征外在有所表现的可能

由于气质类型有所不同，在强弱的内外刺激作用下，人的行为方式的产生和停止有快有慢，有难有易。例如，多血质和黏液质的人都有交往的动机，但是在交往的方式上是不同的，前者主动而后者被动。多血质的人易结识新朋友，但是也易疏远老朋友，黏液质的人则正好相反。

2. 气质的特征影响性格的发展

气质可以促进性格的发展，也可以阻碍性格的发展。比如，一般情况下，胆汁质比抑郁质更容易形成勇敢、大胆的性格；而抑郁质比胆汁质更容易形成谨慎、耐心的性格。

3. 性格相同但是气质不同的人，其外部表现为不同的色彩

比如，同样具备勤奋性格但气质类型不同的人，胆汁质的人常常会情绪饱满、迅速而利落地完成任务；而多血质的人则往往会兴高采烈、充满热情；黏液质的人可能不动声色，从容不迫地工作；而抑郁质的人常善于体察事物的微小变化，认真地、默默地工作。

（二）气质与性格间的区别

1. 气质受遗传因素的影响较大

因为气质类型主要受遗传因素的影响，所以变化较难，较慢；而性格是后天形成的，受实践经验的制约，虽然也有相对的稳定性，但是与气质相比变化较容易、较快速。日常生活中我们常说“生活的磨炼可以改变一个人”，主要是指性格的改变。

2. 气质无好坏之分，性格有好坏

气质是人格的生物属性，性格是人格的社会属性。气质是心理活动的动力性质特征，表现在强度、速度、稳定性和灵活性等方面。所以，气质没有好坏之分。只有当气质的表现涉及社会关系时，才能评定这种品质是否可行，是否有价值，而性格却始终具有好坏的评价；再就是相似气质的人可以形成不同的性格，而不同气质的人又可以形成相似的性格。

四、人格测评及现实运用

（一）人格特质理论（16PF）

美国伊利诺伊州州立大学人格及能力测验研究所卡特尔教授，是人格特质理论的主要代表人物，他对人格理论的发展作出了很大的贡献。他认为，人格的基本结构元素是特质。特质的种类很多，有人类共同的特质，有各人独有的特质。有的特质决定于遗传，有的决定于环境；有的与动机有关，有的则与能力和气质有关。卡特尔在其人格的解释性理论构想的基础上编制了16种人格因素问卷（Cattell’s 16 Personality Factor，16PF），从16个方面描述个体的人格特征，其因素或分量表的名称和符号分别是：乐群性（A）、聪慧性（B）、稳定性（C）、恃强性（E）、兴奋性（F）、有恒性（G）、敢为性（H）、敏感性（I）、怀疑性（L）、幻想性（M）、世故性（N）、忧虑性（O）、实验性（Q1）、独立性（Q2）、自律性（Q3）、紧张性（Q4）。

16PF是世界上最完善的心理测量工具之一，主要用来进行人才选拔测评。施测该问卷可以得到16种主要的人格特质因素，这16种特质是影响人们学习生活的基本因素。16种因子在一个人身上的不同组合，就构成了一个人独特的人格，完整地反映了一个人个性的全貌。由于测得的16种人格特质因素各自独立，相关较低，因此，每一种人格因素都能对受测者某一方面的人格特征有清晰而独特的说明。通过对这些信息的综合，可以全面了解其人格特点。16PF适用于16岁以上的青年和成年人，我国现在通用的是美籍华人刘永和博士在卡特尔的赞助下，与伊利诺伊州州立大学人格及能力测验研究所的研究员梅瑞狄斯博士合作，于1970年发表的中文修订本，其常模来自于2000多名中国大学生。

（二）职业性格测试（MBTI）

MBTI是由美国的凯恩琳·布里格斯和她的女儿伊莎贝尔·布里格斯·迈尔斯制定的职业性格测评量表。以瑞士心理学家荣格划分的8种类型为基础，加以扩展，形成4个维度（外向E或内向I、实感S或直觉N、思考T或情感F、判断J或知觉P），每个人的性格都会落在标尺的某个点上，这个点靠近哪个端点，就意味着这个人具有哪方面的偏好。

“我性格内向/外向，我适合什么工作？”“哪些职业正好匹配我的性格？”“以我的个性从事什么工作好？”“我性格中的优势和劣势是什么？”“我该选择什么样的专业？”“我是不是该继续现在从事的职业？” 无论是正待走进职场的大学毕业生，还是工作了一段时间的职业人，面对这类问题时都会感到困惑——性格因素和职业选择之间到底存在什么样的关联呢？要回答诸如此类的问题，可以通过MBTI职业性格测试，来帮助我们全面客观地分析自己。在职业规划咨询的过程中，MBTI测试是重要的参考标准之一。经过多年的实践和发展，现在全球范围内，MBTI已经广泛应用到人才招聘选聘心理学测量、内部人才盘点及职业规划和职业测试等众多领域。

（三）艾森克EPQ人格测验

艾森克人格问卷（Eysenck Personality Questionnaire，EPQ）是英国伦敦大学心理系和精神病研究所艾森克教授编制的，艾森克教授搜集了大量有关的非认知方面的特征，通过因素分析归纳出三个互相成正交的维度，从而提出决定人格的三个基本因素：内外向性（E）、神经质（N）和精神质（P），人们在这三方面的不同倾向和不同表现程度，便构成了不同的人格特征，具体见图3-1。

（四）大五人格理论

近年来，研究者们在人格描述模式上形成了比较一致的共识，提出了人格的大五模式，Goldberg称之为人格心理学中的一场革命，研究者利用词汇学的方法，发现大约有5种特质可以涵盖人格描述的所有方面。大五人格（OCEAN），也被称为人格的海洋，可以通过NEO-PI-R（大五人格问卷）评定。该理论中，人格维度为5个，即开放性、责任心、外倾性、宜人性、神经质。每一个维度还包含6个子维度，每一维度的得分高低显示了不同的人格特质（表3-4）。

开放性：包含想象力、审美、感受丰富的、尝新、思辨、价值观6个维度。

责任心：包含能力、条理性、责任感、追求成就、自律、审慎6个维度。

外倾性：包含热情、乐群性、独断性、活力、寻求刺激、积极情绪6个维度。

宜人性：包含信任、坦诚、利他、顺从、谦逊、同理心6个维度。

神经质：包含焦虑、愤怒和敌意、抑郁、自我意识、冲动性、脆弱性6个维度。

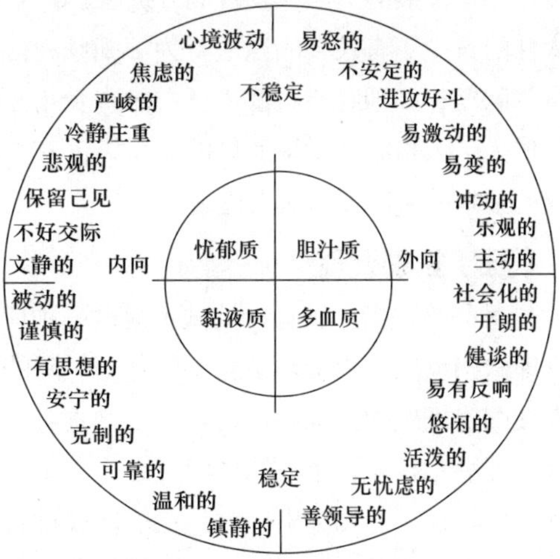

艾森克人格二维结构示意图

图3-1 艾森克人格问卷（Eysenck Personality）

表3-4　大五人格理论中的人格特征

高分者特征	特质量表	低分者特征
好奇、兴趣广泛、有创造力、有创新性、富于想象、非传统的	开放性（O） 评鉴对经验本身的积极寻求和欣赏，喜欢接受并探索不熟悉的经验	习俗化、讲实际、兴趣少、无艺术性、非分析性
有条理、可靠、勤奋、自律、准时、细心、整洁、有抱负、有毅力	责任心（C） 评鉴个体在目标取向行为上的组织性、持久性和动力性的程度，把可靠的、严谨的人与那些懒散的、邋遢的人作对照	无目标、懒惰、不可靠、粗心、松懈、不检点、意志弱、好享乐
好社交、活跃、健谈、乐群、乐观、好玩乐、重感情	外倾性（E） 评鉴人际间互动的数量和强度、活动水平、自己是需求程度和快乐的量	谨慎、冷静、无精打采、冷淡、厌于做事、退让、话少
心肠软、脾气好、信任人、乐于助人、宽宏大量、易轻信、直率	宜人性（A） 评鉴某人思想、感情和行方面在同情至敌对这一续体上的人际取向的性质	愤世嫉俗、粗鲁、多疑、不合作、报复心重、残忍、易怒、好操纵别人
烦恼、紧张、情绪化、不安全、不准确、忧郁	神经质（N） 评鉴顺应与情绪不稳定，识别那些容易有心理烦恼、不现实的想法、过分的奢望式要求以及不良反应的个体	平静、放松、不情绪化、果敢、安全、自我陶醉

大五人格理论在临床心理、健康心理、发展心理、职业、管理和工业心理等方面都显示了广泛的应用价值。例如，研究发现，外倾性、神经质、宜人性等均与心理健康有关；外倾性和开放性是职业心理与工业心理的两个重要相关因素；责任心与人事选拔有密切关系。约翰研究了大五人格与青少年心理发展的关系，发现高开放性和高责任心的青少年具有优秀的学习成绩，而低责任心和低宜人性的青少年有较多的违法行为。高倾向性、低宜人性、低责任心的青少年，常发生与外界冲突的行为问题；高神经质、低责任心的青少年则经常表现出由内心冲突引起的问题。如今，大五人格已经成为“人格心理学里通用的货币”。它是20世纪90年代以来最活跃的人格研究课题，也是目前对人的基本特质最理想的描述之一。

（五）投射测验

投射测验是指主试者给被试者提供一种模棱两可的多义刺激物，然后要求被试者在极短的时间内立即做出反应。由于刺激与反应之间相隔的时间极短，被试者根本无法进行全面而周到的思考，所以在回答问题的过程中常常把自己的真实情绪、情感、态度、需要、动机、观点、信念和个性特点等心理活动投射在个人的反应之中，主试者通过专业性的分析、就可以看出被试者的心理状态和个性心理特征。它的突出优点是：能使被试者的个性特点得到自由表现，克服了以问卷形式测量个性的局限性。但是它也有缺点，即结构不甚明确，信度和效度不高，且受主试者影响较大。经常用到的投射测验有：罗夏克测验、主题统觉测验、TAT、句子完成测验等。

延伸阅读3-3

人格面具和阴影

人格面具和阴影是荣格人格理论中的重要概念。人格面具（Persona）实际上是我们所表现给别人看到的我们自己。“Persona”一词源于演员所戴的面具，用来表示他所扮演的角色，以及与他人的不同。人格面具使人们扮演特定的角色，采取某种约定俗成的集体态度，以及表现出社会与文化的刻板现象，它并不是真正的自我。

同时，荣格用阴影（Shadow）来描述我们自己内心深处隐藏的或无意识的心理层面。阴影的组成或是由于意识自我的压抑，或是意识自我从未认识到的部分，但大多数是让我们的意识自我觉得蒙羞或难堪的内容。

阴影与人格面具的内容和特质，是自我发展的过程所选择的。自我意识拒绝的内容便成为阴影，而它积极接受、认同和吸纳的内容则变成它自己及人格面具的一部分。荣格发现人格面具的两个来源：符合社会条件与要求的社会性角色，一方面受到社会期待与要求的引导，另一方面也受到个人的社会目标与抱负的影响。

当人格面具与阴影发生冲突时，自我面临个体化的危机，同时也是自我完整、成长的机会。解决之道就在于“自我”能开创出一个能包容二者并引领向前的真空地带，使无意识得以在此以新的形象形式有创意地解决问题。也就是说，发展并穿戴新的人格面具，同时整合先前不能被自我接受的部分。作为适应工具的人格面具改变的潜力相当大，只要自我愿意改变旧的模式，它便可以越来越具有弹性和灵活性，能适应变化的情境。

第三节　如何塑造健全人格

大学生健全人格的塑造不仅关系到大学生本身的健康与成才，也关系到社会的发展和进步。由于我国是一个具有五千年历史文化的国家，在现代化建设的过程中，必然会出现传统文化与现代社会的冲突。而当代大学生就处在这样一个新旧交替、社会大变革的时期。这样的背景一方面会使大学生感到迷茫、困惑不适应，并给大学生人格的形成和塑造带来价值的认同和行为导向上的困难；另一方面，也为大学生人格的发展与塑造提供了一个广阔的天地。当代大学生应自觉地在比较和选择中吸取中西文化、古今人格的长处，从而形成一种适合中国现代化的发展，有利于健康和全面发展的新型的人格模式。

一、健全人格的标准

哲学、社会学、心理学、社会心理学、组织行为学、教育学和医学等诸多科学领域都对健全人格进行了广泛深入的研究，各自都提出了不同的标准。

（一）健全人格理论

人的全面发展是人的个性自由的充分发展，是人的各方面才能的和谐自由发展，也是全体成员的自由全面发展。

1. 国外健全人格的心理学标准

目前国外对健全人格的研究，主要集中在心理学及社会心理学领域。

弗洛伊德认为，健全人格就是本我、自我和超我三者的和谐统一。

人格心理学理论创始人阿德勒指出："健全人格的最重要的标志就是社会情感，即一种对自己同胞兄弟般的感情。"他认为，健全人格的核心是具有社会兴趣、奉献精神和互助合作。健全人格的实现要经过为摆脱自卑而奋斗、为追求卓越而奋斗、为实现完美社会而奋斗三个发展阶段。

人本主义学派马斯洛的具备健全人格的人就是自我实现的人。他列举了自我实现的人之15个共同特征。

特质论的健全人格观指出，健康个体应具有9种有价值的人格特质：一是有幸福感，这是最有价值的特质；二是和谐，包括内在和谐和与环境的和谐；三是自尊感；四是个人的成长，即潜能的发挥；五是个人的成熟；六是人格的统整；七是与环境保持良好的接触；八是在环境中保持有效适应；九是在环境中保持独立。

奥尔波特认为具有健全人格的人才是成熟的人，成熟的人有6条标准：一是力争自我成长；二是能客观地看待自己；三是人生观的统一；四是有与别人建立和谐人际关系的能力；五是人生所需要的能力、知识和技能的获得；六是具有同情心和对一切生命个体的爱。

玛尔普格认为，健全人格的标准：一是有明确的生活目标；二是有独立及时的判断和决断力；三是有理性战胜感情的能力；四是对劳动认真的态度；五是对别人有鲜明的独立性。

科泽尔认为，健全人格有几个特点：一是具有道德责任感和成熟的敏感性；二是十分关心别人的福利和得失；三是丢掉敌意和怨恨，对现实没有大的歪曲；四是有自知之明之心，能够对付人格中的危险因素；五是能够对抗原始犯罪行为的强烈作用；六是对过去的行为敢于负责，完全懂得社会中的自由是包含满足和责任的因素。

延伸阅读3-4

自我实现的特征

一、有较强的社会洞察力，能够准确和充分地直视现实。

二、对自我、他人与自然持悦纳、宽容的态度。

三、能自发、淳朴和自然地表达自己的情绪。

四、乐于工作，工作就是娱乐。

五、超然于世的品质和独处的需要，以自己的价值和感情指导生活，控制自己不介入争执，不为造成常人混乱的事物所干扰和烦恼。

六、自主的、独立于环境的倾向。更多地依赖自己内心世界，能够自我引导、自我管理和自我负责自己的生活和命运。

七、对平凡生活不觉厌烦，对日常生活永远感到新鲜。能够以敬畏、志趣和愉快的心情去体验生活中的事件，从中得到灵感，并保持新奇之心，不断欣赏和更新自己的生活经验。

八、具有高峰体验。

九、社会亲切感，爱人类并有帮助人类的真诚愿望。不计较人的出身、教育背景、政治观点、信仰、种族和肤色而能够对之关心，对全人类都表现出同情和真切的爱。

十、有深厚的人际关系，有至深的知己，有亲密的、温暖的家人。

十一、有谦虚民主的态度，愿意学习他人的长处，很少有偏见。

十二、道德标准明确，能够区分手段和目的，决不为达到目的而不择手段。

十三、富有哲理的、善意的幽默感，不会因此伤害或贬低别人。

十四、具有旺盛的创造力，不墨守成规。

十五、抵制现存的社会文化类型，对现有文化具有批评精神。

2. 我国健全人格的心理学标准

沙莲香教授认为，健全人格的人应符合以下标准：一是能够有效工作并获得成就，同时，在工作中获得满足感，他通常是乐于工作的；二是乐于与人交往且常能与他人建立良好的关系，在与他人相处时，正面的态度常多于反面的态度；三是对于自己本身有适当的了解，进而有悦纳自己的态度，愿意努力发展自身潜能，对于无法补救的缺陷，也能安然接受，而不做无谓的幽怨；四是能够和环境保持良好的接触，对环境能够做出正确的、客观的观察，并能有效地适应，对生活中的各项问题，能够以切实可行的方法加以处理，而不企图逃避。

高玉祥认为，健全人格的人应具有的特点：一是内部心理发展和谐；二是能够正确认识和处理人际关系；三是能够把自己的智慧和能力有效地运用到获得成功的工作和事业中去。

白博文提出健全人格的表现：一是自知之明；二是自我统合；三是良好的人际关系；四是乐观进取的工作态度；五是明达的人生观。

（二）健全人格的标准

综合中外心理学领域对健全人格标准的研究，我们认为健全人格的标准主要包括以下几点。

1. 正确的自我意识

自我意识是个体对自己和自己对他人与周围环境关系的认识。自我意识是一个完整的心理结构。正确的自我意识表现在认识过程，就是正确地认识自己，客观地评价自己；表现在情感过程就是有自尊、自豪感、责任感，悦纳自己；表现在意志过程就是能够自我监督、自我调节，努力发展身心潜能。具有健全人格的大学生，对自己有恰如其分的认识和评价，充满信心，扬长避短，在日常生活中能有效地调节自己的行为与外界环境保持平衡。自我意识不健全的人常常表现出自我冲突，自我矛盾，自视清高，妄自尊大，自轻自贱，妄自菲薄，甘愿放弃一切努力的机遇。

2. 良好的社会适应能力

社会适应能力反映了人与社会的协调程度。人的社会适应能力是在社会化发展过程中不断发展的。人格健全的人能和社会保持良好的密切接触，以一种开放的态度，主动关心社会、了解社会，观察所了解到的各种事物和现象，看到社会发展的积极面和主流，在认识社会的同时，使自己的思想、行为跟上时代的发展，与社会的要求相符合，能很快适应新的环境。

3. 乐观向上的生活态度

积极的人生态度是人类在社会实践中获得的本质力量的表现。乐观的人常常能看到生活的光明面，对前途充满信心，对自己所从事的工作和学习保有浓厚的兴趣，在工作和学习中努力发挥自身的智慧和能力，并获得成功。即使在生活中遇到困难和挫折，也能耐心地去应付，不畏艰险，勇于拼搏。相反，悲观的人，常常看到的是生活的消极面，对任何事情都自暴自弃。大学生的主要任务是学习，因此，对学习的兴趣可以反映出他们对生活的基本倾向。人格健康的学生对学习表现出浓厚的兴趣，表现出观察敏锐、注意集中、想象丰富、充满信心、勇于克服困难；而对学习缺乏兴趣，处于苦恼烦闷之中的青年，人格的发展必然会受到影响。

4. 良好的自我情绪调控能力

情绪对人的活动、健康有着重要的影响。积极的情绪体验能使人精神振奋，信心增强，提高人的活动效率；而消极的情绪则会降低人的活动效率，长期积累甚至会罹患疾病。情绪标志着人格的成熟程度。人格健康的人情绪反应适度，具有调节和控制情绪的能力。如果经常保持愉快、满意、开朗的心境，并富有幽默感，那么当消极的情绪出现时，便能合理地宣泄、排除、转移和升华。

5. 和谐的人际关系

和谐的人际关系既是人格健康水平的反应，同时又影响和制约着健全人格的形成和发展。健全人格的人常常报以诚恳、公平、谦虚和宽容的态度，尊重他人，同时也能得到他人的尊重和接纳。

二、整合自己的人格

不管是面对我们自己还是看待别人，我们都习惯将某一部分看作整体，或者把自己或他人化成两栏：“好的”和“坏的”。一个人越是试图掩饰坏的部分，就越削弱自己的成长可能性，同时这种内在的争斗也会使我们丧失能力。其实，个性的各个部分都是我们的资源，越能整合各个部分，就越能运用自如，实现人格的和谐一致。那么，如何才能发现我们的内部资源呢？

（一）理解规则背后的积极意义

其实，某个个性特质不能被我们所认可往往是受制于背后的某一规则，但是规则不一定都是绝对错误的，而是包含了一个积极的目标：保护我们的自我价值。例如，“压抑愤怒”的规则，是因为我们相信如果直接表现出愤怒，就会将自己置于一个易受攻击或不光彩的位置，从而受到拒绝或惩罚。这些规则可能来自社会规范也可能来自家庭，而且往往是潜在的，以“应该”的形式出现。自我承担的“应该”过多就会使自己感到压力重重、无奈。

（二）承认各个部分

当我们了解了那些“不应该”标签后，就更能看到那些通常被我们否认的部分，如愤怒、敌意、脆弱、性欲、恐惧等。有些部分需要你卸下心里的“不应该”的负担才能显现出来。

（三）接纳我们的各个部分

接下来就是照顾和接纳自己的各个部分，平等地看待自己的软弱。著名家庭治疗大师萨提亚通常把人们对待自己的各个部分的态度比作对待恶犬：人们将它们紧闭在一个狭小的空间，锁上大门，高筑围栏。那些饥饿的恶犬会不停地咆哮，一旦开启牢笼，他们就会残忍地撕咬。之后人们会告诉我们："看到了，我早就告诉你会这样。"但是如果我们愿意接纳我们的犬，照顾他们，就可以安全地把它们放出来，或许犬还会吠叫，但是却不会咬人。

（四）转化各个部分

各个部分得到认可，就可以转化那些以前被我们扭曲的个性特点。转化的目的并不是消灭任何东西，而是发现如何去使用它们。这就是重新找到蕴含在愤怒、傲慢、破坏性背后的创造性能量。这可能需要理解各个部分背后的渴望，如敌意是指我很努力却无助，只能将痛苦投射给他人的倾向，其实是对抗我们无力感的能量。如果创造性地找到对应无力感的方式，那么敌意就得到了转化。

（五）整合各个部分

人格或者自我都有自我完善的倾向。随着我们对各个部分获得整体性的看法，不再认为自己比别人卑下或优越，而是开始理解自己的每一个部分，发现各个部分之间的相互联系，我们就开始了对自我的整合，不再和自己较劲，不再心口不一。

三、优化自己的人格

健全人格不是天生的，需要不断努力涵育。人格的完善，也非一朝一夕之事，而是一个长期的日积月累的过程，是一个由量变到质变的飞跃。大学生健康的人格塑造，需要社会、家庭、学校和我们自己共同努力，而其中最关键的一环还是我们大学生自己。

（一）人格优化的方法——择优汰劣

人格塑造主要是为了人格优化，以达到人格健全。人格优化包括：人格品质和人格结构的优化。择优就是选择某些良好的人格品质作为自己努力的目标，如自信、开朗、乐观、勇敢、热情、宽容、勤奋、吃苦、坚强、诚恳、善良、自律、正直及上进心、同情心、责任心等。

汰劣就是针对自己的人格上的缺点、弱点予以纠正，如自卑、自负、悲观、偏执、猜疑、懒惰、依赖、虚伪、嫉妒、胆怯、冷漠、任性、暴躁、自私、吝啬、狭隘、贪婪、自闭、邪恶等。

（二）人格优化的基础——丰富知识

高尔基说过："人的知识愈广，人的本身也愈臻完善。"荣格名言："文化的最终成果是人格。"正如培根所言："读书使人明智，读诗使人灵秀，数学使人周密，科学使人深刻，伦理使人庄重，逻辑使人善变，几有所学，皆成性格。"学习知识是增长智慧的过程，也是人格优化完善的过程。现实生活中，不少人的人格缺陷源于知识的贫乏。如无知容易粗鲁、自卑，而丰富的知识则容易使人自信、坚强、理智、热情和谦恭等。可见，知识的积累与人格的完善是同步的，大学生不能只局限于自己的专业知识的学习，还应该扩大自己的知识面，加强人文修养，用丰富的知识来完善自己。

（三）优化人格的途径——小事做起

"不积小流，无以成江海""千里之行，始于足下"。人格的形成是一个动态变化的过程。一个人的言行往往是其人格的外化，反过来一个人日常言行积累成习惯就是人格。因此，人格优化就是要从身边的小事做起，不断积累，形成习惯，进而形成人格特点。许多人所具有的坚韧、正直、细致、开朗等优点的人格特征，其实都是长期锻炼的结果，是一点一滴形成的。从我做起，从小事做起，是每一个大学生努力的起点。“命运是每天生活的积累，小事是影响成败的关键。”

（四）人格优化的土壤——融入集体

集体是人格优化的土壤，也是人格表现的舞台。人格的发展、塑造的过程是与他人、集体、社会相互作用的过程，也是个体社会化的过程。人格在集体中形成，在集体中展现。正如马克思所说，只有在集体中，个人才能获得全面发展的手段。因此，在学习、工作和生活中，主动积极地将自己融入集体之中，积极参加各种活动，主动与老师同学交流、沟通，从他们对自己的态度反馈中，可以更全面、更客观地了解自己，及时调整自己的人格特点；可以看到别人的长处、看到自己的不足，从他人那里获得理解、肯定的欢悦，从而及时调整自己的人格发展方向。

（五）人格发展的关键——把握适度

人格发展和表现的“度”是十分重要的，否则就会“过犹而不及”。因此，人格塑造把握“度”很重要，正确地讲应该是：

自谦而不自卑；自珍而不自娇；自爱而不自恋；

老练而不事故；谦让而不软弱；自信而不自负；

坚定而不固执；勇敢而不鲁莽；豪放而不粗鲁；

好强而不逞强；活泼而不轻浮；机敏而不多疑；

稳重而不寡断；谨慎而不胆怯；忠厚而不愚蠢。

人人都想追求健康的人格，但是不同的人由于客观条件和具体的环境的不同，人格层次也不同。人格的目标过高会增加挫折体验；过低会缺乏内在的动力。健全的人格塑造既是大学生成长发展的要求也是时代的呼唤。只要不懈地努力，就可以使自己的人格更加健全和完善。

心理训练

团体活动：梦想性格大揭秘

训练目的：明确自己真实和理想的个性特点

训练时间：30分钟

训练材料：笔、纸

训练方法：

1. 6～8人为一组，围坐一圈。请大家放松身心，然后认真地想一想，自己的性格特点是怎样的？把描述词语写在纸上。

2. 认真思考一下，在所有的性格特点当中，哪些特点是你认为最宝贵的、最想要拥有的（如自信、开朗、乐观等）？然后把它们写在纸上，每人写3～5个。

3. 5分钟后，每个人都依次向其他人展示自己真实的个性特点和理想的性格，分享的过程中要说明，如何才能拥有这样的性格特点。等一人说完后，其他同学可以讨论和提议。

心理测试

下列各题中，每题都有5个备选答案，请按照你的实际情况，选择一个最适合你的答案，根据评分标准将所得分数填到答题册中对应的栏目中，最后计算出4种气质类型的总分数。若很符合，记2分；若较符合，记1分；若一般，记0分；若较不符合，记−1分；若很不符合，记−2分。

1. 做事力求稳妥，不做无把握的事。
2. 遇到可气的事就怒不可遏，想把心里话全说出来才痛快。
3. 宁可一人干事，不愿很多人在一起。
4. 到一个新环境很快就能适应。
5. 厌恶那些强烈的刺激，如尖叫、噪声、危险镜头等。
6. 和人争吵时，总是先发制人，喜欢挑衅。
7. 喜欢安静的环境。
8. 善于与人交往。
9. 羡慕那种善于克制自己感情的人。
10. 生活有规律，很少违反作息习惯。
11. 在多数情况下情绪是乐观的。
12. 碰到陌生人觉得很拘束。
13. 遇到令人气愤的事，能很好地自我克制。
14. 做事总是有旺盛的精力。
15. 遇到问题常常举棋不定、优柔寡断。
16. 在人群中从不觉得过分拘束。
17. 情绪高涨时，觉得什么都有趣；情绪低落时，又觉得什么都没有意思。
18. 当注意力集中于某一事物时，别的事物很难使我分心。
19. 理解问题总比别人快。
20. 碰到危险情景，常有一种极度恐怖感。
21. 对学习、工作、事业抱有很高热情。
22. 能够长时间做枯燥、单调的工作。
23. 符合兴趣的事情，干起来劲头十足，否则就不想干。
24. 一点小事就会引起情绪波动。
25. 讨厌做那种需要耐心、细致的工作。
26. 与人交往不卑不亢。
27. 喜欢参加气氛热烈的活动。

28. 爱看感情细腻、描写人物内心活动的文学作品。
29. 若是工作学习时间长，就会感到厌倦。
30. 不喜欢长时间谈论一个问题，愿意实际动手干。
31. 宁愿侃侃而谈，不愿窃窃私语。
32. 别人说我总是闷闷不乐。
33. 理解问题常比别人慢些。
34. 疲倦时只要短暂的休息就能精神抖擞，重新投入工作。
35. 心里有话，宁愿自己想，不愿说出来。
36. 认准一个目标就希望尽快实现，不达目的誓不罢休。
37. 同样和别人一起学习、工作一段时间后，常比别人更疲倦。
38. 做事有些莽撞，常常不考虑后果。
39. 老师讲授新知识、新技术时，总希望他讲慢些，多重复几遍。
40. 能够很快地忘记那些不愉快的事情。
41. 做作业或完成一件工作总比别人花的时间多。
42. 喜欢运动量大的体育活动，或参加各种文艺活动。
43. 不能很快地把注意力从一件事转移到另一件事上去。
44. 接受一个任务后，就希望迅速完成。
45. 认为墨守成规比冒风险强些。
46. 能够同时注意几件事。
47. 当我烦闷的时候，别人很难使我高兴。
48. 爱看情节起伏跌宕、激动人心的小说。
49. 对工作（学习）认真严谨，具有始终一贯的态度。
50. 和周围的人总是相处不好。
51. 喜欢复习学过的知识，重复做已经熟悉的工作。
52. 希望做变化大、花样多的工作。
53. 小时候会背20首诗歌，我似乎比别人记得清楚。
54. 别人说我“出语伤人”，可我并不觉得是这样。
55. 在体育活动中，常因反应慢而落后。
56. 反应敏捷，头脑灵活。
57. 喜欢有条理而不麻烦的工作。
58. 兴奋的事常使我失眠。
59. 老师讲新的概念时，常常听不懂，但是弄懂以后就很难忘记。
60. 假定工作枯燥无味，马上情绪低落。

胆汁质	题号	2	6	9	14	17	21	27	31	36	38	42	48	50	54	58	总分
	得分																
多血质	题号	4	8	11	16	19	23	25	29	34	40	44	46	52	56	60	总分
	得分																
黏液质	题号	1	7	10	13	18	22	26	30	33	39	43	45	49	55	57	总分
	得分																
抑郁质	题号	3	5	12	15	20	24	28	32	35	37	41	47	51	53	59	总分
	得分																

评分规则及7种类型的分类方法

请将上面各题目的得分填入下表的气质答题卷中，并合计出4种气质类型的总分，根据4种类型的总分数，进行气质类型分类。

（1）如果某一项或两项的得分超过20分，则为典型的该气质类型。如胆汁质超过20分，则为典型的胆汁质；如黏液质和抑郁质得分超过20分，则为典型的黏液质与抑郁质混合型。

（2）如果某一项或两项的得分在20分以下、10分以上，而其他各项得分都很低，则为该项一般气质。如一般胆汁质，一般胆汁质与多血质混合型等。

（3）各项得分都在10以下，但某项或几项得分较其他项为高（相差5分以上），则为略倾向于该项气质（或几项混合），如略倾向于黏液质或胆汁质与多血质混合型等。以此类推。

一般来说，正分值越高，表明该项气质类型越明显；反之，分值越低，表明越不具备该项气质类型。

经过计算判断，我的气质类型是__________。

思考题

1. 什么是人格？人格的结构及形成的影响因素有哪些？
2. 什么是气质及其特征？什么是性格及其特征？气质与性格的关系是什么？
3. 如何看待自己的气质类型？了解自己的气质特点对自己的成长发展有何意义？
4. 健全人格的标准有哪些？
5. 自己的人格特点是怎样的？选用几种感兴趣的测量工具辅助自己做出分析。如何整合、优化自己的人格？

第4章 建立良好的人际关系

每一个人都是社会的人，一生都离不开特定的群体，所以正常的人际交往和良好的人际关系是人心理正常发展、个性保持健康和生活具有幸福感的前提。然而，在大学校园里，很多大学生由于不能正确处理人际交往问题，虽然学习成绩很优异，但一直感觉不到大学生活的丰富多彩和成功的快乐。快乐其实很简单，正如上面的故事所言，天堂和地狱的区别在于人际关系处理的方式不同。本章将就大学生建立良好的人际关系进行探讨。

第一节 人际交往概述

新精神分析学家凯伦•霍妮曾经说过："神经症是人际关系紊乱的表现。人类的心理病态，主要是由于人际关系失调而引起的。"美国著名学者卡耐基曾经说过："一个人事业的成功，只有15%靠的是他的专业技术，而85%则取决于人际关系。"现实生活中，每个人都离不开人际交往，否则就会一事无成。人际交往是人类特有的需求，如果这种需求得不到满足，就会影响个人生活、事业乃至身心健康。掌握人际交往的基本原则和方法，提高人际沟通能力，构建良好的人际关系，是当代大学生成长与发展中面临的重要课题。

一、人际交往的内涵及重要性

（一）人际交往与人际关系

人际交往又称社会交往，是指个人与个人、个人与群体或群体与群体之间通过一定方式进行接触，从而在认知、情感和行为上相互影响的过程。

人际关系，是指人与人之间在交往活动过程中直接的心理关系或心理上的距离，它反映了个人或群体寻求满足其社会需要的心理程度。它是人们在交往中关系的深度、密切度和协调性等心理方面的联系程度的反映，如友好关系、亲密关系、敌对关系等。这种心理上的关系是由心理倾向性及其相应的行为反映出来的。

人际交往和人际关系是两个既有联系又有区别的概念。人际交往是人际关系实现的根本前提和基础，也是人际关系形成的途径；而人际关系则是人际交往的表现和结果。两者的区别在于人际交往侧重人与人之间的联系与接触的过程。从时间上看，人际交往在前，人际关系在后；人际交往是一个动态的过程，而人际关系则具有相对的稳定性。

（二）人际交往对大学生心理健康的意义和作用

1. 人际交往促进大学生的个性发展与完善

心理学的研究结果表明，儿童与其照看者之间通过积极的交往形成的稳定的亲密关系，是其心理乃至身体正常发展不可缺少的条件。如果儿童缺乏与成年人的正常交往及由此建立起来的亲密关系，不仅性格发展会出现问题，智力也会出现明显障碍。交往是个性发展与人格健全的必经之路。个体只有通过与社会和他人发生联系，学习社会文化与技能，才能取得社会生活的资格。离开社会的交往环境，离开与他人的合作，个体是无法成为一个合格的社会人的。狼孩由于失去了与他人交往的最佳时期，失去了其作为“人”的成长的环境，因而即使后来被人发现，也已经很难成为一个正常的“人”了。

由于第一次摆脱了家庭的束缚来到开放的大学校园，大学生表现出强烈的交往需求。从某种程度上说，大学生个性的发展取决于他的人际关系。大学生在与周围人的交往过程中，逐渐学会了待人接物，学会了如何评价自己和他人。通过与他人的比较，对他人或自身的行为和后果做出自己的判断和评价，使自己逐步形成一套稳定、完善和成熟的个性。一般而言，大学生的交往范围越广，就越能增加自己的涉世经验，越有利于个性的发展和完善。

2. 人际交往促进大学生的身心健康

如前所述，新精神分析学家凯伦•霍妮认为，神经症是人际关系紊乱的表现。人类的心理病态，主要是由于人际关系失调而形成的。也就是说，人际关系紧张的人，不但事业会受阻，而且会在心理和情绪上陷入极大的痛苦之中。

在心理健康教育实践中，我们也注意到，大学生中出现的心理危机往往与缺乏正常人际交往和良好人际关系相联系。宿舍同学之间的人际交往状况，往往决定了一个大学生是否对大学生活感到满意。如果一个宿舍没有形成友好、合作、融洽的人际关系，那么成员就会表现出压抑、敏感、自我防卫、难以合作的特点；而在关系融洽的宿舍里生活的大学生，则以欢乐、注重学习与成就、乐于与人交往和帮助别人为主要特征，可见，人的心态与性格状况，直接受到人际交往状况的影响。

心理学家曾从不同角度做过大量研究，结果表明：健康的个性总是与健康的人际交往相伴随的。心理健康水平越高，与别人的交往就越积极，越符合社会的期望，与别人的关系也越深刻。心理学家奥尔波特发现，个性成熟的人都同别人有着良好的交往与融洽的关系，他们可以很好地理解别人，容忍别人的不足和缺陷，能够对别人表示同情，具有给人以温暖、关怀、亲密和爱的能力。人本主义心理学家亚伯拉罕 • 马斯洛发现，高水平的“自我实现者”对别人有更强烈、更深刻的友谊与更崇高的爱。已有的研究结果表明，那些高心理健康水平的人，往往来自于人际关系良好的家庭，这也从一个侧面提供了人际交往状况影响个体心理健康的佐证。

3. 人际交往促进大学生的学习和信息交流

人际交往具有学习知识、传递信息的功能。大学生年龄相仿，经历相似，相互间具有强烈的情绪共鸣和高度的心理相容，在交往中可以相互学习、互相效仿、互相帮助，这是个体成才的重要条件。因此，积极的人际交往与和谐的人际关系更能激发学习潜能，提高学习效率。人际交往中的收获比书本上获得的信息更广泛、更直接、更快捷，更有利于增进各种信息交流。著名科学家爱因斯坦曾说过，他的创造性思想主要来自与别人的交谈，在许多情况下，和别人交谈时，自己一直百思不解的问题，会突然得到启示，产生灵感，并得以解决。一个善于学习的人，会通过各种交往获得自己需要的信息，不断丰富自己的信息量。

延伸阅读4-1

21世纪成功的软动力——人脉

不同的名人虽然有各自的成功道路，但他们的成功都具有一个共同的特质——善于经营人脉。比如，雅虎总裁杨致远在斯坦福大学就学时是大学社团的领袖，善于交际，并结交了他的事业合作伙伴戴维·费洛。MySee总裁高燃，作为成功的80后，在清华大学读书期间，就比较会与人打交道，组织了非常多的讲座，认识了许多企业家、政府官员、学者，并与助他成功的“贵人”蒋锡培成为了好朋友。这些丰富的人脉资源为他们打造了一个良好的人际关系网，推动了他们事业的发展。

那么，如何广结人缘呢？这里有五大法宝：学会真诚地关心他人；微笑是最好的润滑剂；拥有一双会倾听的耳朵；让别人感觉你很重要；主动了解他人的需求。

当你拥有了庞大的人脉资源时，学会有效管理、经营人脉，也是一个人能否成功和发展的关键。而经营人脉应做到以下6步：进行人脉分类，制作人脉记录；要善于交往，还要习惯于不断交往；适时与他人分享好处；不断吸纳优秀的人才；忠诚是与人合作的基础。

如果不想让人脉资源无形流失，还需要以各种方式维系人脉。维系人脉网的技巧主要有以下10项：创意贺卡表心意；重要社会活动不缺席；观察组织或个人或公司的改变，小小电子邮件也有惊人效果；投其所好人人爱；再忙也不忘表达关心；做个让人永远记得的和事佬；得意失意常联系他；让朋友知道你的改变；不错过任何聚会场合。

4. 人际交往促进大学生的社会化进程

每个人都是社会的成员，都希望自己有所归属，希望被朋友接纳、关心和理解，希望在社会上被人尊重，这种需求主要是在人际交往中才会得以满足。大学生处于个体社会化完成的最后阶段。大学生活的人际交往虽然与真实社会生活中的人际交往有所区别，但随着个人的成长和发展，交往的范围不断扩大，交往的形式日趋多样，交往的内容逐步深化，就其对于最终适应社会生活而言，大学生的人际交往具有更加重要的作用。积极的人际交往，可以使一个人更好地了解社会、融入社会，丰富社会经验，更好地了解社会和他人对于自己的要求和期待，可以更好地按照社会要求规范自己的行为，促进个体的社会化进程。

二、人际关系的建立过程

尽管人际关系的建立形式多种多样，发展速度也有快有慢。但是人与人之间从互不相识到建立良好的人际关系，一般都要经历一个由浅入深、不断深化的过程，这个过程需要经过以下4个阶段。

（一）定向阶段

即由零接触过渡到单向注意或双向注意的定向阶段。在这个阶段中，由开始的彼此无关，即零接触状态，逐渐实现选择性注意。这种选择本身反映着交往者的某种需要倾向、兴趣特征和个性心理特征。只有当双方的某些特质能引起自己情感上的共鸣，才会吸引我们的注意，从而把对方纳入自己的知觉对象或交往对象的范围，这就为人际关系的建立准备了良好的心理基础。但是，我们必须认识到，这种作为初步沟通的注意，仅仅可能是良好人际关系的开端，是一种尝试，目的是对别人获得一个初步的印象。因此，在注意阶段，交往的双方都希望给对方留下一个良好的第一印象，试图为彼此的人际关系的发展设置一个良好的定向。

（二）情感探索阶段

即由注意逐渐向情感探索、情感沟通的轻度心理卷入阶段转向，此时开始建立初步的心理联系。在这个阶段，交往双方开始了角色性接触，如打招呼、聊天、工作上的联系、学习上的帮助和生活上的相互照顾等，这种一般性的人际接触的目的是为了探索彼此的共同情感领域。随着双方共同情感领域的发现，双方的沟通也会越来越广泛，经过一定的情感探索、情感沟通，双方自我暴露的深度和广度都会有所增加，但在这一阶段，人们的话题未进入对方的私密性领域或隐秘敏感区，只是有初步的自我暴露，双方都遵守交往法则，而不越雷池半步。此时，双方在一起能友好相处，离开对方也无关紧要，彼此没有强烈的吸引力。因而，这个阶段也是普通的人际关系阶段。

（三）情感交流阶段

人际关系发展到这一阶段，双方开始涉及自我的许多方面，并有中度的情感卷入。随着双方接触频率的增加，彼此不断加深了解，情感联系越来越密切，心理距离越来越小，在心理上逐渐有了依恋和融合，这标志着人际关系性质已经发生了实质性的变化。此时，交往双方的安全感已经确立，自我呈现的广度和深度大大扩展，心理相容性也有进一步增加，对事物的看法、评价逐渐趋于一致，并产生情感上的高度共鸣，各种信息的输入输出不再"失真"，彼此已成为知己好友，一旦分离或产生冲突，会出现某种焦虑、牵挂和烦躁的情绪，"一日不见，如隔三秋"。当然，人际关系的融合阶段仍然有一个逐渐深化的过程，在其低水平的层次上，主要表现为交往双方的适应与合作，即求同存异；在其高水平上才是知交和融合，即心心相印、唇齿相依，恋人关系即属此列。

（四）稳定交往阶段

随着交往双方接触次数的增多，情感联系不断加强，心理卷入程度不断扩大，人们心理上的共同领域进一步增加，自我暴露也更加广泛深刻。此时，人们已经可以允许对方进入自己高度私密的个人领域。但在实际生活中，很少有人能达到这一情感层次的友谊关系。许多人仅仅是停留在第三阶段的水平上。

延伸阅读4-2

早班车厢里的故事

20年前，我们这帮干着粗活的建筑工人每天挤着早班车，半睡半醒地把蓬乱的头发蜷缩在脏兮兮的衣领里面，阴沉着脸，互不搭理。一天，车厢里来了一个陌生的家伙，他上车先和司机打招呼，又友好地和我们大家笑笑，但司机只是毫无表情地点点头，其余人也都态度冷漠。第二天，这家伙更是笑容满面地问候大家："各位早上好，祝大家一天都开开心心!"我们对此感到诧异和莫名其妙。

从此，我们的早班车厢里，每天都有这个人向大家问好，渐渐地，我们也开始和他搭话和他点头了。一天这家伙抱着一束鲜花走进车厢，大家猜说："查利，是送给女朋友的吧?"他点点头。大家热烈地鼓起掌来。从那天开始查利每天都带鲜花来，我们的心情也变得轻松愉快起来。慢慢地，我们中也有人带鲜花插入查利的那束花中。一张张黝黑的脸开始透出平常难见的柔情，"你好!你好!"大家互相笑着问长问短，兴致勃勃地开着玩笑，分享着报纸上的各类新闻。

后来有一天，查利没有来，大家就相约去找他。这才知道，查利是一个公司的清洁工。再后来大家得知查利的一位朋友去世了，大家紧紧握住查利的手，和他一样眼睛湿湿的。

领悟：人和人的情感是一样的。即使是陌生人，只要你付出微笑，就会得到深深的友情。

三、人际交往的社会学原则

整个人际关系的建立与发展过程，实际上是一个情感卷入和交往由浅入深的过程。在这个过程中，交往双方通过采用自我暴露的方式来增加相互间的接纳性和信任感。人际关系从建立到发展是一个动态的变化过程，它使交往双方经历了从无关到关系密切的一系列不同程度的相互关联状态。

从社会学的角度来讲，人际交往应遵循以下原则。

（一）交互性原则

人际关系的基础是人与人之间的相互重视、相互支持。人际交往中的喜欢与厌恶、接近与疏远都是相互的。人际交往具有交互性的原因：①任何人都有着保持自己心理平衡的稳定倾向，为了对自己的行为及与别人的关系做出合理的解释，应同他人保持适当而且合理的关系；②人们会把自己的心理投射到与之发生联系的人身上。当对别人做出一项友好的行动、对别人表示接纳以后，也会产生一种别人做出相应回答的期望。

（二）社会交换原则

人际交往在本质上是一个社会交换的过程。人们在交往中总是在交换着某些东西，或者是物质，或者是情感，或者是其他。在这种社会交换中，人们都希望交换对于自己来说是值得的，希望在交换过程中得大于失或至少等于失的。人们的一切交往行动及一切人际关系的建立与维持，都是依据一定的价值尺度来衡量的。

（三）自我价值保护原则

自尊心的高低是以自我价值感来衡量的。任何人在人际交往过程中都会有明显的对自我价值感进行维护的倾向。他人在人们的自我价值感确立方面具有特殊的意义。别人的肯定会增加人们的自我价值感，而别人的否定会直接威胁到人们的自我价值感。人们对来自人际关系世界的否定性的信息特别敏感，别人的否定会激起自己强烈的自我价值保护的倾向，表现为逃避别人或者否定那些否定自己的人，以维护自己的自尊心。

（四）情境控制原则

人对一个新的情境的适应过程是一个逐渐的对情境实现自我控制的过程。情境的不明确，或不能达到对情境的把握，会引起机体的强烈的焦虑，并处于高度紧张的自我防卫状态，使人们倾向于逃避这样的情境。

四、人际交往中的心理效应

人际交往中存在若干心理效应，如果大学生了解并使用这些心理规律，就能促进交往；反之，交往就会受阻。

（一）首因效应

首因效应又称第一印象，是指与陌生人第一次接触后所形成的印象，会直接影响到个体对该陌生人的总体评价，也可以叫做先入为主。心理学研究表明，最初得到的信息比以后得到的信息占有压倒性的优势，因此，第一印象会影响甚至决定今后的交往关系。如对某人第一印象良好，人们就愿意接近他，对于他的言行给予较多的关注、理解和信任；反之，第一印象不好，人们就不愿意接近他，对他的言行不予理解和信任。

形成第一印象的主要因素有：一是对方外部特征的直接影响；二是有关对方间接信息的影响。第一印象仅是“一面之见”留下的印象，难免有片面性和主观性，往往会把一个好人“看扁了”，把一个坏人“看圆了”。“路遥知马力，日久见人心”，只有历史地、全面地、发展地认识一个人，才能对他/她形成正确的知觉。当然，在交友、招聘、求职等社交活动中，我们可以利用首因效应的作用，展示给人一种鲜明美好的第一印象，为以后的交流打下良好的基础。

延伸阅读4-3

给人留下好印象——SOLER模式

社会心理学家艾根研究发现，与人交往时，按照SOLER模式表现自己，可以明显地增加别人对我们的良好印象，促进人际交往。SOLER是由5个英文单词的词头字母拼写起来的专用术语：

- S表示坐或站要面对别人；
- O表示姿势要自然放开；

- L表示身体微微前倾；
- E表示目光接触；
- R表示放松。

运用SOLER模式可以给人留下“我很尊重你，我对你很有兴趣，我心是接纳你的”这样的印象。这无疑会有效增加别人对我们的好感，增加别人对我们的接纳性。

（二）近因效应

近因效应是指最近的信息对人的认知具有较大的影响，最后留下的印象比较深刻。研究发现，在印象形成的过程中，当不断有足够的引人注意的新信息出现，或者原来的印象已经淡忘时，新近获得的信息的作用就会较大，就会发生近因效应。

首因效应与近因效应看起来似乎有些矛盾，但实际上，它们是一个问题的两个方面。一般来说，在对陌生人的知觉中，首因效应较明显，而对熟人或久违的人的认知中，近因效应更加突出。因此，在人际交往中，我们要时刻注意自己近期的表现，时刻注意保持已经树立起来的形象。

另外，近因效应是以新近信息为依据对人做出的判断，忽略了以往信息的参考价值，从而使人不能全面、客观、历史、公正地看待问题。因此，我们应注意克服近因效应带来的认知偏差，要用动态的、历史的、发展的眼光看待他人，不因一时一事随便肯定和否定一个人。

（三）晕轮效应

晕轮效应又称光环效应，是指在对某个人有好感后，就很难感觉到他身上的缺点，就像有一种光环在围绕着他，掩盖了其余品质的一种知觉。这是以偏概全、一俊遮百丑、爱屋及乌的主观片面倾向。晕轮效应是社会关系中较常见的一种现象。例如，我们对某个人的勤奋产生了好印象，就很可能会认为他有事业心、有毅力、有作为等；而如果对某人有一种不好的印象，就可能贬低或看不到他的优点，甚至认为他一无是处。“情人眼里出西施”，情人在相恋的时候，很难看到对方的缺点，认为他（她）的一切都是好的，他（她）做的事都是对的，就连别人认为是缺点的地方，在他（她）看来也都无所谓，这就是光环效应的表现。光环效应有一定的负面影响，在这种心理作用下，人很难以分辨出好与坏、真与伪，导致他对别人的认识也缺乏客观性。

（四）刻板效应

刻板效应又称“定势效应”，是指在对他人的认知中，用社会上对某一类人的固定印象，去机械刻板地认识和评价对方。例如，农村来的同学认为城市来的同学见多识广，但世故、小气，城市来的同学则认为农村来的同学孤陋寡闻，但忠厚、老实等，这也是刻板效应的表现。刻板效应使人在对他人的认识中，自觉或不自觉地把某个人归入某一群体中去，因而容易产生认知偏差。

扫一扫

人际交往中的心理学效应

（五）投射效应

投射效应是指在认知过程中，把自己的主观愿望或者情感投射到对方身上，即通常所说的“推己及人”“以小人之心度君子之腹”。比如，认为自己待人真诚的人，也往往要求他人真诚地对待自己，戒备心强的人总认为别人也戒备心强。受这种效应影响的人往往比较敏感，常以自己的观点评判别人。要避免投射效应的影响，关键是要客观地认识自己，正确对待自己与别人的差异，不能处处以自己的标准要求别人。

五、影响人际交往的因素

人际关系是社会关系在心理层面上的体现，人际关系的建立受到各种因素的制约。影响人际交往和良好人际关系建立的主要因素有以下几个。

（一）表层因素

1. 邻近因素

在交往初期，空间和时间因素起着重要作用。所谓“远亲不如近邻”，空间距离越接近，接触频率越高，彼此就越容易形成亲密的人际关系。在大学里，因住在同一个寝室，或是同桌、前后桌关系，或同属于某个活动团体，或是同乡等经常接触、交往频繁，从而由接近而相识，因相识而吸引，进而建立友谊，甚至相爱的现象很常见。但结识之后，空间距离过小，交往太频繁，也容易产生矛盾和冲突，从而对人际关系造成消极影响。因此，时空接近仅是密切人际关系的一个必要条件，不能视为充分条件。

2. 熟悉因素

当我们非常熟悉某人时，就能更好地预言他（她）在不同情境中的行为反应，因此就不太容易做出令他（她）烦恼的事。在相互熟悉的情况下，每个人都会学着如何行动以避免不愉快的互动，并有意识地不去造成不愉快。因此，相互熟悉的人最容易成为朋友。

3. 仪表风度因素

个人的长相、穿着、仪态、风度等都会影响彼此间的吸引，尤其是第一次见面时，外表是第一印象的核心因素。许多俗语告诫我们不要过于看重外表：漂亮是肤浅的东西、不要以貌取人，然而事实表明我们常常会忽视这些忠告。但是，社会交往时间越长，外表因素的作用就越小，吸引力将会从外在的仪表逐渐转入内在的道德品质。所以，有些大学生不必因为自己性格不够活泼开朗而感到烦扰，时间越长，人们越能认识到你，如果你们能够找到彼此之间的相似之处或者互补之处，建立的友谊反而会更加稳固。

（二）深层因素

1. 相似性因素

交往双方的个性相似性越多，就越容易建立起亲密的人际关系。“惺惺相惜”就是指才智相似的人彼此爱怜。社会心理学研究证明，人们某些相似或一致的特征，如态度、信仰、爱好、兴趣等，能够促进人们相互喜欢。所谓“人以类聚，物以群分”。相似导致喜欢的原因首先在于，在对问题的看法上提出与自己相同的观点，实际是对自己的一种社会性支持，它必然会促进人们之间形成积极肯定的人际关系。其次，一般来说我们是喜欢自己的，希望自己得到别人的承认。许多人喜欢与相似者接触，原因在于他可能认为自己容易被承认接受，而受拒绝的可能性较小。相似性的积极作用在于能使人际关系的建立更为顺畅，发展得更为密切，但也会有消极影响，可能会限制交往的广泛性，阻碍心理的健康发展，容易形成消极性小团体。

2. 互补性因素

古语云："相异者相吸引。"人们也常喜欢与其他一些有着不同人格特征的个人相处，并建立起和谐的人际关系。在婚姻和恋爱领域明显地存在着男女双方互补的现象，例如，支配型的人能够和服从型的人和睦相处，爱唠叨的人也许能和爱听唠叨的人建立亲密的关系，即当交往双方具有的一些相反的（特别是气质、性格方面）特征可以相互满足对方需求时，两个人就趋向于互相喜欢。可见，互补作用实际上是一种需要的相互满足。但有时，个性上的互补不必然导致需要的相互满足和相互吸引。

3. 相悦因素

所谓相悦，主要是指人们之间在情感上的相互接纳和肯定。当人们彼此从对方的言谈举止中感到对方能接纳自己和喜欢自己时，就容易产生巨大的相互吸引力，从而建立起良好的人际关系。一般说来，人们总是喜欢那些喜欢自己的人，对真诚评价自己的人具有好感，对此人产生心理上的接近和依恋，因而也就减少了相互的摩擦和人际冲突，达到情感相悦，为良好的人际交往提供了心理条件。真诚地赞美他人，他人反过来也会对你抱有好感。仔细观察他人，你就会发现任何人都有值得赞美的地方，并且肯定和表扬别人的长处，也会给自己带来身心的愉悦和榜样的力量。

4. 互惠因素

从动态的角度考虑人际关系的形成，就会发现人们之间的喜欢往往是相互的，而且，对于一个人的喜欢并不仅仅取决于此人对自己喜欢的总量是多少，更重要的是要看这种喜欢是逐步增加的还是逐渐减少的。

5. 人格因素

这是最本质、最关键的影响因素。一个有人格魅力的人，往往会成为人际交往中受欢迎的人。在大学生中，有助于人际交往的人格特征是：尊重、关心他人，善于理解、乐于助人，富有同情心；热心集体活动，工作认真负责；稳重、耐心、宽厚、真诚、热情、开朗等。不利于人际交往的人格特征是：自我中心，有极强嫉妒心；对集体工作缺乏责任感，华而不实；对人冷淡、虚伪、固执，爱吹毛求疵，苛求他人，不尊重人，支配欲过强；过分自卑、害羞胆怯、敏感多疑、孤僻狭隘、自我封闭、依赖性太强等。大学生的人格还在形成中，因此应该注意塑造自己那些受欢迎的人格特征，以便建立良好的人际关系。

6. 能力因素

个人在能力与特长方面如果比较突出，与众不同，其本身就有一种吸引力，会使他人对其产生钦佩感并欣赏其才能，从而愿意与他接近。但是，能力与吸引并不永远成正比。研究发现，最受欢迎的人不是能力超凡的人，而是能力超凡但会"偶尔犯错"的人，这会使人们觉得他更易于接近，从而更加喜欢他，这就叫作"犯错误效应"。

7. 自我评价因素

每个大学生的人际关系都会涉及自我形象、自我地位等自我评价问题。自我评价不同对其人际关系会产生不同影响。一般而言，大学生的自尊心都比较强，都要求获得他人尊重，获得相应的社会地位和荣誉，对任何危及社会地位和荣誉的事都非常敏感。如果从同学、老师等各方面获得的信息能够使其形成肯定和积极的自我评价，那么同学们在人际交往中就会更为积极主动、充满自信，建立起良好的人际关系。但是如果获得的信息不利于提高自我评价，则会产生自卑心理，与人交往中不主动、缩手缩脚，这些表现自然会影响到人际交往。

第二节　提高人际交往能力

一、大学生人际交往的原则

人际交往必须要遵守一些基本原则，这些原则对于大学生建立良好的人际关系有着非常重要的指导作用。

（一）真诚原则

指在人际交往中，以诚相待、信守诺言。心理学家安德森曾经对人们喜欢的个性品质进行了研究，结果发现排在前6位的最受人们喜欢的个性品质是真诚、诚实、理解、忠诚、真实、可信。我们可以看到，其中5个品质都与诚信有关。由此，我们可以得出这样的结论："诚信"是最受人欢迎的个性品质。在与人交往时，一方面要真诚待人，既不当面奉承人，也不在背后诽谤人，要做到肝胆相照、襟怀坦荡。另一方面，言必行，行必果，承诺的事情要尽量做到，这样才能赢得别人的拥戴，彼此建立深厚的友谊。马克思曾经把真诚、理智的友谊赞誉为"人生的无价之宝"。古人也说，"精诚所至，金石为开"，真诚是获得友谊的钥匙。

延伸阅读4-4

一定要避开的交际陷阱

- 对自己、他人和相互的关系存在不切实际的期望。
- 关系发展得太快、太近，无论是身体上还是心理上。
- 对自己、人际关系或生活抱有消极态度。
- 把自己当作拯救者、殉道者、救世主、"完人"。
- 试图改变他人以适合自己的需要。
- 过于以自我为中心，妄下断语，总是认为自己是"对"的。
- 不会在必要的时候 say no（说不），以委曲求全来讨好对方。
- 积压着一些强烈情绪：生气、痛苦、悲伤，将它们一次释放出来。
- 总希望别人能看懂自己的心思，能帮你疏导情绪并固守在你身边。
- 希望对方总能随时满足你的所有要求，让对方把所有的时间都花在你身上。

（二）平等尊重原则

虽然人与人的家庭、容貌、智力、经济水平、职业等内部和外部条件存在差异，但每个人在人格上都是平等的。交往双方必须以平等的原则与人相处和交往，真正的友谊是会超越外在条件的限制的。事实证明，那些优越感强、自命不凡、自高自大的人终将被集体孤立和排斥，而那些自惭形秽、妄自菲薄、自暴自弃的人在交往中也是不受欢迎的。

尊重是马斯洛需要层次理论中的高级需要之一，包括尊重他人和尊重自己两个方面。彼此尊重是友谊的基础，是两心相通的桥梁。在平等的基础上尊重他人，就是要尊重他人的人格、权利、感情、愿望、习惯和爱好。古人云："欲人之爱己也，必先爱人；爱人者，人恒爱之；敬人者，人恒敬之。"尊重不是单方面的，将心比心，尊重他人才能得到他人的尊重，才能使交往顺利进行下去。

（三）理解宽容原则

大学生们朝夕相处，接触频繁，个性较强，不可避免地会产生各种矛盾。如果这时大家各不相让、斤斤计较，那么不仅将造成矛盾对立和激化，使冲突加剧，甚至会导致关系破裂，无法补救。如果我们能接受对方的差异，以一种宽容的态度对待他人，就能化干戈为玉帛，友谊才能长存。因此，在与人相处时，我们应当严于律己、宽以待人，只有这样才能建立良好的人际关系。

（四）适度原则

首先，交往的范围要适度。很多人认为只要有几个朋友就可以了，而忽视了与周围大多数同学的交往。这样会使自己陷入狭小的人际圈子，疏远可交的益友。那么，是不是交往的范围越大越好呢？事实并非如此。如果交往的人数太多、范围太大，必然会分散自己的精力，使交往难以深入。

其次，交往的频度要适度。要掌握好交往的次数，交往次数过少或过多，间隔时间过长或过短，都不利于建立和发展良好关系。关系亲密的两个人，由于交往少了，关系可能淡薄下去；另一方面，即使朝夕相处、形影不离的好朋友，过于密切的交往也会使关系变得平淡。"距离产生美"，保持适当的时间、距离，双方才有新鲜感和愉悦感。

最后，交往的程度要适度。什么样的人际关系才叫好呢？是不是卷入程度越高就越好？无论是亲人之间还是朋友之间，无论关系多么亲密，感情多么融洽，双方在意识观念、行为习惯、处事方式上都不可能达到完全的一致，心理上的距离不可能完全消失。每个人在内心深处或多或少都会藏有属于自己的秘密，即便是最亲密的爱人和朋友可能也无从了解。我们没有必要把自己的一切都袒露给别人，更不能要求别人也向自己敞开一切。我们看到有些朋友之间好得不分彼此，丧失了自我，其实这样的深刻程度是很危险的，一旦遇到利益冲突或是情感上过不去的坎，就会使双方视如仇敌。

二、建立健康的人际交往模式

（一）交往分析理论

交往分析理论又称PAC理论，最初是由心理学家伯恩提出。他认为，每个人的个性都包括三种成分，就好像一个人身上的三个小我：父母、成人与孩童。

1. 父母型（Parent，简称P）身份以权威和优越感为标志

通常表现为统治人、训斥人等权威式的作风。这种状态源于父母与其他权威人物。当一个人的人格结构中P成分占优势时，他的行为表现为：凭主观印象办事，独断专行，滥用权威。这种人讲起话来总是"你应该……"、"你不能……"、"你必须……"。

2. 成人型（Adult，简称A）身份表现了客观与理智

其行为表现为：待人接物冷静、慎思明断、对自己负责、对他人尊重。其语言特征是："我个人认为……""我的想法是……"

3. 孩童型（Child，简称C）身份像婴儿一样冲动

表现为服从和任人摆布，喜怒无常，感情用事，一会儿天真可爱，一会儿乱发脾气，使人讨厌。其行为表现都是即兴的，不负责任、追求享乐、玩世不恭、遇事无主见、逃避退缩、自我中心、不管他人。这种人讲起话来总是“我是……”“我想……”“我不知道……”“我不管……”

在P、A、C三种成分中，P、C具有盲目性、被动性与两面性。而A更具有自觉性、客观性与探索性，致力于弄清事物真相、事物间的关系与变化规律，能够站在别人的角度审视自己，具有反省能力。

扫一扫

人际沟通分析理论

根据PAC理论，不同的交往类型会构成不同的交往组合。当交往双方的相互作用构成一种平行关系时，交往就是可持续的，对话可以无限制地继续下去。这种交往有6种具体形式，即P—P、A—A、C—C、C—P、A—P、C—A。在这6种交往形式中，P-P型的双方都自以为是，看这不顺眼，看那也不好，双方谈得很投机，但都在指责别人。这样的两个人长久交往会互相助长偏激苛求的性格。C—C型交往则有些“同流合污”的味道，两人一拍即合，但都不负责任。C—P、A—P、C—A三种类型，均属于互补型的交往，我期望对方的，刚好是对方回应的。这种交往因为互补，所以能够持续，但却潜藏着不平等与依赖，长此以往，也不利于交往双方的发展。只有A—A型交往是最健康的，大家都本着负责与尊重的原则，力图合情合理地解决问题，因此，A—A型交往是最成功的。

同学们可以经常对照PAC理论，反思一下自己的人际交往模式属于哪一种成分类型，要有意识地培养成人成分，去除父母和孩童成分。

（二）人际交往的4种模式

美国著名心理学家爱利克·伯奈提出了人际交往的4种模式。

1. 我不好，你好

人在生命的初始阶段是依赖于周围的人而生存的，与周围的成人相比，儿童常常会感到自己无能，因而从小就有自卑感，潜意识中形成了“我不行，你行”的心理模式。人的成长过程也就是逐渐克服这种心态的过程。有的同学由于在个体社会化过程中，尚未完全摆脱儿时的这种心理行为模式，因而在人际交往中常常表现出不同程度的自卑和恐慌，最为极端的表现就是社交恐惧症。

2. 我不好，你也不好

不喜欢自己也不喜欢别人，既看不起自己也看不起别人，既不会去爱他人也不能体验和接受他人。

3. 我好，你不好

常常表现为充满优越感，骄傲自大，自以为是，总以为自己是对的，别人是错的，认为自己对别人好而别人对自己不好，并为此感到愤愤不平，把人际交往失败的原因都归咎于他人。

4. 我好，你也好

这种模式才是成熟的、健康的人际交往模式。具有这种心态的人相信自己也相信他人、爱自己也爱他人。这种人并非十全十美，但却能客观地悦纳自己和他人，正视现实，并努力去改变自己能改变的事物，善于发现自己、别人和外部世界的光明面，从而使自己保持一种积极、乐观、进取、和谐的精神状态。

前三种交往模式都会阻碍人际交往，并且不利于心理健康。第四种人际交往模式是良好的模式，能够促进我们的心理健康和人际和谐。

（三）人际沟通的5种模式

萨提亚家庭治疗是一种强调沟通重要性的治疗技术，认为“沟通之于关系，如同呼吸之于生命”。萨提亚把沟通模式分为5种。

1. 表里一致型

此类型是萨提亚所倡导的目标，这种模式建立在高度自我价值的基础之上，能达到自我、他人和情境三者的和谐互动。这种模式的人言语表现出一种内在的觉察，表情流露和言语一致，内心和谐平衡，自我价值感比较高。

2. 讨好型

此类型的人自我效能感差，内在价值感比较低，言语中经常流露出“这都是我的错”“我想要让你高兴”之类的话。行为上则过度和善，习惯于道歉和乞怜。

3. 指责型

此类型的人常常自我中心，从不顾忌别人的感受，习惯于攻击和批判，将责任推给别人，“都是你的错”“你到底怎么搞的”是他们的口头禅。指责型的人通常孤单失败，他们宁愿与别人隔绝以保持自认为的权威。

4. 超理智型

此类型的人极端客观，只关心事情合不合规定，是否正确，总是逃避与个人或情绪相关的话题。他们告诫自己：“人一定要有理智”“不论代价，一定保持冷静、沉着，决不慌乱”。这类人表面上很优越，举动合理化，而实际上，他们内心很敏感，有一种空虚和疏离感。

5. 打岔型

此类型的人永远抓不住重点，习惯于插嘴和干扰，不直接回答问题或回答得根本文不对题。他们内心焦虑、哀伤，精神状态混乱，没有归属感，不被人关照，还常被人误解。

三、掌握人际交往的技巧

（一）善于倾听与沟通

在人际交往中，不仅要会“说”，更要善于“听”。一个滔滔不绝、口若悬河的演讲家和一个有耐心的听众，谁更受欢迎呢？多数人会选后者，这是因为我们都有表达自我的愿望和需要，这时候就需要一位好的听众。一个人学会“听”的话，沟通就成功了一半。卡耐基说：“成功的交谈，并没有什么神秘，专心地注意对你说话的人，是非常重要的。再也没有比这更具有恭维的效果了。”

要成为一个善于倾听的人，就要学习倾听的技巧。善于倾听的人一定要有“三心”：一是耐心。别人讲话时，要平心静气地听完，不要贸然打断对方，也不要时时插话，影响他人的谈话思路，更不要对别人的言论妄加评判。二是虚心。当不赞成别人的观点时，要委婉地提出，如“这个问题值得我想一想……”“我对这个问题的看法是这样的……”；在纠正对方的错误时，多用“我记得好像不是这样吧”“似乎有另外一种说法”等语言。三是会心。就是用自己的动作、表情等对对方的话做出呼应，如赞许性的点头、微笑，经常与说话者交流目光，时不时地用“哦、对、是的”或者重复一些你认为重要的话表示你在注意倾听，鼓励对方继续讲下去。

与人沟通永远不嫌迟，不要因为害怕对方可能的反应，以致迟迟不敢沟通。记住著名的帕金森定律："因为未能沟通而造成的真空，将很快充满谣言、误解、废话与毒药。"高品质的沟通应把注意力放在结果上，而不是情绪上。

（二）学会赞赏与赞美

威廉·詹姆斯说："人性中最深刻的禀赋，是被人赏识的渴望。"赞美是种奖赏，赞扬别人的优点就是在强化对方身上的那些闪光点。赞美是对人类行为的一种激励和鼓舞，人人都喜欢玫瑰花，却厌恶那漂亮花朵下隐藏的刺。批评与指责就像是这根刺，它刺伤别人的自尊，也收不到期望的效果，而且总会增强别人的心理防御和不满情绪。

生活中，值得赞美的事物很多，大到别人的品行、能力、成绩，小到服饰、发型等都可以成为赞美的对象。当然，赞美绝不是虚伪，它需要以真诚作为前提。

一是记住别人的名字和一些私人信息。美国当代著名演讲学家和人际关系学家戴尔•卡耐基发现，人对自己的名字看得惊人的重要，所以他曾说："记住人们的名字，而且很轻易就能叫出来，等于给予别人一个很巧妙而又有效的赞美。"反过来，如果你把别人的名字忘掉或者记错，在交往中就会处于非常不利的地位。

二是谈论对方感兴趣的话题。谈话是否能够起到增进感情、密切关系的作用，就要看谈话过程是否令人愉快了。如果想掌控谈话过程，让谈话有令人满意的氛围，就要抛开自己潜在的"自我中心"意识。许多人会有意无意地将谈话作为表现自己的舞台，如果你想要取悦对方的话，就不要与他争着表现，而是要让对方成为舞台的主角。

（三）正确运用语言艺术和非语言艺术

人际交往中需要语言和非语言的综合运用，恰当的语言表达可以引起彼此心里的共鸣，语言表达要求我们不仅要吐字清晰、细语柔声、语言规范，而且要表达准确、恰到好处。

正确地运用非语言艺术，巧妙地表达自己的思想感情，也能起到"此时无声胜有声"的作用。非语言交往技能一般包括眼神、手势、面部表情、姿势、位置、距离等方面。

有关研究表明，在交往过程中，信息的全部表达100%=7%的言语+55%的非言语+38%的语音。由此可见，非言语在信息传递中的作用非同一般。

（四）正确处理人际冲突

在一般情况下，人们都回避人际冲突，并认为人际冲突对人际关系有消极作用。但实际上，人际冲突是不可以避免的。因此，重要的不是回避而是建设性地处理。以下是人际冲突的处理原则，希望对大家有所帮助。

双赢的态度：人际关系总是涉及双方甚至多方的利益，如果希望任何事情都以最有利于自己的方式得以解决，是不现实也不可能的。我们都需要抱着双赢的态度来换位思考。

接纳差异：很多时候并没有绝对的对和错，只是不同而已。试着开放自己的心，去接纳别人与我们的不同，也许就会欣赏到别样的风景与美丽。

尊重人际界限：无论人们的关系多么密切，情感多么融洽，两个人仍然是两个世界，彼此能够介入一部分，却永远不能完全重合。每个人都需要私人空间，也应该去尊重别人的独立空间。随意越过人际界限，既是对他人的不尊重，也是引发冲突的重要原因。

对事不对人：客观分析事情的原因，不要让某一方承担责任，否则会让事态升级，对解决问题无益。

调控情绪：发生冲突时，双方情绪比较激动，很容易说出中伤对方的话，造成无法挽回的局面。退一步海阔天空，合理的让步并不意味着忍气吞声，反而是良好情绪控制能力的表现。我们可以选择合适的时间、场合、方式，将情绪表达出来，以避免负面情绪的积累。

及时解决：很多人习惯逃避，积少成多，小问题会攒成大问题，到忍无可忍之时，往往情绪爆发，翻出陈年旧账，处理起来就是更难上加难。

寻求支持：当冲突对你而言难以解决，或者对你造成了很大的困扰，一定不要独自一个人承受。选择你信任的家人、老师、同学、朋友，向他们倾诉，也可以听取他们的看法和建议。

（五）培养自己的同理心

同理心并不是一个外来的词汇或者专属于心理学的词汇，我们常用的说法比如“将心比心”“人同此心、心同此理”等都说的是同理心，它可以初步理解为“换位思考”，不过仅仅是思考还不够，还需要“换位感受”“换位行动”。

具有同理心的人，能够知道对方想什么，要什么，并作出相应的行为，他肯定也是一个情商高的人，同时是一个让人喜欢、愿意与之相处的人。同理心有三层境界。

第一层境界：理解对方所表达的言语和行为。这是最简单的层次，是区分一个人有无同理心的基本点。小孩子在商场，告诉妈妈说：“妈妈，我想要玩具车……”这位妈妈“啪”地给了孩子一巴掌，“车车车，一天到晚就知道车，走，回家！”这是非常典型的同理心极度匮乏症，她听到了孩子的言语可能也看到了孩子充满渴望的眼神，孩子简单的言语或行为，瞬间就刺激了她的敏感神经（可能是某种愤怒、压抑或者急迫），哪里会去理解孩子呢？有同理心的妈妈可能会这样表达呢：“宝贝，我听到了你说想要玩具车，妈妈知道了。”简单重复对方的言语，即表明你关注到了、你理解了。

第二层境界：理解对方未表达的情绪、情感、动机和思维。除了言语，我们更多地可以关注对方的肢体语言和表情，这方面的理解能力也需要我们学习。比如，一个人笑着说“我和恋人分手了”，这里面表达的意思可能很复杂。同理心缺乏的人往往会回应：“你们怎么分手了呢？”或者“我就说早该分手了。”具备基本同理心的人一般会说：“为什么分手了你还表现得一脸轻松呢？”

第三层境界：给对方此时最需要的东西，同理心的最高境界不在于你说了什么，或者做了什么，而在于对方的需求得到了满足。这是一种默契，正如一首歌里唱的：“我还没说可惜，你已经在叹息。”一个痛哭的人，此时最需要的可能不是建议，也不要你理解他的情绪（因为如此明显），他需要的仅仅是安全的可以哭诉的环境、陪伴和纸巾。

（六）主动表示自己的交往意愿

绝大多数的大学生都具有强烈的交往需求，渴望获得友情和爱情，但又会感到孤独的煎熬，其中一个原因就是他们在社会交往中采取被动等待的消极方式。事实证明，那些主动交往、主动接纳他人、热情对待他人，表现得较为自信的大学生．也比较容易受人接纳，受人喜欢。大学生在交往中缺乏主动性的原因主要是，大学生的自尊心都比较强，注重自我形象，特别在乎他人的评价。在交往中，害怕自己的主动得不到别人的善意应答，遭到拒绝，使自己处于尴尬、窘迫的境地，伤害自尊；有的人觉得在人际交往中自己先打招呼就是低人一等。这些各种各样的错误观念阻碍了他们主动与人交往，失去了结识别人、发展友谊的机会。事实上，只要我们尝试就会发现，当我们主动向陌生人打招呼时，十有八九会成功的，尤其是在双方都需要人际支持的陌生情境。

心理学家发现，“热情”是最能打动人、对人最具吸引力的特质之一。一个充满热情的人很容易把自己的良性情绪传递给他人。因此，心理学家建议，主动地向他人问好、主动地征询别人意见、主动地发表自己的看法、主动地帮助他人、主动地伸出橄榄枝、主动地完善自己，这些都是人际交往中有效且必要的方法。当你付出热情和坦诚时，你就会走出冷漠和孤独。

（七）保持恰当的交往距离

保持恰当的交往距离对于建立良好的人际关系十分有益，美国体语学家爱德华·霍尔教授研究发现：人际关系不同、交往时人际空间距离也不同。一般来说，人际距离越近，人际关系越亲近。相反，人际距离越远，人际关系越疏远。他把人际距离分为4个区。

一是亲密区（0.5米以内），这是具有直接血缘关系、夫妻或恋人及密友间的交往距离范围。

二是个人区（0.5~1.2米），这是较熟悉的同事、同学或朋友间的交往距离范围。

三是社交区（1.2~3.7米），这是一种社交性的较正式的人际交往距离范围。

四是公共区（3.7米以外），是一切人都可以自由出入的交往空间范围。

我们要根据人际关系的亲密程度，把握好交往时的空间距离，这样才会使双方在比较舒服的氛围中进行交往。

延伸阅读4-5

如何增强你的安全感

安全感就是渴望稳定、安全的心理需求。属于个人内在的精神需求。安全感是对可能出现的对身体或心理的危险或风险的预感，以及个体在应对处事时的有力/无力感，主要表现为缺乏确定感和可控感。一个人的安全感可能会影响人际交往行为，如不敢跟别人交往。诸多心理学研究发现，父母在儿童形成安全感方面有重要影响，安全感与神经症的发病密切相关。那么，如何增强自己的安全感呢？

1. 正视自己，你不用对生活负全责

没有安全感的人总觉得必须要做点什么或必须要处在一种焦虑状态中，才能应对未知的变化。所以，这样的人首先要学会承认一个事实：人生本来就不安全，不因为你多一分担心就会少一些变数。你没有那么大的责任和能耐去改变世界的运行规律。不要神话你的“主观能动性”，你的焦虑应急状态不会因它而改变。

2. 正视失去，你本来就不拥有什么

缺乏安全感其实是种放大心理，把自己的负担放大，把后果的痛苦放大，所以没有安全感的人对“失去”看得格外沉重。赶快从牛角尖里出来吧，没有什么是固定属于谁的，财富、地位、权势和情感无一例外。唯一属于我们的是自己的感知和经验，或许可以说“人生唯一的安全感，来自于对人生不安全感的充分体验”。

3. 生活在别处，安稳在心中

我们的不安全感恰恰来自从小到大对安全的认知。长辈总告诫我们，什么样的工作安全，什么样的男性安全，什么样的处事方式安全，于是我们便朝着这些方向去寻觅，结果发现事与愿违。其实一开始我们就错了，错把目光放在了“外部”而不是“内部”，放在了现象而不是觉悟。安全感别人给不了，必须自备若干。

真正的安全感只可能来自一个地方，那就是你的内心。有安全感的人不一定占据着社会上最稳固的资源，但却一定占据了这样的天赋——“不在乎有的，不惦记没的，不害怕失去的，不追求强扭的。觉得什么都是自己的，万一什么都不是了也无所谓。对得到适可而止，对失去心无畏惧。”

（八）建立恰当的自我边界

与交往距离相关的还有一个主题：心理边界感。“心理边界”指的是人与人之间内心的自我界限。它不像皮肤构成的身体边界般轮廓分明，它是无形的，但能确保我们心理处在自我领域且保持舒适状态。

在日常生活中，我们总会遇到这样一些人，或者会很迫切地告诉他人自己的情况，抓住别人一直诉说自己的生活种种，这是边界感太弱的表现；还有一些人则非常孤冷，不太回应他人正常的交流，或几乎不参与众人的谈话，这是边界感太强的表现。在人际关系中，最常出现的是以下几种界限不清的表现。

1. 依赖与被依赖

在这种关系中，一些人会过多地在别人面前展露自己的内心，依赖别人，让别人为自己做决定，或者期待别人替自己负担或分担重负。同时这类人也会对别人的事过分地关心，想让别人依赖自己。

2. 抛弃与被抛弃

在与人相处中的表现是，害怕与人靠近，这样的人内心的信念是：我不够好，如果别人了解我过多，就会不喜欢我，然后离开我。于是，当与别人的关系有一丝靠近时，其实是他内心开始有和别人亲近的想法时，他就会很敏感地感受到，内心的提醒模式自动启动，就会远离或者干脆先抛弃别人。

3. 控制与被控制

这种关系的表现是，由于内心对自己不够相信，所以总需要从别人那里获得肯定和确信感。以确信自己是好的、可爱的，这种确信建立在别人身上，所以会让双方都有被控制感，失去自由，不是让别人感到在为他活着，就是自己也总觉得是为别人而活。

4. 混乱

当和一群人在一起时，就会体验到一种融合的感觉，失去自我独立性，以至于找不到自己的想法和感受，所以也就无法表达自己的想法和感受，在人群中显得无法融入。

5. 过于孤立自己

这种情况下，似乎表现为人际界限太清楚，不喜欢与人纠缠，因此习惯自己承担所有的一切，拒绝来自他人的情感和行动上的支持。这种人的能力受人肯定，却让人敬而远之，常常在人际关系中扮演着出力却不讨好的角色。

自我界限是让我们拥有更满意的人际关系的前提，越近的关系，对彼此的自我界限越是个挑战，界限不清，迟早会对关系造成伤害，用心维护关系的人，就会在这种关系中彼此调整，自我觉察，找到自己的位置。从而改善和修复关系，享受与人交往的乐趣。

第三节　克服人际交往中的不良心理

人际交往是一种非常复杂的动态过程。良好的人际关系就像春雨甘露一样滋润着大学生的心灵，使之健康快乐地成长。但是，许多同学常常会有严重的失败感。在现实生活中，大学生要努力克服以下不良心理，提高人际交往能力。

一、敏感、猜疑心理

猜疑心理是一种由主观推测而产生的不信任别人的复杂情感体验，是人际交往的一大心理障碍。在现实生活中，具有猜疑心理的人，总是以一种怀疑的眼光看人，对人怀有戒备之心，不肯讲真话，戴着一副假面具与人交往。喜欢捕风捉影，往往无中生有，搬弄是非，总把别人的善意当作恶意。总以为别人在议论自己、看不起自己，抱着“以邻为壑”的态度与人打交道，爱斤斤计较，很少能理解、体贴别人。这不仅会损害交往关系，而且还会造成交往冲突和人际伤害，也会影响个人的身心健康。《三国演义》中有这样一段描写：曹操刺杀董卓败露后，与陈宫一起逃至吕伯奢家。曹吕两家是世交。吕伯奢一见曹操到来，本想宰杀一头猪款待他。可是曹操因听到磨刀之声，又听说要“缚而杀之”，便大起疑心，以为要杀自己，于是不问青红皂白，拔剑误杀无辜。这是一出由猜疑心理导致的悲剧。喜欢猜疑的人特别留心外界和别人对自己的态度，对别人脱口而出的一句话很可能琢磨半天，努力发现其中的“潜台词”。这种人心有疑惑，不愿公开，也很少与人交心，整天闷闷不乐、郁郁寡欢。由于自我封闭，也就阻隔了外界信息的输入和人间真情的流露，便由怀疑别人发展到怀疑自己，怀疑自己的能力，失去信心，变得自卑、怯懦、消极、被动。

猜疑的人通常过于敏感。敏感并不一定是缺点，对事物敏感的人往往很有灵气，有创造力。但如果过于敏感，特别是与人交往时过于敏感，就需要想办法加以控制了。具体可采用以下几种方法。

（一）减弱注意程度，改变认知方式

猜疑大多与对人关注过度有关，过分地关注一个人，就会想得过多，凭想象下结论。因此，当发现自己开始怀疑别人时，可以暂时减少注意。现实生活中猜疑心理的产生和发展，大多是认知方式被封闭性思路主宰所致，从某一假想目标开始，最后又回到假想目标，就像画一个圆圈一样，越画越粗，越画越圆。因此，当发现自己开始怀疑别人时，不要朝着有利于猜疑的方向思考，而应当立即寻找产生怀疑的原因，问自己：为什么我要这样想？理由何在？如果怀疑是错误的，还有哪几种可能发生的情况？在做出决定前，多问几个为什么是有利于冷静思索的。现实生活中的许多猜疑，戳穿了是很可笑的；但在戳穿之前，由于猜疑者的头脑被封闭性思路所主宰，他就会觉得自己的猜疑顺理成章。此时，冷静思考显然是十分必要的。

（二）及时沟通，解除疑惑

任何人都有可能被误会，关键是要有消除误会的能力与方法。如果误会得不到尽快解除，就

会发展为猜疑。所以，加强与“怀疑”对象的沟通非常必要。同被疑者开诚布公地谈一谈，进行推心置腹的交心，若是误会，可以及时消除；若是看法不同，通过谈心，了解对方的想法，也很有好处；若真的证实了猜疑并非无端，那么，心平气和地讨论，也有可能使事情解决在冲突发生之前。

（三）培养自信心

猜疑大多是由缺乏自信心导致的。每个人都应当看到自己的长处，培养起自信心，相信自己会与周围人处理好人际关系，会给别人留下良好的印象。这样，当我们充满信心地工作和生活时，就不用担心自己的行为，也不会“小心眼”了。

（四）学会大智若愚

在一些生活细节上不必斤斤计较，不要在意别人的议论，可以糊涂些，这样就可以避免自找烦恼。

二、嫉妒心理

嫉妒心理，是指与他人比较，发现自己在才能、名誉、地位或境遇等方面不如别人而产生的一种由羞愧、愤怒、怨恨等组成的不良情绪状态，是一种既不能正确评价自己，又不能正确评价他人的不良心理。这种心理表现为对他人的长处和优势、荣誉和成绩十分不满，总怕别人超过自己，抱有憎恨情绪，讽刺、挖苦、挑拨、中伤，甚至在妒火中烧的情况下铤而走险，采取报复行为而毁灭自己的前程。

嫉妒产生的特点是：一是临近性。嫉妒常常在同学、同事、同乡、同伴中存在。培根说：“人可以允许一个陌生人的发迹，却不能原谅一个身边的人上升。”二是相似性。嫉妒的对象大多是与自己年龄、文化程度、职业、地位等相同或相似的人。

嫉妒的发展过程是：羡慕心理—憎恨心理—卑劣行为。除了轻微的嫉妒仅表现为内心的怨恨而不付诸行动外，绝大多数的嫉妒心理都伴随着发泄性行为，如言语上的冷嘲热讽、行为上的冷淡疏远和攻击性行为等。

羡慕他人的优势，能激发起一个人奋发图强的精神。轻微的嫉妒可以促进人的进步和发展，这是嫉妒的积极方面。然而，当嫉妒情绪超过一定限度，它就成为人际交往中的一颗毒瘤。要消除嫉妒心理，通常需要掌握一定的方法。

（一）树立正确的人生观和远大理想

嫉妒心理产生的根源是个人主义思想在作祟。个人主义思想严重的人，对利益斤斤计较；容不得他人超越自己；心胸狭隘，心境阴暗，很多思想都是见不得人的。一个埋头于自己的事业追求的人是无暇顾及与己无关的人和事的。俗语说“无事生非”，一个人没有理想，胸无大志，无所事事，就会经常挑别人的刺，寻别人的短，自己不进取，却去阻碍他人前进，唯愿众人都平庸度过。因此，有嫉妒心理的人要加强道德修养，克服个人主义思想，“心底无私天地宽”，树立远大理想，是根除嫉妒的重要方法。

（二）将消极的嫉妒心理转化为积极的进步动力

将压力变动力，“别人比我强，我要虚心向别人学习，努力赶超他”。将嫉妒对象的强项作为自己的努力目标，制订出切实可行的赶超计划，然后通过自身的努力，去一步步缩小差距。而对于那些自己无法改变的情况（如身高、容貌等），则要勇敢地正视它，接受它。尽量不去与别人比较，不要自寻烦恼去嫉妒别人。

（三）加强情感沟通

嫉妒的产生往往是因为相互缺乏了解和感情沟通。因此，双方相互主动接近，加强沟通、合作，互帮互助，增进感情，将心比心，多作换位思考，设身处地为别人着想，就会逐渐消除嫉妒。为同学、同事在学习或工作上的进步而高兴，为别人取得的成绩而高兴，这种宽大的胸怀会使友谊历久弥坚。

三、孤独心理

孤独是心理情感得不到理解、同情、关爱、支持的心理状态，是与别人缺乏心灵上的沟通，缺少友谊、爱情和亲情滋养的结果。

大学阶段的孤独心理，基本上都是暂时性的。出生以来十几年第一次真正离开父母，离开中学的尊师好友，来到一个陌生的城市，没有新朋友倾诉心事，便会感到孤独无援，非常需要新的友谊来补偿。从小父母的溺爱养成的自我中心，使有些人很少考虑别人，没有主动帮助别人取得快乐的心理体验，很难与人平等相处，于是感觉知音难觅。虽然每天接触许多人，置身于群体之中，但由于缺乏心灵上的沟通，无法倾诉自己的苦闷，因此更容易将自己封闭起来，进一步加深了孤独的感觉。

那么，怎样才能摆脱孤独心理呢？

（一）正确地评价自我，通过改变自我，使别人愿意接近自己

人的自我评价与孤独状态是互为因果关系的，自我评价低的人不太敢进行正常的社交活动，他们害怕遭到拒绝，从而陷入了孤独，而孤独反过来又导致了更低的自我评价。孤独者应对自己进行一番冷静、客观、合理的估计，特别要留意寻找自身的一些长处，以增强自信。与人交往如果不知道说什么才好，或担心别人会不理你，也没关系，先从每天早上见面做起。如果每天都能以亲切的微笑来面对你的同学，并不计较别人是否主动，是否也对你点头，那么坚持几天，一定会有惊喜的。日本心理学家箱崎总一说："对别人亲切正是免除自己孤独的第一步。"学会如何与对方谈话后，孤独感就会大为减少。

（二）积极主动去接近别人

摆脱孤独的最好方法就是主动关心和帮助别人。当你看到周围的人有为难之事，如果能主动伸出手去帮一把，很可能就为自己赢得了一位朋友，从而也帮助自己摆脱了孤独。在看到别人长处的同时，更重要的是要总结自己的优点，特别是要发扬光大自己的长处，使自己感到与别人一样的优秀，并要以这种心态去努力和别人交往。长此以往，就会消除自卑造成的孤独感。

（三）注意培养自己生活的乐趣或参加一些公益活动，引发新的追求

经常抽出一点时间主动接触别人，会逐渐改变自己封闭的生活方式。平时有意识地参加一些群体活动，就会发现许多有趣的事和人，在不知不觉中融入新的群体。

（四）适当变换环境，摒弃离群索居导致的独处，避免滋生惰性

到新的环境，接受具有挑战性的工作能激发人的潜能与活力。要善于随环境的变化而变换自己的心境，使自己始终保持健康向上的心理。

四、恐惧心理

恐惧心理是指社会交往中带有恐惧色彩的情绪体验，严重者会表现为社交恐惧症。有社会交往恐惧心理的人与他人交往时内心会感到紧张、害羞、拘谨、尴尬、害怕，常常表现为面红耳赤、语

无伦次、冒冷汗、身体发抖等。

一般情况下，很多大学生在与陌生人交往时，多少都会存在一些害怕、担心，甚至恐惧心理，但这并不影响他们与别人的正常交往。社会交往恐惧心理过于强烈则会妨碍与他人的交往，影响人际关系的建立和个性的健康发展。交往中的紧张会使个体的才能无法在交往中得到发挥，容易产生沮丧、抑郁等不良情绪，出现软弱、回避交往等表现。严重的社会交往恐惧心理会发展成社交恐惧症。

交往恐惧心理的产生有不同的原因。有的是气质性的，如抑郁型气质者，生性胆小孤僻，害怕与人交往；有的是由于在交往中受挫，严重受伤，因而一碰到类似的社会交往情况就恐惧，这是挫折性恐惧心理；有的是保护性恐惧心理，是害怕别人发现自己的缺陷，因而回避交往，特别是害怕与比自己优秀的人交往，特别在乎别人的评价，这类人往往比较自卑；还有的是异性恐惧，在与异性交往时浑身不自在，在异性面前紧张、手足无措，不敢与异性接触，甚至有的还惧怕目光接触。

恐惧心理的调适可从以下几方面入手。

（一）分析恐惧心理产生的原因

有时你会发现那些让你恐惧的东西并不具有威胁性的力量，例如，害怕别人嘲笑、担心失礼等，其实这些并没有想象中的那么可怕，而且是每个人在交往初期都会遇到的问题。

（二）正确认识自己，增强自信心

对大学生来说，应当明白：在这个世界上除了得道的神仙，没有人是十全十美的。因此，我们没必要要求自己事事得体、处处大方，让所有人满意。在交往中出现失误、遭到别人的拒绝，甚至嘲笑、讥讽等都是不可避免的。

（三）改善个性中的不良品质

尽管我们无需苛求自己，无需对自己求全责备，但对不利于交往的个性品质还是要加以改进。特别是抑郁气质的人，生性胆小敏感，害怕遭受嘲笑，交往时紧张，而这种表现又使反馈回来的信息加剧了自己的恐惧。针对这些情况可以做些适应性训练，如在交往前先想象自己在交往中该说什么？该如何做？别人会出现哪些反应？该如何应对他人的反应？也可以做些放松训练，如通过肌肉放松达到情绪的放松等。

（四）积极自我暗示

在交往过程当中，如果出现恐惧情绪，可以对自己进行积极的自我暗示。例如，“我不过是这么多同学当中普普通通的一员，谁也不会对我特别注意”；或者告诉自己“天生我才必有用”。用这种自我暗示，不断提醒自己，逐步摆脱过于关注他人评价的思维方式。

（五）积极参加社会交往

有恐惧心理的大学生往往回避与他人交往。其实，越是回避，恐惧心理就会越发严重。只有勇于积极地与他人交往，才能愈加熟练地掌握交往技能，获得处理交往中棘手问题的经验，增强自己的社会适应能力。一旦自己有了娴熟的交往技巧，心里有了底，自然就不会再惧怕交往了。

心理训练

一、团体活动“我说你画”

训练目的：认识到沟通的重要性

训练时间：10分钟

训练准备：粉笔、提前定好的图片

训练步骤：

1. 请6位同学到讲台前，分3组，2人一组，分别编号A和B，每组的A面向黑板，不能回头看。给B出示该组图片，由B向A描述图片内容，A根据B的描述在黑板上画出该图片。

2. 游戏规则：A不许出声，也不能回头，只能听B传达信息。B在传达信息的过程中不能打手势、做动作，只能用语言描述。下面的同学保持安静。比一比哪组同学画得快、画得最贴近原画片。

3. 感受与总结：人与人之间的交往是一个双向的过程，有时候你所表达的并不一定是别人理解的，你听到的未必是别人所表达的。那么，怎么做才能做到相互理解呢？

二、角色扮演：倾听

训练目的：觉察自己在人际交往中的倾听和沟通方式

训练时间：10分钟

训练准备：空旷的场地

训练步骤：

1. 在全班找一个喜欢足球的人和不喜欢足球的人（也可以是其他主题，只要观点相反即可）。

2. 请喜欢足球的人向不喜欢足球的人讲述足球的好处，说什么都可以；其他的同学不要出声，在下面仔细观察。

3. 现场提问观众：你们看到了什么？听到了什么？询问台上两个人的感受。

4. 思考：在刚才的交谈中，有哪些让我们感到不舒服，哪些感到舒服？我们平时又是怎样做的呢？

心理测试

你的人际关系如何?

这是一份人际关系行为困扰的诊断量表，每个问题做“是”（打 √）或“非”（打 ×）两种回答。请你根据自己的实际情况如实回答，答案没有对错。

1. 关于自己的烦恼有口难言。（　　）

2. 和生人见面感觉不自然。（　　）

3. 过分地羡慕和妒忌别人。（　　）

4. 与异性交往太少。（　　）

5. 对连续不断的会谈感到困难。（　　）

6. 在社交场合，感到紧张。（　　）

7. 时常伤害到别人。（　　）

8. 与异性来往感觉不自然。（　　）

9. 即便与一大群朋友在一起，也经常感到孤寂或失落。（　　）

10. 极易受窘。（　　）

11. 不能专注地倾听。（　　）

12. 自己的烦恼无人可倾诉。（　　）

13. 别人总是排斥和与冷落我。（　　）

14. 被异性瞧不起。（　　）

15. 不能广泛地听取各种意见和看法。（　　）

16. 自己常因受伤害而暗自伤心。（　　）

17. 常被别人谈论、愚弄。（　　）

18. 与异性交往不知如何更好相处。（　　）

19. 讨厌某人或被某人所讨厌。（　　）

20. 瞧不起异性。（　　）

21. 不能专注地倾听。（　　）

22. 自己的烦恼无人可申诉。（　　）

23. 受别人排斥与冷漠对待。（　　）

24. 被异性瞧不起。（　　）

25. 不能广泛地听取各种意见、看法。（　　）

26. 自己常因受伤害而暗自伤心。（　　）

27. 常被别人谈论、愚弄。（　　）

28. 与异性交往时不知如何更好地相处。（　　）

计分方法：打“√”的给1分，打“×”的给0分。

如果你的总分为0～8分，表明你在与朋友相处上的困扰较少。你善于交流，性格比较开朗、主动，会关心别人，你对周围的朋友都比较好，愿意和他们在一起，他们也都喜欢你，你们相处得不错。而且，你能够从与朋友的相处中得到乐趣。你的生活是比较充实而且丰富多彩的，你与异性朋友也相处得比较好。一句话，你不存在或较少存在交友方面的困扰，你善于与朋友相处，人缘很好，能获得许多的好感与赞同。

如果你的总分为9～14分，表明你与朋友相处存在一定程度的困扰。你的人缘很一般，换句话说，你和朋友的关系并不牢固，时好时坏，经常处在一种起伏波动之中。

如果你的总分为15～18分，表明你在同朋友相处上的行为困扰较严重，分数超过20分，则表明你的人际关系困扰程度很严重，而且在心理上已出现较为明显的障碍。你可能不善于交流，也可能是一个性格孤僻的人，不开朗，或者有明显的自高自大、讨人嫌的行为。

思考题

1. 大学生人际交往的意义是什么？
2. 大学生人际交往的不良心理有哪些？如何克服？
3. 试分析你的人际交往模式。
4. 结合自己的实际，谈谈应如何提高人际交往的技巧？

第5章 管理情绪与压力

话题导入

学会调适自己的情绪

从前，有一个男孩经常乱发脾气。有一天，父亲给了他一袋钉子，说："你想发脾气的时候，就在木板上钉一颗钉子。"第一天，男孩钉了40颗。慢慢地，不再乱发脾气，钉下的钉子也少了，他发现控制脾气比钉钉子容易。父亲又说："当你能控制脾气时就拔出一颗钉子。"最后男孩终于把所有的钉子都拔出来了。父亲说："你做的很好，但看看那些坑、洞，这些围篱将永远不能恢复到从前的样子，生气时说的话就像这些钉子一样，会留下难以弥补的伤疤。"男孩终于懂得了父亲的良苦用心，懂得管理情绪的重要性了。

情绪和情感就像空气一样时刻围绕着我们。正因为有了喜怒哀乐等不同的情绪和情感，我们的生活才变得五彩斑斓。情绪和情感与我们的生活、学习、人际交往等密切相关。积极的情绪和情感有助于工作和学习，有助于发挥人的主观能动性，提高人的活动效率，并且有益于人的健康。消极的情绪情感则使人意志消沉、降低活动效率，妨碍人的工作和学习，并且有害于人的健康。处在青年期的大学生，心理上正经历着急剧的变化，尤其反映在情绪和情感方面，表现为情绪的冲动性与爆发性，情感体验深刻、丰富等，容易陷入情绪困扰。那么作为新时代的大学生应该如何认识情绪呢？如何应对不良的情绪反应呢？如何应对压力呢？本章的学习将会给你提供一定的帮助。

第一节　情绪是什么

一、情绪的定义

情绪是指人对客观事物是否符合自己的需要而产生的态度体验。它包括以下三方面内容。

一是情绪的主观感受，即情绪反映了个体的需要是否获得满足及满足的情况如何。如果客观事物符合个体需要，就会产生积极的情绪体验；如果没有满足就会产生消极的情绪体验。

二是情绪的外在行为表现，指个体在产生某种情绪体验时，一般会伴随着身体各个部位动作、姿势的变化，即身体语言。身体语言主要包括面部表情、身段表情和言语表情。我们快乐时便会有笑的表情，甚至手舞足蹈；悲伤时痛哭流涕；我们害怕时便会睁大眼睛和嘴巴，身体也会做出或逃跑或僵住的动作。

三是情绪的生理基础，指与情绪有着密切关系的人体许多内部器官的活动。当我们产生某种情绪体验的时候，我们的身体也会发生一系列变化，任何情绪都会伴随一定程度的生理唤醒。如满意或愉快时，心跳正常，通常会使胃液、唾液的分泌增加，胃肠蠕动加强；暴怒时，心跳加快，血压升高，血糖增加。

可见，情绪不是一种单一的心理活动，它涉及人的内部态度体验、外部行为表现和机体的生理活动等多种身心过程。

主观体验、生理唤醒和外显行为是情绪的三个要素，只有三者同时活动、同时存在，才能构成一个完整的情绪体验。例如，一个人佯装高兴时，他只有外显行为，却没有内在的主观体验和生理唤醒，因而也就无法产生真正的高兴情绪。

二、情绪的类型

（一）人类的基本情绪

人类的情绪是复杂多样的，对它的分类也众说纷纭。我国古代有喜、怒、忧、思、悲、恐、惊的七情说。虽然类别很多，但一般认为有4种基本情绪，即快乐、愤怒、悲哀和恐惧。

快乐是一种目标达到和需要得到满足时产生的情绪体验。由于目标得以实现，需要得到满足，心里的紧张感得以解除，快乐随之而生。快乐是人类的基本情绪之一，是一种积极的感受。快乐的程度取决于事情的重要程度和目的达到的意外程度，如果追求的目的非常重要，并且目的的达到带有突然性，则会引起极大程度的欢乐，否则只能引起微小的满意。人们一般把快乐程度分为：满意、愉快、异常的欢乐、狂喜。

愤怒是指愿望无法实现或所追求的目标一再受到阻碍而产生的情绪体验。愤怒也有程度上的区别，一般的愿望无法实现时，只会感到不愉快或者生气，但当遇到不合理的阻碍或者有破坏因素时，愤怒则会急剧爆发。一般按愤怒的程度不同它可以分为：轻微的不满、生气、愠怒、大怒、暴怒等。

悲哀是失去所追求的事物或理想破灭时，而产生的情绪体验。悲哀的强度取决于失去的事物对个体的重要性和价值。失去的东西价值越大，引起的悲哀也越强烈。一般按悲哀的程度它可以分为：遗憾、失望、难过、悲伤、悲痛。

恐惧是企图回避某种危险情景而又无力应付时所产生的情绪体验。恐惧的产生不仅仅是因为存在危险情境，而且还与个体处理或摆脱可怕的情景的力量和能力有关。恐惧具有很强的感染力，一个人在恐惧时，往往会引起周围人的不安和恐惧。

（二）基础情绪和社会情绪

从情绪形成与发展的角度，可将情绪分为基础情绪和社会情绪。基础情绪是指与人的生理需要相联系的内心体验，如人的恐惧、焦虑、满足、悲哀等。社会情绪也称情感，是指与人的社会性需要相联系的情绪反应，表现为一种较为复杂而又稳定的态度体验。例如，一个人的善恶感、责任感、羞耻感、内疚感、荣誉感、美感、幸福感等，是后天随着人的成长而逐步发展和形成的。社会情绪是在基础情绪上形成和发展起来的，同时又通过基础情绪表现出来。大学阶段是建立和形成一个人的社会情绪的关键期。

（三）心境、激情和应激

根据情绪发生的强度、速度、持续时间的长短，情绪状态可以划分为心境、激情、应激等。

1. 心境

心境是一种比较持久的、微弱的、影响人的整个精神活动的情绪状态，也就是平常所说的心情，如心情舒畅、烦闷等。

心境持续时间较长，少则几天、几月，长则几年。影响心境持续时间的因素主要是事件的重要性和个性特征。事件对个体越重大，引起的心境反应就越持久。性格外向的人，不良心境持续时间短，性格内向的人，对同一事件所产生的心境持续时间长，往往会表现得耿耿于怀、郁郁寡欢。同时，心境具有非定向的弥散性。当一个人处于某种心境中时，他往往以同样的情绪状态看待一切事物，使自己的整个生活都渲染上某种情绪色彩，影响自己的全部行为表现。古语说：“忧者见之则忧，喜者见之则喜。”指的就是人处于不同的心境状态时，对同一事物会有不同的情感体验。如某人今天有喜事，他就会感到“鸟儿都在为其歌唱”，反之，若今天心情不佳，办公室同事的一些正常言行也会让其觉得在针对他。这就是心境的作用。

2. 激情

激情是一种强烈的、短暂的、爆发式的情绪状态。如激愤、暴怒、狂喜、剧烈的悲痛、绝望等都是激情的表现。引起激情的原因很多。一个人生活中具有重大意义的事件、对立意向的冲突或过度的抑制都很容易引起激情。

激情状态下，人往往会出现“意识狭窄”现象，即认识活动的范围缩小，理智分析能力受到抑制，自我控制能力减弱，进而行为失去控制，甚至做出一些鲁莽的行为或动作。于是，有人认为“激情时完全失去理智，自己无法控制”是正常的。其实，这种想法是非常有害的。人能够意识到自己的激情状态也就能够有意识地调节和控制它。屠格涅夫曾劝那些刚愎自用、好争吵的人，在将要争吵时，先把“舌头在嘴里转十圈”；林则徐在自己的房间里挂的“制怒”的条幅就是自己的座右铭。这些提醒和暗示都可以起到缓和激情爆发的效果。

3. 应激

应激是在出乎意料的紧迫情况下所引起的急速而高度紧张的情绪状态。例如，汽车司机在驾驶过程中突然出现危险情境；意外的火警、水灾、地震；亲人的猝然死亡等，在这些情况下人们所产生的情绪状态就是应激状态。

在应激状态中，人有两种反应。一是积极的反应，即“狮子式应激”。虽身心紧张，但精力旺盛、思维敏捷，能更好地利用过去的知识经验，急中生智，摆脱困境，化险为夷。二是消极的反应，即“兔子式应激”。思维混乱，分析判断能力减弱，感知和记忆发生错误，注意的分配与转移困难，导致个体行为紊乱，不能做出符合目的的行为。

三、情绪与身心健康的关系

不良的情绪是造成各种疾病的原因之一。我国古代医书《内经》中就有“怒伤肝，喜伤心，思伤脾，忧伤肺，恐伤肾”的记载。有许多心因性疾病与人的情绪失调有关，如溃疡、偏头痛、高血压、哮喘、月经失调等。有些人患癌症也与长期心情压抑有关。一项长达30年的关于情绪与健康关系的追踪研究表明，年轻时性情压抑、焦虑和愤怒的人患结核病、心脏病和癌症的比例是性情沉稳的人的4倍。

扫一扫

情绪的功能

那么，情绪和罹患癌症是如何产生关联的呢？研究发现，人体的抗癌卫士——经过胸腺处理后的T淋巴细胞是专司吞噬打击与监视癌细胞之职，而作为人体免疫系统“司令部”的胸腺受人体内各种酶、激素等因素的调节，而酶、激素的新陈代谢又受到神经系统的制约和精神情绪的影响，如情绪不稳定出现激愤或抑郁，势必会使全身新陈代谢水平降低，免疫系统也会出现不同程度的功能下降，一旦遭到癌细胞的侵袭，就会无力抵御。另外，长期的心理刺激会通过内分泌的改变及免疫功能的抑制而导致各种癌症的发生。处于悲愤状态下的人，其血液中肾上腺素浓度较高，精神紧张者，血液中的皮质类固醇明显增多，这些改变都会影响免疫系统识别及消灭癌细胞的监视作用。

延伸阅读5-1

心理学实验——情绪是怎样影响健康的?

将老鼠分为A、B两组关在笼子里，以轻微的电击让老鼠产生痛苦，但它们却又无法回避电击。A组老鼠在电击来临前10秒会先听到警示音，提示它们痛苦就要来临了；B组的老鼠也可以听到同样的声音，但这些声音和电击的来临无关，电击会突如其来，没有任何信号。实验结束后，对老鼠进行解剖，两组老鼠都因压力而产生胃溃疡，但事先得到警示的A组老鼠，其溃疡面积较小，而没有得到警示的B组老鼠，其溃疡的严重程度约为A组的6倍。这个实验告诉我们，紧张痛苦的情绪状态使老鼠患上了胃溃疡，但可以预期电击的A组老鼠没有全天候处于紧张的情绪状态，所以身体受到的冲击也就小了很多。

四、大学生常见的情绪困扰与调适

（一）焦虑

焦虑是一种紧张、害怕、担忧、焦急混合交织的情绪体验，当人们在面临威胁或预料到某种不良后果时，便会产生这种体验。焦虑是人处于应激状态时的正常反应，适度的焦虑可以唤起人的警觉、激发人的斗志，使人集中注意力，是有利的。例如，考试对大学生而言，是一种紧张刺激，因而产生焦虑反应是正常的。教育心理学的研究表明：中等程度的焦虑最有利于考生水平和能力的发挥，而过高的焦虑或无焦虑则不利于考生能力的正常发挥。所以说，只有不适当的高焦虑才会影响大学生的学习和生活，对其身心健康造成不利影响。

被焦虑感困扰的大学生内心会感到紧张、着急、惶恐害怕、心烦意乱，注意力难以集中，思维迟钝、记忆力减弱，同时常常伴有头痛、心律不齐、失眠、食欲不振及胃肠不适等身体反应。

研究表明，具有谨小慎微、优柔寡断、依赖性强、过高估计困难、常自怨自责等个性特征的大学生更易产生焦虑感。

（二）愤怒

愤怒是由于客观事物与主观愿望相违背，或愿望一再受阻、无法实现时个体产生的激烈的情绪反应，程度可以从不满、生气、愠怒、激愤到暴怒，特别是当人们认为他所遭受的挫折是不公正、不合理的，或是被恶意造成时，最易产生愤怒情绪。愤怒对人的身心有极为不利的影响，会导致心律失常、心悸、失眠、高血压、胃溃疡等躯体疾病的产生，愤怒还会使人的自制力减弱或丧失，不能正确评价自己行为的意义和后果，做出不理智的冲动行为，如打架斗殴、毁损物品等。

大学生正处在身心急剧发展、情感丰富强烈、情绪波动起伏大的青年期，他们精力充沛、血气方刚，与其他同龄人相比较，显得更为自尊、敏感和好强、好胜，因而容易受外界刺激而产生愤怒情绪，或出口伤人，或挥拳相向，等怒气发作过后，看着造成的恶果，又懊悔不已。有些大学生容易动怒是因为存在一些错误的认识，如认为发怒可以威慑别人，使人尊重自己；发怒是男子汉气概的体现；发怒可以维护自己的利益或尊严，等等。此外，不良的家庭环境和教育、个性修养方面的缺陷及先天气质类型也是一些大学生激动易怒的重要原因。如胆汁质的大学生就更具有冲动、易怒的情绪特征；自我评价偏高、鲁莽、冲动、强壮的大学生也容易发怒。

（三）压抑

压抑是当情绪和情感被过分克制约束，不能适度表达和宣泄时所产生的内心体验，它混合着不满、苦闷、烦恼、空虚、困惑、寂寞等诸种情绪。有的时候，人们知道自己在压抑什么，但更多的人常常感到一种压抑感，却不知压抑来自何方，更不知该如何消除压抑。

处在压抑、苦闷状态中的大学生常常精神萎靡不振，缺少青年人应有的朝气和活力，对生活失去广泛兴趣，不愿主动与人交往，感觉迟钝、容易疲劳，不满和牢骚多。长期严重的压抑会诱发高血压、冠心病、消化道溃疡等疾病，极易导致心理障碍。

青年大学生思想活跃、兴趣广泛、精力充沛，无不渴望体验丰富多彩的大学生活，但现实中的生活内容却是繁重的课程、激烈的竞争、沉重的考试压力和单调枯燥的业余生活，大学生丰富的文化生活需要得不到满足，感到乏味、压抑。大学生在自身心理、生理和社会性发展中的矛盾性特点，也是他们易产生苦闷、压抑情绪的重要原因。此外，大学生受不良社会风气和现象的冲击而产生的困惑、迷惘，以及个性上的缺陷，如固执、刻板、退缩、过分敏感等，都易使其产生情绪困扰，若不及时调适、宣泄，长期累积便会产生压抑。

（四）抑郁

抑郁是一种持续时间较长的低落消沉的情绪体验。处于抑郁状态中的大学生，看到的一切仿佛都笼罩着一层暗淡的灰色，对什么事都提不起兴趣，常常感到精力不足、注意力难以集中、思维迟钝，同时伴有痛苦、羞愧、自怨自责、悲伤忧郁的情绪体验，自我评价偏低，对前途悲观失望。

长期处在抑郁情绪状态，会使大学生的学习、工作和生活受到极大影响。情绪抑郁消沉的大学生往往对学习、交往和活动失去热情和动力，体验不到生活的乐趣. 学习效率大大降低，由于自我评价偏低，常常自怨、自责，认为自己无能无用，愧对父母师友，对生活失去信心，甚至产生自杀的念头和行为。持久的严重抑郁情绪还可能导致抑郁性神经症、肿瘤、胃溃疡、结肠炎等多种心身疾病的发生。

由于大学生心理和社会性发展尚未完全成熟，因而在遇到挫折时，往往会对不该发生偏又落到自己头上的事难以接受，在对社会、他人和自我进行评价时，容易片面化、极端化，如把生活看成非黑即白、非好即坏，且多看其消极、阴暗面，因而极易陷入悲观沮丧、情绪低落的抑郁状态中。遭受重大不幸事件和灾难，如亲人亡故、罹患重病、家境贫困、负担过重，以及长期努力却得不到相应回报，也是导致抑郁情绪产生的原因。此外，性格内向、敏感多疑、依赖性强、易悲观的大学生较其他同学更易陷入抑郁情绪。

（五）冷漠

冷漠是一种对外界刺激漠不关心、冷淡、退让的消极情绪体验。处在青年期的大学生正是感情丰富、兴趣广泛、情感体验深刻强烈的时期，但有些大学生却对学习应付了事、缺乏兴趣，对成绩高低也不甚在意，对集体和同学态度冷淡，大多独来独往，十分孤僻，整天昏昏欲睡，对一切都仿佛无动于衷。

冷漠状态对大学生的身心危害极大，它往往是个体压抑内心愤懑情绪的一种表现。这类大学生表面冷漠，内心却倍受痛苦、孤独、寂寞和不满、愤恨的煎熬，有强烈的压抑感，由于没有宣泄途径，巨大的心理能量无法释放，心理平衡便会遭到破坏，甚至使人罹患各种疾病和心理障碍。

冷漠是个体受到挫折后的一种消极的情绪反应，它通常在个体不堪承受挫折压力，攻击行为无效或无法实施，又看不到改变境遇的可能的境况下产生；长期反复遭受同一挫折却又无力改变，即长期的努力得不到相应回报时，个体也会用退让、逃避、冷淡的方式进行自我保护，产生冷漠反应。家庭环境也是影响大学生情绪与情感发展的重要因素，如从小缺乏父母的关心爱护、与家人关系冷淡疏远、家庭矛盾尖锐、气氛紧张等因素也易阻碍大学生情绪与情感的良好发展，使其产生冷漠情绪。另外，性格内向、固执，心胸狭隘，思维方式片面的大学生更易在挫折打击下产生冷漠反应。

延伸阅读5-2

关于情绪的几个误解

（一）负面情绪是不好的

小丽的奶奶去世了，她在宿舍里哭了好几天。她的同学很担心她，希望她坚强一些。“不要哭，不要难过”，这是最常听到的安抚情绪的话，这句话表明了很多人对待情绪的看法，人们认为哭是不好的，所以“不要哭，不要难过，要坚强”。这种观点已经深深地扎根在很多人的心里，人们不希望有负面情绪，都希望自己能够拥有阳光向上的心态。

事实上，情绪是人与生俱来的心理过程，是大自然赋予我们的感知能力，情绪具有很多重要的功能，如满足基本需要、沟通交流等。每一种情绪都具有合理性，都是人类心灵的重要功能。当人们遇到对自己有重大影响的事件时，出现难过、伤心、愤怒等情绪都是正常的。恰当的态度是接纳自己的情绪，真实地面对情绪。

（二）要压制情绪

为了不让情绪影响人际关系，影响自己的形象，很多人都努力压制情绪，不让情绪表现出来。这样的做法也许可以不让自己情绪失控，但是却对自己的身心健康不利。研究发现，很多身心疾病都是由不良情绪引起的。长期压抑自己的情绪，不仅容易出现偏头痛、胃溃疡、癌症等疾病，而且可能导致各种精神疾病的发生。最好的做法是选择合理的方式表达情绪、疏导情绪，让情绪有一个合适的出口，尽量降低消极情绪对自己的不良影响。

（三）情绪不重要

小强对学习很重视，他抓紧一切机会学习，绝不让任何一点儿时间溜走。虽然他感到很压抑、很紧张，几乎学不进去了，但是他依然坚持去自习室，只有坐在自习室里才能让他感到踏实，感到没有浪费时间。

有些人非常忽视情绪，他们认为人根本不应该有什么情绪，情绪也是不重要的。他们可能过度强调主观意志，对情绪采取不管不顾的态度。从短时间来看，也许可以迫使人们将注意力放到某件事情上，但实际上，过多的不良情绪已经让人们无法专心工作，工作效率也非常低。这时候，应该暂时放下手边的事情，让自己放松下来。只有当心情变得舒畅起来，做事效率才能得到恢复。

（四）要隐藏情绪

当心中的情绪不被社会接纳、不被社会鼓励的时候，人们必然学会隐藏情绪。很多时候，这些情绪被压抑到潜意识当中，有时候人们甚至很难感受到情绪的存在。这种做法不仅会诱发人的身体疾病和精神疾病，而且会影响个体的快乐和幸福感。所以，合理的做法是认真地感知情绪，识别情绪，并选择恰当的方式去表达情绪。

第二节　压力是什么

一、压力的定义

压力（Stress）是指人们在社会适应过程中，对各种刺激做出生理和行为反应时所产生的一种紧张的心理体验和感受。

（一）压力是一种心理感受和体验

我们这里所说的压力不同于力学范畴中的压力。力学中的压力是实实在在的直接作用，可以测量，并且也容易控制和消除。而心理压力则是一种心理感受，也存在个体差异。压力是心理失衡的结果，来源于内心冲突。心理作为现实的反应，必定会将我们日常生活中遇到的各种各样的矛盾，如理想与现实、自我与社会冲突等，纳入我们的内心世界，从而引发焦虑、苦恼等情绪体验和感受。

（二）压力是压力源作用的结果

压力虽然是一种体验，但离不开客观刺激——压力源。诸如生活费超支、即将到来的期末考试、毕业后的就业问题等，都能成为大学生产生压力的原因。

（三）压力反应与主观评价

压力并不直接导致我们的感受和体验，而我们对压力的认识反应或主观评价，却决定了我们的感受和体验。

二、压力的类型及影响

在很多人眼里，压力似乎是一个可怕的形象，许多心理问题都起源于压力。但是我们应该清楚地认识到，压力具有双重性。

（一）压力的积极作用

适度的压力对提高学习和工作效率，维护身心健康具有积极作用。

一般单一性社会压力有益于健康，它使人生活得充实，人生变得有意义，这类压力称为良性压力。俗话说，人无远虑必有近忧。事实上，完全没有压力的生活是不可想象的，也是不真实的。

心理学的研究表明，早年的心理压力是促进儿童成长和发展的必要条件。经受过生活压力的青少年在以后的生活和工作中更容易适应环境，更容易取得成功；反之，早年生活条件太好，没经历过挫折和压力，则犹如温室里成长的花朵，是经不起生活的风吹雨打的。

适度的压力和挫折能最大限度地激发个体内在的动力，增强个人的聪明才智，激发进取精神，发挥出最佳的状态。如图5-1所示，在适宜的压力水平范围内，人们变得热情、敏锐、充满干劲，绩效水平最高，压力水平过低或者过高时绩效水平表现都不好。

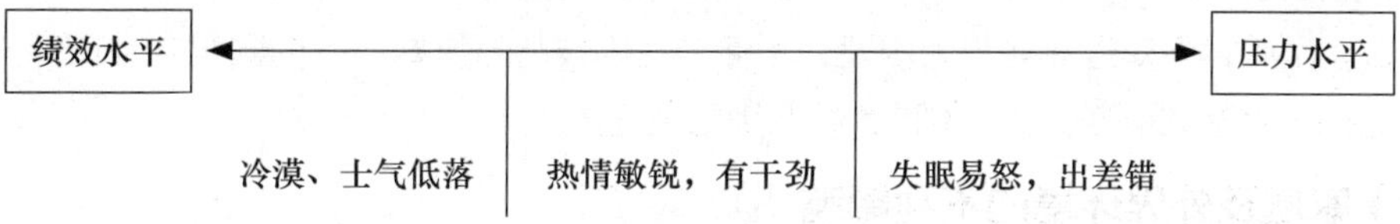

图5-1　压力水平和绩效水平的关系

（二）压力的消极影响

压力过大或压力不足对学习和工作效率都有负面作用，会严重影响人的身心健康。继时性压力和破坏性压力，是人类健康的杀手。

继时性压力使人处于慢性心理应急状态，时间一久便容易诱发一系列的身心症状。病人会产生呼吸困难、易疲劳、心悸和胸痛等生理症状。此外，还有紧张性头痛、焦虑、抑郁、强迫行为等心理症状，称为慢性应激障碍。

破坏性压力，比如地震、战争等，则容易使人患上创伤后压力失调，或称创伤后应激障碍，产生感知、情绪、行为等方面的系列问题，称为急性应激障碍。比如，女性被强暴后会变得目光呆滞、心因性记忆丧失、回避社会活动、失去安全感，等等。强大自然灾害的心理反应，则比创伤后压力失调更为严重，会产生灾难症候群。

三、大学生常见的压力来源

（一）学习与生活的压力

大部分大学生都曾感到过学习的压力，但如果不能及时释放压力，精神就会长期处于高度紧张的状态，极可能导致强迫、焦虑甚至是精神分裂等心理疾病的产生。目前，我国高校在校生中约有20%是贫困生，而这其中5%～7%是特困生。调查表明，70%以上的贫困生认为自己承受着巨大的学习、生活压力，这些压力给他们造成了较大的心理困扰，而多数人并不懂得该如何去化解这些压力。

（二）情感困惑和危机

大学生对情感方面的问题能否正确认识与处理，已直接影响到大学生的心理健康。大量个案表明，恋爱所造成的情感危机，是诱发大学生心理问题的重要因素，有的人还会因此走向极端，甚至出现悲剧。

（三）家庭教育不当造成的后遗症

独生子女群体已成为当前大学生的主体，有的家庭教育不当所带来的后遗症也是导致大学生心理问题频发的又一诱因。任性、自私、不善交际、缺乏集体合作精神等不良习性，不但极易诱发心理疾病，还会导致暴力倾向和暴力行为。

（四）角色转换与适应障碍

这种情况大多出现在大一新生阶段，这种不适应如果得不到及时调整，便会使人产生失落、自卑、焦虑、抑郁等心理问题，有的学生还会因长期不适应而退学。

（五）交际困难造成的心理压力

"风声雨声读书声，我不吱声；家事国事天下事，关我何事。""宿舍里面不吭气，互联网上诉衷肠。"这些顺口溜实际上反映了相当一部分大学生的交际现状。现代大学生的交际困难主要表现为不会独立生活，不知道如何与人沟通，不懂交往的技巧与原则。有的同学有自闭倾向，不愿与人交往；有的同学为交际而交际，不惜牺牲原则随波逐流。

（六）家庭及外界环境的不利影响

家庭及外界环境的不利影响也会成为诱发大学生心理问题的因素，比如不当的家教方式、单亲家庭环境及学校环境的负面影响、消费上的盲目攀比、对贫困生的歧视、学习节奏过于紧张，等等。

（七）就业压力

近几年来，由于社会竞争的加剧，就业市场的不景气，大学生找工作或找比较理想的工作越来越困难。这对大学里众多高年级学生造成很大的精神心理压力，使他们因焦虑、自卑而失去安全感，许多心理问题也随之产生。

延伸阅读5-3

提高挫折复原力的要素

复原力，是指个体面对逆境、创伤、悲剧、威胁或其他重大压力的良好适应过程，也就是对困难经历的反弹能力。它的基本特征有三点：①接受并战胜现实的能力；②在危机时刻寻找生活的真谛的能力；③随机应变想出解决办法的能力。

研究表明，复原力主要包括两个主要因素：内在保护因子和外在保护因子。

内在保护因子是指个体自身所具备的某些特质，能调节或缓和危机所带来的影响，比如，人格因素如稳定性和内外倾向等，积极性倾向，积极解决问题，生活乐观，寻求新奇性，信任他人，等等。

外在保护因子是指个体所处的环境具有能够促进个体成功调适，并改善危机所带来的影响的因子。对于学生而言，外在环境包含三个系统：家庭、学校与社区。具体来讲，家庭环境中的保护因子包括温暖的亲子关系，有感情且不会严苛的批评，支持性，家庭凝聚力等。与家庭保护因子相比，学校和社区也是复原力的重要组成部分。学校的保护因子有老师的支持，成功或快乐的积极经验，与老师同学的良好关系等。

要想提高复原力，首先，要从能忍受日常生活的不确定性开始，即培养耐受力。其次，要在日常生活中坚守底线伦理，坚守正道。最后，要练习从资源取向的角度去解释生活中的不幸，并具备把不幸化为成长资源的能力。

萧文根据前人的研究，总结出7个复原力因子：①具有幽默感并对事件能从不同角度观之；②虽置身挫折情境，却能将自我与情境做适度分离；③能自我认同，表现出独立和控制环境的能力；④对自我和生活具有目的性和未来导向的特质；⑤具有向环境或压力挑战的能力；⑥有良好的社会适应技巧；⑦较少强调个人的不幸、挫折与无价值感或无力感。

第三节　管理情绪和压力

一、认识你的防御机制

挫折防御机制是指人在遇到挫折时，有意无意地摆脱由挫折引发的心理压力、减轻精神痛苦、恢复正常情绪和心理平衡的自我调节和自我保护的方式。挫折心理防御的方式多种多样，常见的有升华、补偿、认同、抵消、幽默、合理化、压抑、投射、反向、幻想、否定、退行、移位等。心理防御机制使用得当，能够帮助人们有效地应对挫折。而使用不当，则会对人的适应发展起到消极作用。

延伸阅读5-4

挫折防御机制

挫折防御机制，最早是由奥地利精神科医生、精神分析学说的创始人弗洛伊德提出的。弗洛伊德认为，人们在社会生活过程中，其生理的、心理的需要与欲望不可能都得到满足，或多或少地总会遇到挫折和冲突，从而产生情绪上的紧张与焦虑、烦恼与不安。一般来说，在这种情况下，人们有两种选择：或用积极的态度和方法面对现实中的矛盾，设法求得解决；或用消极的态度和方法回避矛盾以摆脱困境。从心理学的观点看，在人们的精神生活中，存在着这样一种倾向，即自觉地把主体与客观现实之间的问题，尤其是对自己不利的问题，用自己较能接受的方式加以解释和处理，从而不至于引起难以承受的痛苦和不安，这便是挫折防御机制。

（一）积极的心理防御机制

积极的心理防御机制是对挫折的理智对抗行为，即在理智的指导下，使挫折反应产生建设性效果。

1．升华

升华是指将那些因受种种因素制约而无法实现的目标或不能为社会所接受的行为目标加以改变，用另外一种更高尚的、富有创建性和社会价值的目标取而代之，从而减轻挫折带来的精神痛苦。升华不仅需要一个人具备理性思考的能力，而且需要坚强的意志品质和开阔的胸襟。弗洛伊德认为，人类很多文艺创作，大多是作家把内心不合理的冲动升华而以社会能接受的正当形式表现出来。

2．补偿

补偿是在实现既定目标的过程中因主客观条件的限制而无法达成时，设法以新的目标代替原来的目标，以现在的成功体验去弥补原有失败的痛苦，进而找回失去的东西和自尊，达到“失之东隅，收之桑榆”的目的。

补偿包括两层含义：一是改变策略和行为方式。当目标无法实现时，就及时调整策略，寻求一种新的行为方式实现目标。我们常说的“迂回战术”“围魏救赵”等就是一种策略上的替代。二是目标的改变，诸如降低目标和重新选择目标等。当既定目标需要付出的代价过大或无法实现时，可以修改或降低目标的要求，这是一种明智的做法。例如，一个相貌平凡或有生理残疾的女孩，无法与其他的漂亮女生争相媲美，乃发奋学习，在学术研究上取得了较大的成就，从而获得其容貌不能赢得的声望，这就是补偿作用。从广义上讲，它是个体通过自身努力，扬长避短，以成功的做法替代失败的行动。这是潜在力量的发挥，是一种较好的适应生活环境的方式。

在使用补偿机制时，要避免补偿的消极作用。例如，考试不及格或生活不顺心，于是就沉溺于网络，这就是消极意义上的补偿。

3．认同

认同是指个体在现实生活中无法获得成功时，将自己比拟为某一成功者，借此在心里减弱挫折产生的痛苦；或者利用他人的长处、优点，来冲淡自己的挫折感，求得内心的满足。例如，某些大学生常以见过一些名人来说事，用其进行积极的自我激励与暗示，用成功代替挫折。

4．幽默

幽默指一个人处境困难或尴尬时，用幽默的方式来应对困境，或在不伤大雅的情形下，间接表示自己的意图。一般来说，人格比较成熟的人，常懂得在适当场合使用合适的幽默，转变困难的境地，大事化小，小事化了，让自己顺利渡过难关。这不仅是一种智慧的做法，更是个人良好修养的表现。例如，苏格拉底的妻子性情火爆，经常当众给这位著名的哲学家以难堪。有一次，苏格拉底正在客厅与朋友讨论某个学术问题时，不知何故，他的妻子忽然大声叫骂，之后又提起一桶凉水冲着苏格拉底泼了出去，致使苏格拉底全身湿透。当朋友感到十分尴尬而又不知所措的时候，只见苏格拉底诙谐地笑了起来，并且幽默地说：“我早知道打雷之后一定会下雨的。”这一忍让的幽默虽然仅仅是一句话而已，却使妻子的怒气出现了“阴转多云”到“多云转晴”的良性变化。朋友听了都欣然大笑起来，更敬佩这位智者的文化素质、艺术修养和坦荡胸怀。

（二）消极的心理防御机制

当愤怒、委屈、感到无助的时候，很多人通常是回避的，他们不愿意体验伤痛的感觉。为了暂时避免这种痛苦，人们就会不恰当地使用合理化、退行、冷漠、否认、压抑等自我防御机制，但这样往往不能够解决问题，当下一次这样的情绪又来临的时候，还是会让自己不知所措。因此，大学生要避免使用消极的自我防御机制。

1. 合理化

合理化是指无法达到追求的目标时，给自己寻找一个借口。虽然这些借口往往是不真实的、不合逻辑的，但防御者本人却能借此说服自己，感到心安理得。例如，有的学生人际关系不好时，他们给自己的解释是“我性格就是不善于交往”。一旦将这种行为合理化，他就不再反省自己在人际交往上存在的问题了，也不去完善自己了。

2. 退行

退行，是指受到挫折时，往往表现出与自己的年龄、身份很不相称的幼稚行为，或盲目地轻信他人、跟从他人等，多指大人小孩状。表现这种行为方式的大学生往往对自己缺乏信心，看不到自己的力量，像孩子一样依赖他人。例如，某一女生刚入校，参加学生会干部竞选失败了，感到很“委屈”，无法进行理智的分析，不吃饭，也不上课，整天蒙头睡大觉。

3. 冷漠

冷漠即对挫折情境漠不关心、无动于衷。例如，有些大学生社会活动能力较差，多次失败后，他们渐渐对大学生活、同学关系、社会活动失去了兴趣，对任何集体活动都毫不关心，即使勉强参加，也表现得毫无生机。

4. 否认

否认是指对已发生的令人痛苦的事实加以“否定”，认为它根本没有发生过，以减轻或逃避心理上的痛苦。这种现象通常出现在突发的灾难性事件之后。例如，地震中自己的亲人去世，却相信其还活着。否认可以说是一种对于痛苦的逃避，对个体具有一定的保护作用，它可以对我们接受现实起到一定缓冲作用。但若是长期沉浸在否认之中则容易使人逃避现实，使痛苦压抑得更长久，阻碍人们对现实生活的适应。

5. 压抑

压抑是指把不愉快的经历和体验压抑到无意识中，不去回忆，主动遗忘。适度的压抑有利于情绪的调整，但长期的压抑则会导致更强烈的挫折与心理不适。例如，在宿舍中自己感觉受到了某个强势同学的情感伤害，既不与他本人沟通，也不向别人诉说，而是采取自我压抑的方式，时间久了，便会情绪抑郁，甚至会产生失眠、头疼等不良反应。

6. 反向

反向是指一个人的行为与动机相反，例如，自卑的同学往往表现出高傲自大；对异性充满向往的人，却装出不屑一顾的样子等。持反向心理的人，往往不敢正面表露自己的真实动机，于是便用相反的方式表达。虽然这种行为可以在一定程度上掩饰个体的真实动机，但是，长期运用会从根本上扭曲自我的真实意图，使动机与行为脱节，造成心理异常，从而大大降低自己的社会适应能力。

7. 逃避

逃避是指受到挫折后，不是面对挫折情境，而是逃避到比较安全的环境中去的行为。大学生遇到挫折后的逃避通常有三种表现：一是逃避到另一种现实中去，如学习不好就玩电脑游戏，并且沉溺其中；二是逃向幻想世界，幻想自己不用努力就可以遇到好运气；三是逃向疾病，如少数大学生由于害怕考试失败，在考试当天或考场里发高烧，使得自己无法继续考试。这是个体借助某种生理机能的障碍以避免面对困难、阻碍，它的产生往往是无意识的，与装病是不相同的。

二、学会与负性情绪共处

我们都很喜欢积极情绪，比如愉快、自豪、欣喜等，我们希望这些情绪常常出现，并且持续得尽可能久一些。我们也都很讨厌负性情绪，比如悲伤、愤怒、愧疚等，我们希望这些情绪永远不要出现，甚至一旦出现这些情绪，我们希望立刻将其消除。但是，负性情绪真能如我们所愿地再也不出现吗？我们有能力真的消除负性情绪吗？答案是否定的。负性情绪也是我们的正常情绪，不可能被消除，也不该被消除，因为这些情绪反映了许多我们平时难以意识到的深层心理活动，抓住和负性情绪对话的机会可以让我们更好地了解自己，也更有利于下一步的行为活动的开展。

萨提亚家庭治疗中有一个重要理论——冰山理论。这种理论认为，一个人的"自我"就像一座冰山，我们能看到的只是表面很少的一部分——行为，而更大一部分的内在世界却藏在更深层次，不为人所见，恰如冰山。如图5-2所示，冰山包括行为、应对方式、情绪感受、观点和想法、期待、渴望、自我7个层次。揭开冰山的秘密，我们就能看到生命中的渴望、期待、观点和感受，看到真正的自我。

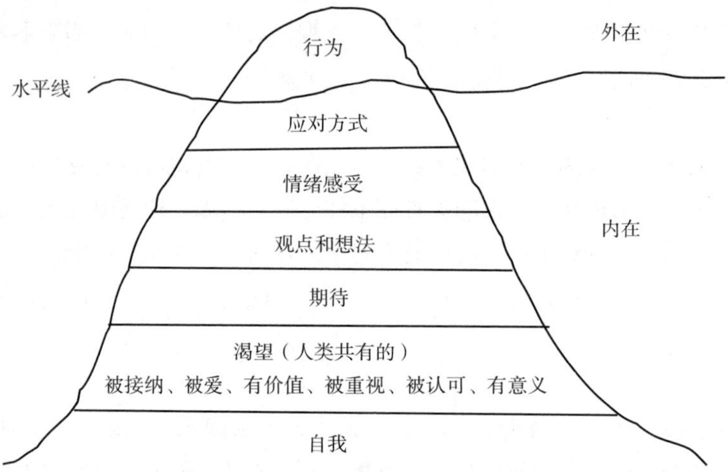

图5-2　萨提亚家庭治疗中的冰山理论

在这一理论中，影响情绪的最深层的原因是人对于自身的根本性的思考和判断，也就是对自我的认识，这构成了我们每个人最基本的生命力。生命力是一个人的心理能量，这种能量让我们充满自信心和对未来的渴望。

渴望包括被爱的渴望、被关注的渴望、被接纳的渴望、被认同的渴望、有意义的渴望、有价值的渴望、自由的渴望、被尊重的渴望、被欣赏的渴望，有力量的渴望、有能力的渴望、有用处的渴望，等等。人是具有灵性的，自开始具有自我意识便有了爱与被爱的渴求，只是我们在不同的阶段表达的方式不一样。俗话说，没有人爱的人是可怜的，但没有可以爱的人也是可悲的。总之，我们都渴求爱与被爱，渴求一种重要感、温暖感。

因为我们有了渴望，所以就有了期待，这份期待包括对自己的期待、对他人的期待和对来自他人的期待。对爱与被爱来说，我们期待自己是一个有爱心的人，所以我们甘心付出，乐于分享，同时我们期待自己是一个被人关注、被人喜爱、值得被人爱的人。我们对他人的期待是情感互动的本源，我们期待我们的自我形象能够得到别人的认可和喜欢，期待自己的爱和关怀得到别人积极的回应和感激。更重要的是，我们期待来自他人对我们的爱、关怀、肯定、喜欢、欣赏、尊重等。

因为我们有了期待，我们便有了基本的观点，包括信念、假设、预设立场、主观现实、认知等。我们对自己和对他人的期待形成了对这个社会基本的假设和预判，即对这个社会有了自己的预想和描述。这是个体从情感到情绪影响的最重要的一步，因为我们有了预设，就有了标准，有了标准才有了各自的认知和判断，有了认知和判断我们才有了情绪的基本感受。比如，你一直努力想成为一个多才多艺有魅力的男生，这是你的自我思考和自我具象，你这么努力其实是渴望得到别人的关注和爱，你便对自己有了基本的期待，比如，自己的行为举止应该如何，怎样发展自己的才艺等。比如，你在暗恋一个女生，一直期待得到她的青睐，你希望和她建立恋人关系。请注意这就是你的预设。之后，你和这个女生的互动关系就有了一个标准，也许你们并没有开始认识，但你会对她和其他男生走在一起而不开心，甚至嫉妒，你对她没有注意到你而感到郁闷。这就是情感到情绪的最关键环节——来自于期待的预设。

再来看感受，也就是我们的情绪，我们有满意对不满意、喜欢对厌恶、兴奋对恐惧、喜悦对悲伤、狂热对愤怒等。情绪对行为影响的特殊之处在于，它既有冰山隐于水面之下的心理体验部分，也有显于水面之上的应对方式的表现部分。当你出现某种负面情绪的时候，不妨找一个独处的环境，“聆听”自己的情绪，深入地体会自己正经历的感受是什么：是内疚？怨恨？害怕？惊讶？还是哀伤？人的情绪往往是几种情绪混杂在一起。这时，你要仔细分辨一下：究竟哪种情绪是你目前最主要的，并留意自己此时的身体反应。然后，你需要与情绪“对话”。你需要深入到水平面下的冰山寻找自己的期待、渴望等，弄清楚产生这种情绪的原因之后，你就会豁然开朗或者知道该做些什么了。

以“嫉妒”这种情绪举例，人们处在嫉妒状态时往往会言语刻薄，甚至有破坏行为，深入水平面以下我们可以发现，嫉妒表达了两层含义：第一，我真的很喜欢、很渴望某物，或者我真的很希望像别人那样优秀；第二，我现在还得不到我想要的那些。理解到第二层意思后我们可以继续思考，我现在得不到的原因是什么？那么，我如何做才能得到我想要的东西呢？这样，就可以将单纯的情绪感受转化成行为的动力，并且是朝向积极的方向。所以，负性情绪包含许多信息，处理得当会为成长提供助力。

三、提高你的情商

（一）什么是情商

情商，即情绪智力商数（Emotion Quotient，EQ），是由美国耶鲁大学沙洛维教授和新罕布什尔大学梅耶教授提出来的。近年来，这个概念引起社会的极大关注。沙洛维等人认为：情绪智力是测验自己和别人情感，并对它进行辨别，以此指导我们思维和行动的一种能力。简而言之，情绪智力就是情绪的自我认知、表达、理解，以及调节他人情绪和与他人相处、合作的能力。

情绪智力包括以下几个方面内容。

1. 了解自我的情绪

人们只有觉察到某一情绪时，才能进一步监控、管理情绪的分分钟变化，才能更准确地调整学习、工作、生活节奏。如果没有认知自身真实情绪的能力，那只好听凭情绪的摆布。比如，有些大学生总是意识不到自己常以自我为中心，导致与周围朋友的交往出现不平衡，产生矛盾。一个能够准确认知自身情绪的人，通常也能知道自己缺乏什么，从而重视自身良好知、情、信、意、行的养成。认知自我的能力是情商的核心。

2. 管理自我的情绪

通过自我情绪的调控，使情绪能够适时适度地影响自己的行为。比如，面对焦虑、沮丧、愤怒、烦恼等因失败挫折而产生的消极情绪的侵袭时，自我控制能力强的人，可以及时控制这些消极的情绪，以免其带来更大的麻烦；而自我控制能力弱的人，常常陷入这些痛苦情绪的旋涡无法自拔，将这些消极情绪带入其他生活工作领域。

3. 自我激励

自我激励即自我激励能力，指人们正确暗示自己的能力。具体来说就是人们调动智慧和情绪，学会为了实现某一既定目标集中注意力、发挥创造力、做出积极自我暗示的能力。任何方面的成功都需要自我激励，使自己能积极热情地投入其中，从而保证能取得良好的成绩。比如，面对自信心不足的情绪时，这一能力强的人，会通过自我暗示调整心态，重树信心，从而使工作富于成效；如果这一能力比较弱，有可能丧失迎接挑战的勇气，导致工作效率低下。

4. 识别他人情绪

识别他人情绪即认知他人的能力，指人们能正确认识环境的能力。这一能力是在自我认知基础上发展起来的，更深层次的"知人之所感""感人之所感"能力，包括对他人情绪的认知、对他人人格的认知、对人际关系的认知、对社会角色的认知等。其中最重要的是对他人情绪的认知和对社会角色的认知，它既需要通过细微的社会信号客观地分析他人的情绪，又需要对他人情绪进行符合社会角色、设身处地的理解。比如，人们熟悉的成语"投鼠忌器"，就反映了人们在理解了社会角色、他人情绪、自我与他人、他人与他人互相牵制的关系后产生的复杂矛盾的心态。这一能力强的人能很好地满足生活、工作中不同合作伙伴的需求。

5. 处理人际关系

处理人际关系即人际交往能力，指人们正确管理环境的能力。人际关系交往能力概括来说就是适时适度地调控自身对他人情绪反应的技巧，这要求自我管理能力和认知他人能力两项能力的成熟。这项能力能强化一个人的领导能力、互动效能等，使其在交往过程中把握、激励对方从而培育和谐关系；影响、劝阻对方但又不会使其心生厌烦。一个人如果能在认知环境的基础上很好地调控周围环境，有效处理与他人的关系，就会凭借与他人良好的人际关系赢得社会竞争的优势，反之则会处处碰壁。

其中，对情绪情感的自我意识是情绪智力的基石，对他人情绪和情感的识别能力是情绪智力的重要指标，对自己情绪和情感进行控制的能力是情绪智力的核心，调节和运用情绪和情感的能力是情绪智力的高层次要求。简言之，就是认知和管理情绪（包括自己和他人的情绪）、自我激励、正确处理人际关系。

（二）情商与智商的关系

智商和情商各自独立，但又相互联系，都是人的重要的心理品质，都是人的事业成功的重要基础。由于情商是相对应智商这一概念提出的，所以正确认识二者的区别和联系，有利于更清晰地认识情商概念；有利于教育工作者克服教育实践中的错误倾向，避免进入教育误区；有利于培养更优秀的人才。

1. 智商与情商反映的是两种不同的心理品质

智商（Intelligence Quotient，IQ）叫作智力商数，是通过一系列测验测评一定年龄段的人的智力水平而得出的，智商（IQ）=智力年龄（MA）÷实际年龄（CA）×100，智力商数的高低反映着个体智力水平的高低。智力是指人们认识客观事物并运用知识解决实际问题的能力，主要体现人的心理品质中相对理性的方面，也叫智慧、智能。包括观察力、注意力、记忆力、思维力、计算能力、分析判断能力等。

情商（EQ）相对于智商而言的，主要反映一个人识别、感受、理解、表达、运用、控制、调节和处理自己与自己、自己与他人、他人与他人情绪情感的能力，主要体现人的心理品质中相对感性的方面。

2. 智商与情商形成发展的基础不同

智商和情商虽然都受到遗传因素和后天环境培养的影响，但它们与遗传因素、后天培养的关系存在差别。智商受后天环境培养的影响远远小于遗传因素的影响，侧重反映一个人的生物学特性。《简明不列颠百科全书》显示，智商差异70%～80%源于遗传基因，只有 20%～30%受后天环境的影响。情商的形成和发展虽然也受先天因素的影响，但更多的是来自于后天的培养，侧重反映一个人的社会学特性。所以情商可以通过后天的教育、不断的学习积累得到显著的提高。

3. 智商和情商所起的作用不同

智商主要在人的学习能力、思维能力、语言能力等方面起作用。智商高的人容易在某一领域进行深入研究，并做出突出贡献。而情商则主要通过意志、信念、情绪、情感等方面来提高或减弱个体认识事物和运用知识的积极性。情商高的人容易利用锲而不舍的精神弥补自己在某一方面的不足。

4. 智商和情商相辅相成

智商和情商虽然是两个不同的概念，但二者并不是相互对立的，而是有着辩证统一的关系。智商是情商的基础，现实生活中没有零智商高情商的人，没有一定的最基本的智商，是无法建构一定的情商的，情商培养需要智商的引导、控制和管理。同时，对于一个人的成长来说，智商很重要，情商也很重要。正如培根所说："读书的目的不在于它本身，而在于一种超乎书本之外，只有通过细心观察才能够获得的处世智慧。"而这种智慧的获得，就需要情商的唤醒。美国心理学家詹姆斯认为，大部分人在活动中仅运用了总体智慧的10%。这就说明人类自身蕴藏着巨大的智能潜力。如何激发这种潜能，充分开发人的智力资源，就需要恰当的情感因素。怠惰、焦虑、自负、任性、冷漠、偏激等负面情绪会影响我们这种智慧潜能的开发利用，影响我们对生活的积极态度；坚定的意志、一定的竞争意识和合作意识等良好的情感心绪能推动我们一步步走向成功。因此，情商的培育对智商的提高起着重要的推动作用。所以情商和智商二者相互促进共同提高才能使人不断地战胜一个又一个困难和挫折。

延伸阅读5-5

情商比智商更重要

美国一家著名的研究机构调查了188个公司，测试了每个公司的高级主管的智商和情商与工作表现的关系。结果发现，情商的影响力是智商的9倍。

另外，一位美国心理学家曾挑选出家庭生活条件比较好的95位哈佛大学学生进行了长期的追踪研究。他分别从工资水平、职位层级和生产力水平等方面对这些学生进行对比，结果显示在校成绩最好的不见得工作业绩就好，且对生活、人际关系、家庭、爱情的满意度也不是最高。还有一位心理学家对生存背景较差的450名男孩做同样追踪，结果发现智商的高低与其中年的成就并没有直接联系。上述结果都充分证明了情商对个体人的无比重要性。因此，心理学家认为：人的成功主要取决于情商而不是智商，且智商在先天因素中占主要成分，而情商作为一种深厚的感情能力，是可以后天学习的。智商略逊的人如果拥有更高的情商指数，也一样能够获得成功。

著名企业家李开复也说，情商意味着：有足够的勇气面对可以克服的挑战、有足够的度量接受不可克服的挑战、有足够的智慧来分辨两者的不同。他十分认同要建立由品德、知识、能力等要素构成的各类人才评价指标体系。

四、调节你的认知

当我们承受的压力过大时，往往会钻牛角尖，夸大事态的严重性，也低估了自己的应对能力，从而感受到更大的压力。有时，我们会单凭自己的感觉，而非根据客观存在的事实来判断和推论。有时，我们会过高地估价困难程度，将后果想得过于严重，甚至会想象成灾难要发生。有时，我们又会过分贬低自己的成就，甚至将自己看得一文不值。有时，我们在感受到压力时，习惯性地把所有问题都归咎于别人，全盘放弃对事情的控制，自己再也无法去解决问题；或者是把所有过错独揽，感到自己很没用。

其实我们应当先分析一下自己的认知是否出现了问题，若有的话，就该深入了解客观事实，然后再根据实际情况选择适当的应对策略。因此，要有效缓解压力，首先就是要认清自己的认知，看看有没有出现谬误。

（一）艾利斯的情绪ABC理论

美国临床心理学家艾利斯·阿尔伯特（E1lis Albert）在20世纪50年代创立了情绪的ABC理论，该理论认为：情绪并不是某一诱发事件本身直接引起的，而是由经历这一事件的个体对这一事件的解释和评价引起的。在 ABC理论模式中，A是指诱发事件（Activating Events）；B是指个体在遇到诱发事件之后相应而生的信念（Beliefs），即他对这一事件的看法、解释和评价；C 是指特定情景下，个体的情绪及行为的结果（Consequences）。通常人们会认为，人的情绪的行为反应是直接由诱发事件A引起的，即A引起C。但ABC理论却指出，诱发事件A只是引起情绪及行为反应的间接原因，而人们对诱发事件所持的信念B才是引起人的情绪及行为反应的更直接的原因。也就是说，人的情绪主要根源于自身的信念及他对生活情境的评价与解释。

基于这一理论，认知行为主义学者发展了完整的治疗模式，由ABCDEF6个部分组成。

A：Activating events，指发生的事件。

B：Beliefs，指人们对事件所持的观念或信念。

C：Empotional and Behavioral Consequences，指观念或信念所引起的情绪及行为后果。

D：Disputing Irrational Beliefs，指与旧的观念进行辩驳或劝导干预。

E：Effect，指治疗或咨询效果。

F：New Feeling，指治疗或咨询后的新感觉。

在对该理论的应用上，最核心的内容是人必须与不合理的观念和信念进行辩论，找到不合理信念B，对不合理的信息提出挑战和分析，如图5-3所示。

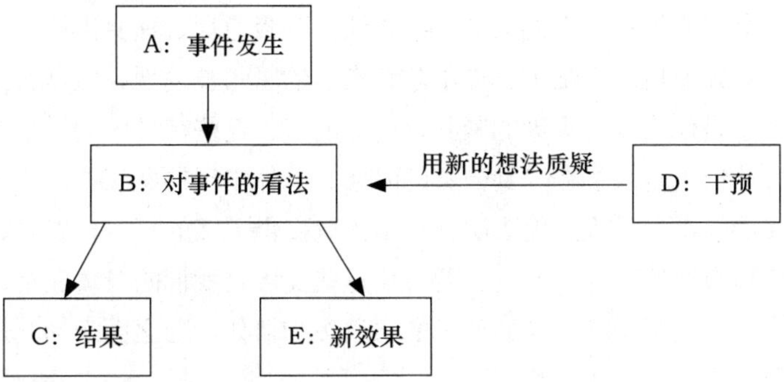

图5-3 认知行为疗法流程

（二）不合理信念的内容和特征

一般来说，我们在生活中常见的不合理信念，既包括对自己的不合理信念（例如，我做事必须尽善尽美），也包括对他人的不合理信念（例如，对不好的人就应当给予惩罚）；还包括对周围环境及事物的不合理信念（例如，已注定的事无法改变）。

不合理信念一般具有3个特征。

1. 绝对化的要求（Demandingness）

即从自己的意愿出发，认为某事一定会发生或一定不会发生。其不合理性在于，人们不可能在每件事情上都获得成功，即使某件事取得了成功，也不可能得到所有人的赞赏。而一旦这样的现实出现，持有此类信念的人就会受不了，因而产生情绪上和行为上的障碍，这种绝对化的要求反映了他不合理、走极端的思维方式。

2. 过分概括化（Overgeneralization）

即以某一具体事件、某一言行来对自己进行整体评价。这是一种以偏概全的思维方式，是思维的绝对化模式。人们在对自己的绝对化要求中常常会走极端，只要某一件事情没办好，没有获得成功，就认为自己一无是处很失败，进而否定自己。其实只是这件事情没办好罢了，并不代表其他事情办不好。因此，人们应当就自己的某一行为的表现进行评价，不能因一件事而否定个人的价值。

人们对他人也常有某种不合理的要求，如果对他人持有绝对化要求，就会发现他人的言行总是与自己作对，因而陷入消极的情绪体验中，产生如愤怒、怨恨、压抑等消极情绪。

3. 糟糕至极论（Awflizing）

即如果某一件不好的事情一旦发生，其结果必然非常可怕，糟糕至极，是灾难性的。这种思维方式会导致焦虑、悲观、压抑、犹豫等不良情绪。将一件事情的负面结果夸大到极点，则反映了个体走极端的不合理的思维方式。

艾利斯认为，人一出生就有一种心理倾向，即要坚持自己的向往和追求都能得到满足，期望自己的愿望会实现，生活中某些向往和要求的确如意地实现了，这种积极的记忆强化了人的"全能幻觉"，使个体认为一定能比所有人的人幸福，一定比其他人更成功，应当与他人不一样。当我们一旦遇到挫折和逆境时，就无法接受，认为这些不该发生在自己身上，从而导致不良情绪反应的产生。

此外，文化、父母和竞争的社会，都在强化事事超过他人的非理性信念。这些信念虽然是上进的动力来源，但一旦过头，就会使人在思想上钻牛角尖，形成心理负担。

（三）改变对压力反应的消极看法

在压力情景中，如当众演讲，有的人会心跳加快、呼吸急促、浑身出汗、手脚发抖，当身体出现这些反应的时候，你知道自己紧张了，你不想让自己的紧张被发现，所以努力克服紧张，可是结果往往是欲盖弥彰，于是你陷入了更大的紧张之中。的确，这些都是压力反应的躯体表现，但奇妙的是，这些躯体反应恰恰也是人们在受到鼓舞的时候，身体出现的反应。心跳加快，意味着你的心脏在给全身提供更多的能量，呼吸急促表明你在给大脑提供更多的氧气，发抖、出汗说明你全身都在调动能量，帮你应对眼前的事件。所以，要相信这些反应是我们的身体在帮助我们更好地完成任务的表现。这样一个小小的观念转变就会使你的表现更加自如，随之而来的就是积极情绪的显现，然后压力就会被顺利化解。

五、构建你的社会支持系统

俗话说，“朋友多了路好走”“一个好汉三个帮”。良好的社会支持，有助于我们应对压力，减少压力的不良影响。当一个人独自面对压力的时候，其应激反应的消极作用远远大于社会支持的效果。因此，要想不在压力面前孤立无助，最好构建自己的社会支持系统，这其中就包括自己的亲人、朋友、同学、老师等。社会支持系统可以在你需要的时候给你情感安慰、行动建议，帮助你渡过难关。强大的社会支持让你不再感到孤立无援，可以迅速恢复信心和勇气，面对挑战，解决问题。当然，要构建社会支持系统，你还需要做到以下两点。

（一）扩大社会交往面，结识更多的朋友

首先，让你的同学成为你最亲密的朋友；其次，你需要一位人生导师，他/她可以在你遇到困难的时候客观地分析问题和提供有益的观点，而这样的导师无疑就是你的老师或者其他长者。

（二）你需要向亲人、朋友和老师敞开你的心扉

你可能基于自尊或面子的考虑而拒绝他人的帮助。但是在你确实无法解决问题的时候，将你面临的压力说给他们听，让他们帮助你分析并提供建议。请相信这样做不会遭到嘲笑，只会让他们感到你对他们的信任，因此你也能得到最大可能的帮助。

六、掌握放松技能

当我们感受到压力时，身体会很自然地处于紧张状态，使整个人如箭在弦，拉得很紧，容易出现种种令人不适的反应，如失眠、偏头痛、肌肉紧张等。而进行适度的放松练习，则可以有意识地控制和调节自己的身心活动，以达到降低机体唤醒水平，调整因紧张而紊乱的身心功能，从而使机体内环境保持平衡与稳定。

放松方法有深呼吸放松法、肌肉放松法、想象放松法等。

（一）深度呼吸法

深度呼吸法简便易行，不受时间、场所、条件的限制。其目的是通过深度呼吸，使身体组织器

官与呼吸节律发生共振，进而达到放松的效果。

在放松训练开始前，应该选择最适合的姿势，或站或躺。开始深呼吸时，全身放松，观察自己的呼吸和身体各部位的活动状况。注意自己的肺部在一张一合地呼吸，呼吸频率逐渐降低，呼吸程度加深，感觉紧张的部位在逐渐放松，当你觉得身体的各部位不那么紧张时，请将注意力再转移到呼吸上。你似乎在觉察自己的呼吸，似乎又没有觉察，感觉在似有似无之间。然后再用鼻子深呼吸一口气，再慢慢、均匀地呼吸，呼气的时候平和而舒畅。继续呼吸，慢慢地、均匀地、平和地、舒畅地呼吸。

接下来，请数呼吸的次数，从1数到10，你可以重复10遍、20遍。注意一下你身体各个部位的感觉。各部位的感觉在渐渐地与呼吸节律趋于一致，全身的毛孔随肺部的一张一合，有规律地开合。这时你开始感到不仅仅是用肺在呼吸，而是用身体进行呼吸。吸气的时候，似乎空气从全身的毛孔中吸入，呼气的时候，气又从毛孔中呼出。吸进新鲜的空气，呼出污浊的空气，渐渐地，你会感到身体的各个部位都很轻松、很舒畅，仿佛整个身体都融了大自然。

最后请你慢慢闭上眼睛，静静地，不去想任何事情，过一两分钟，你就可以做该做的事情了。

（二）肌肉放松法

肌肉放松法的原理是先让你感受紧张再让你体验松弛。没有紧张感你就很难真正体会松弛感，所以先紧张后放松能使你更充分地享受放松的效果。

下面提供一种最常用的肌肉放松法。

1. 头部放松

用力皱紧眉头，保持5秒，然后放松；用力闭紧双眼，保持5秒，然后放松；皱起鼻子和脸颊部肌肉，保持5秒，然后放松；用舌头抵住下颚的门齿，口尽量张开，头向后抬，保持5秒后放松。

2. 颈部肌肉放松

将头部用力下垂，努力使下巴抵达胸部，保持5秒，然后放松。

3. 肩部肌肉放松

将双臂平放体侧，尽量向上提升双肩，保持5秒，然后放松。

4. 臂部肌肉放松

将双手掌心向上平放在座椅扶手上，握紧拳头，使双手及前臂肌肉保持紧张5秒，然后放松；侧平举张开双臂做扩胸状，体会臂部的紧张感5秒，然后放松。

5. 胸部肌肉放松

将双肩向前收，使胸部四周的肌肉紧张，保持5秒，然后放松。

6. 背部肌肉放松

将双肩用力往后扩，体会背部肌肉的紧张感5秒，然后放松；向后用力弯曲背部，努力使胸部弓起，挤压背部肌肉5秒，然后放松。

7. 腹部肌肉放松

尽量收紧腹部，好像别人向你腹部打来一拳，你在收腹躲避，保持收腹5秒，然后放松。

8. 臀部肌肉放松

夹紧臀部肌肉，收紧肛门，使之保持紧张5秒，然后放松。

9. 腿部肌肉放松

绷紧双腿，伸直上抬，腿离地面20厘米，保持5秒，然后放松。

10. 脚趾肌肉放松

将脚趾慢慢向下弯曲，仿佛用力抓地，保持5秒，然后放松；将脚趾慢慢向上翘，保持紧张5秒，然后放松。

以上从头到脚10部分的肌肉放松连续完成，所谓放松是指努力体会肌肉结束紧张后的舒适、松弛的感觉，如热、酸、软等。每次可用15～20秒的时间来体会放松感。

所有动作应从熟练掌握到能连续完成，并在各种情境下都能自如运用。一开始由于不熟练，做一遍需要不少时间。随着越来越熟练，只要十来分钟就可以完成了。你可以在早晨醒来后和夜晚临睡前各做一遍，或者在感到焦虑紧张时做一遍，效果应该会不错的。

（三）想象放松法

想象放松法是通过想象某一种让人身心得以放松的情景，使人似是身临其境，进而身心得以放松。要领主要有两个：一是在整个放松过程中要始终保持深慢而均匀的呼吸；二是要能体验随着想象有股暖流在身体内流动。显然，要掌握好这两条要领必须经过多次练习和反复体会。放松时，最好在安静的环境中，仰卧在床上，将四肢展开放平使其有舒适的感觉，同时闭上眼睛并配合深慢、均匀的呼吸。

延伸阅读5-6

想象放松法指导语

“我仰卧在水清沙白的海滩上，沙子细而柔软。我躺在温暖的沙滩上，内心感到相当舒服，能感受阳光的温暖，耳边听到海浪哗哗的声音，感到温暖而舒适。微风吹来，使我有说不出的舒畅感觉。微风带走我的思想，只剩下一片金色阳光。海浪不停地拍打着海岸，思维随着节奏飘荡，涌上来又退下去。温暖的海风吹来，又离去，带走了心中的思绪。我感到细沙柔软、阳光温暖、海风轻缓，只有蓝色天空和大海笼罩着我的心。阳光照着我全身，浑身感觉暖洋洋的。阳光照着我的头，感到温暖与沉重。”轻松暖流，流进右肩，感到温暖沉重。呼吸变慢、变深。轻松暖流，流进我右手，感到温暖和沉重。呼吸变慢、变深。轻松暖流，又流回我右臂，感到温暖沉重。又流进我后背，感到温暖沉重，从后背转到脖子，脖子感到温暖和沉重。我的呼吸变慢、变深。轻松暖流，流进左肩，感到温暖沉重。呼吸变慢、变深。轻松暖流，流进了左手，感到温暖和沉重。呼吸变慢、变深。轻松暖流，又流回左臂感到温暖和沉重。我呼吸变慢、变得越加轻松。心跳也慢下来，越来越有力。轻松暖流，流进右腿，感到温暖沉重。呼吸变慢变深。轻松暖流流进右脚，感到温暖沉重。呼吸变慢变深。轻松暖流，又流回右腿，感到温暖沉重。呼吸变慢，越来越深，越来越轻松。轻松暖流流进腹部，感到温暖轻松，流到胃部，感到温暖轻松，最后流到心脏，感到温暖轻松。整个身体变得平静。心里安静极了，已经感觉不到周围的一切，四周好像没有任何东西，我安然地躺卧在大自然中，非常非常自在。（静默几分钟后结束）

需要提示的是，对于放松方法的运用，最好在平时就多加运用，而不是临时抱佛脚，如果在平时能熟练掌握，经常使用，到考试或其他紧张焦虑的场合也能运用自如；反之，如果平时知而不用，到临场想救急就不一定有好效果。

七、暂时从压力环境中抽离

除了在平日的生活里注意从以上三个方面维护我们的压力防御系统外，当压力事件发生时，还有一些事情我们可以尝试去做，以缓解压力。压力事件发生时，我们的情绪可能波动很大，思绪混乱，这个时候我们要善于转移注意力。

（一）寄情于艺术

你可以看电影、听音乐、欣赏书画作品，在欣赏和感受美的过程中，找回人性的光辉、世界的美好和生活的希望。但是，一定要注意作品的选择，如果心境低落时选择观看悲剧，或者表达悲伤的艺术作品，不仅不能帮你缓解压力，而且还会加重你的情绪负担，造成更加糟糕的后果。所以，要选择积极的、轻松的、乐观的作品来欣赏，通过这些作品发散出来的生命力量带动你自身的力量。

（二）郊游或者远足

你可以根据你的时间表和你的经济条件，把自己交给大自然。请记住：大自然永远是人类最宽宏慈爱的母亲！当你面对她的时候，你可以完全抛开你在社会中因为防御需要带上的层层面具，重新思考过去没有考虑过的内心感受，面对真实的自己。

（三）专注做一件事情

曾经风靡一时的《秘密花园》系列涂色绘本，之所以受到欢迎且被称为"减压神器"，其实就是因为它引导人们专注精力做一件事情。在美丽的色彩和精致的图案的陪伴下，也许一个小时不知不觉很快就过去了，欣赏着自己的涂色作品的时候，你会觉得很神奇，好像所有的烦恼在当下都不存在了，此时的你也会觉得轻松了很多，这样给自己从压力中来个暂停就是一种很好的减压。除了涂绘本，种花弄草、修剪植物、十字绣、练习书法等需要你安安静静集中注意力完成的事情都是很好的减压方式。

（四）户外体验或者团体辅导

你可以个人报名或者组织同学、朋友，进行一次以减压为主题的户外体验或者团体辅导，这同样可以使你得到放松和减压。

八、提高身体免疫力

几乎所有的心理学研究结果都一致证实，长期坚持适当的体育锻炼有助于心理健康，体育活动在减压方面更是效果明显，大脑皮层分泌一种神经传导物质叫多巴胺（dopamine），可以让人产生愉悦感，人在运动的时候大脑皮层就能增加多巴胺的分泌，因此多运动会让情绪变好、心态变积极，同时拥有健康的体魄。在抑郁症等精神疾病的治疗中，医生会根据病人情况开出运动处方，治疗效果非常好。北京师范大学曾对3000多名学生进行过研究，那些每周锻炼两次，每次锻炼时间在30分钟以上的学生，感受到的压力明显低于不经常运动的学生，所以运动可以降低压力感，促进心理健康。在我们平时的生活中，运动基本不产生额外花费，但是却可以迅速改善我们的某些生理系统及其功能，让我们充满生命活力，找回控制感，有效减轻心理负累，因此平时要养成经常运动健身的习惯。

九、提高你的幸福指数

幸福，是指一个人的需求得到满足而产生长久的喜悦，并希望一直保持现状的心理情绪。幸福不仅仅是一种感觉，也不是一种简单的快乐，它有着更为丰富的内涵。RERMA理论给幸福提供了可参考的解释框架。RERMA理论是由“积极心理学之父”马丁·塞利格曼在《持续的幸福》一书中提出的。他认为幸福有5个元素：积极情绪、身心的投入、人际关系、有意义的生活、成就。

其中积极情绪是快乐（或愉悦）的元素，包含了主观幸福感的所有常见因素：高兴、狂喜、舒适、温暖等。赛利格曼教授表示，中国人的平均智商水平全球最高，但是，很多人的创造力、想象力却表现一般。其实，根据对中国学生幸福感测评的结果判断，学校缺乏对于积极情绪的培养，是导致学生整体创造力、想象力水平降低的一个主要原因。人的思维能力是受情绪影响的。同样，思维能力也是情绪的外在反映。比如，同等智商水平的学生，根据出示卡片上的名称，选择按下相应的物体按钮。情绪好的学生，其反应速度更快。这说明积极的情绪有助于激发人的思维能力，从而有助于创造力、想象力的培养提升。

北卡罗来纳大学心理教授芭芭拉·弗雷德里森在她的专著《积极情绪的力量》中列出了积极情绪的10种形式：喜悦、感激、宁静、兴趣、希望、自豪、逗趣、激励、敬佩、爱。她专门探讨了增加由衷的积极情绪的5种方法。

（一）找到生命的意义

在你的日常生活中，要更加频繁地寻找积极的意义。人们的日常生活中所面对的大多数情况并非一无是处，所以，在生活中发现好的方面及由衷地强调积极意义的机会，是始终存在的。消极情绪并非来自人们遭遇的不幸，而是来自人们如何看待不幸。当你将不愉快甚至是悲惨的境况以积极的方式重新定义时，你就提高了自己的积极情绪。

扫一扫

培养积极情绪的5种方法

研究亲人亡故后人们的情绪波动的科学家发现，体验到交织在悲伤中的某些由衷的积极情绪的人们从哀伤中恢复得更快。他们有的通过回顾亡故的亲人的良好品质来培育自己的积极情绪；有的通过珍惜来自健在的亲人的关照来提升自己的积极情绪；有的则通过恢复自己的日常生活或帮助他人来重新点燃自己的积极情绪。

（二）梦想你的未来

提高积极情绪的简单方法之一，就是更加频繁地梦想你的未来。为自己构想最好的将来，并非常详细地将它形象化。将美好未来形象化能够让你把自己每天的目标和动机与自己的梦想相契合。

（三）利用你的优势

调查结果表明，每天都有机会做自己最擅长的事情的人，凭借其优势，更容易在工作与生活中取得成功。确定自己的优势，并据此重新制定你的工作与日常生活流程，重塑自己。由此产生的积极情绪的提升，既明显又持久。这是积极心理学早期的重大研究成果之一。

（四）与他人在一起

没有人能孤立地实现自己的全部潜能。实践证明，情绪具有很强的感染力，人们通过与他人相处，会获得更多的积极情绪。每个充满生机的人都与密友及家人有着温馨又可信赖的关系。而消极沮丧的人则往往会形单影只。因此，无论你是否性格外向，每天都要与他人保持联系和沟通。科学实验表明，当你和别人在一起的时候，即使你只是假装外向，也会表现得更加大胆、健谈、自信、积极主动和充满活力，这样你就能从中获得更多的积极情绪。另外，科学研究还表明，培养对他人的关爱，培养自己的温和性情和同情心，你也会从中获得更多的积极情绪体验。

（五）享受自然环境之美

对于培养积极情绪来说，自然环境与社会环境同样重要。因此，在明媚的好天气里外出也是提高你的积极情绪的简单方法。在春季和初夏，每一个选择好天气里在户外至少待上20分钟的人，都表现出了积极情绪的增长和更加开阔的思维。

全球心理学研究机构提供的大量数据表明，人类的情绪会触动和改变他们生活中的许多方面。人类所拥有的对自身情绪的控制能力远超过自己的想象，所以，人们有能力促进自身的成长，使自己达到最佳的机能水平，并按照自己选择的方向来掌握和驾驭自己的生活。

十、人格层面：培养乐观品质

乐观，是一种最为积极的性格因素。乐观就是无论在什么情况下，即使再差也保持良好的心态，也相信坏事情会过去，相信阳光总会再来的心境。开朗的性格不仅可以使自己经常保持心情的愉快，而且可以感染你周围的人们，使他们也觉得人生充满了和谐与光明。大文豪萧伯纳说："当我死时，我希望自己彻底耗竭，因为我越努力工作，就越有生命力。生命本身就会令我喜悦。我不认为生命是迅速燃尽的蜡烛。相反地，它是灿烂的火把，我活着的时候必须高举它，在送给下一代之前，它要越亮越好。"

莲娜玛利亚1986年出生于瑞典，生下来就没有双臂，左腿只有右腿的一半长。在超声波检查不发达的时代，没有人知道是什么造就了她的天生残疾。她3岁开始学游泳，4岁开始学刺绣，5岁完成了第一幅十字绣作品，并开始学裁缝，中学时缝制了第一件洋装。15岁进入瑞典国家游泳代表队，18岁参加世界冠军杯比赛，打破世界纪录，并且以蝶泳勇夺多面金牌。19岁拿到汽车驾照。音乐更是她的热爱。进入大学专攻音乐后，成为全球知名演唱家，荣获瑞典皇后个别接见。莲娜玛利亚自信坦然地说："我不需要手，因为我有脚，我的脚可以做任何事情。有没有手并不重要，重要的是你的心中有没有爱。"

乐观的人不为环境所困，总能看到生命中那些美好的值得关注的一面。乐观者的词典中没有过不去的坎。乐观者是这样看待生活的：

你改变不了环境，但你可以改变自己；
你改变不了事实，但你可以改变态度；
你改变不了过去，但你可以改变现在；
你不能控制他人，但你可以掌握自己；
你不能预知明天，但你可以把握今天；
你不能样样顺利，但你可以事事尽心；
你不能左右天气，但你可以改变心情；
你不能选择容貌，但你可以展现笑容；
你不能延伸生命的长度，但你可以决定生命的宽度。

心理训练

一、课堂活动：情绪比萨

训练目的：了解自己的情绪状态，尝试思考这些情绪的来源和对自己的影响

训练时间：10分钟

训练准备：纸、笔

训练步骤：

1. 画一个“大比萨”代表你一周的时间，请你分割自己的情绪。它可以分为几块？每一块代表什么？它们占多大比例？

2. 把你喜欢的颜色涂在你愉快的时间，把你不喜欢的颜色涂在你不喜欢的时间，然后看看你的情绪比萨是什么色调？你满意你的色彩基调吗？

3. 小组讨论：（1）为什么会产生这些情绪？（2）这些情绪对自己有什么影响？

二、课堂活动：情绪管理三部曲

训练目的：学会调节自己的情绪

训练时间：10分钟

训练准备：纸、笔

训练步骤：

请你在纸上，回答以下三个问题。

第一步：What（我现在有什么情绪）？

由于我们平常比较容易压抑感觉或者常认为有情绪是不好的，所以常常忽略我们真实的感受，因此，情绪管理的第一步就是要先能察觉我们的情绪，并且接纳我们的情绪。情绪没有好坏之分，只要是我们真实的感受，我们就要学习正视并接受它。只有当我们认清我们的情绪，知道自己现在的感受，才有可能驾驭情绪，也才能为自己的情绪负责，而不会被情绪所左右。

第二步：Why（我为什么会有这种情绪）？

我为什么生气？我为什么难过？我为什么觉得挫折无助？我为什么……找出原因我们才知道这样的反应是否正常，找出引发情绪的原因，我们才能对症下药。

第三步：How（我应该怎样应对或调节这种情绪）？

想想看，可以用什么方法来调节自己的情绪呢？平常当你心情不好的时候，你会怎么处理？什么方法对你是比较有效的呢？

心理测试

大学生情绪状态自我测试

指导语：下面几组自测题，从情绪的稳定度、精力的充沛度、情绪的控制度、生活的充实度4个方面各提出了15个问题，请你放松、自如，不要深思熟虑，不要欺骗自己，要真诚而坦率地回答。符合的请选择“是”，不符合的请选择“否”。

一、情绪的稳定度

1. 无论发生什么事，都可以毫不在乎地思考别的事情。
2. 不计小隙，经常保持坦率、诚恳的态度。
3. 有担心的事情，往往写在纸上进行整理。
4. 做事时通常给自己定一个比较实际的目标。
5. 失败时认真反省原因，不会愁眉不展。
6. 具有许多自娱自乐的爱好。
7. 发生问题时，能倾听别人的意见或劝告。
8. 工作与学习都有明确的计划。
9. 尽管别人优于自己，但仍然我行我素。
10. 无路可走时，能改变生活的形式和节奏。
11. 经常满足于一点微小的进步。
12. 乐于一点一滴地积累有益的东西。
13. 很少感情用事。
14. 尽管很想做某一件事，但自己估量不可能实现时就会打消念头。
15. 抓住主要方面考虑问题，不拘泥细节。

二、精力的充沛度

1. 在工作和学习上抱有超过别人的愿望。
2. 具有积极进取的豪情。
3. 不满足于普通的生活方式。
4. 喜欢听取各种人的意见。
5. 竞争性强，但也有逍遥自在的时候。
6. 敢于向超过自己能力的目标挑战。
7. 无论做什么，时间观念都很强。
8. 能够接受别人的批评。
9. 经常在脑海里描绘自己要做的事情。
10. 一时办不到的事情，以后总想办法做到。
11. 做事不管有没有计划，都能井然有序。
12. 胸襟开阔，从不与人计较小事。
13. 做事情时每每心中感觉感情激荡。
14. 不顺心时，常常休闲地度过一段时间。
15. 喜欢与不同类型的人合作。

三、情绪的控制度

1. 起床后进行半小时的自我锻炼。

2. 每天的早餐时间充裕，气氛活跃。

3. 吟诗唱歌时往往放开嗓子纵情歌唱。

4. 入睡前说些鼓励自己的词句。

5. 不纠缠不愉快的事情。

6. 与其心事重重，不如马上着手解决。

7. 精神上有压力时，通过体育锻炼来解决。

8. 做重要的事情能全力以赴，不顾及其他。

9. 不管和谁都不说不文明的话。

10. 喜欢阅读伟人的传记激励自己。

11. 善于悉心洞察，冷静判断问题的症结。

12. 坚信无论什么事情都能成功。

13. 每日总结当日的事情，心情宽松地入睡。

14. 常常按规定时间上厕所。

15. 有计划地安排闲暇时间。

四、生活的充实度

1. 经常与友人交往。

2. 有自己的特殊爱好。

3. 能与领导、老师和同学愉快相处。

4. 能以宽容的态度对待家庭矛盾。

5. 吃饭时感到愉快。

6. 对工作和学习能够胜任。

7. 只购买自己必需的东西。

8. 对未来抱有乐观的态度。

9. 无论干什么都兴致勃勃。

10. 希望受到别人的瞩目和重视。

11. 不安于现状，想要变得更好。

12. 生活虽然不太好，却很快乐。

13. 不爱花零钱，也不爱买零食。

14. 对自己目前的工作和学习感到满意。

15. 对生活各方面感到满意。

评分与评价：每题选择“是”记1分，“否”不记分。然后将各题得分相加，算出总分。对照表5-1，找出你是属于哪一栏的。

表5-1 大学生情绪状态自我测试表

	低	一般	高
情绪稳定度	0～5分	6～12分	11～15分
精力充沛度	0～7分	8～12分	13～15分
情绪控制度	0～6分	7～11分	12～15分
生活充实度	0～4分	5～10分	11～15分

如果你的得分在一般以下，那就需要注意了。

情绪的稳定度：得分低者大多患得患失，不能很好地生活，常常拘泥于小事，忙忙碌碌，耗费心机。这样的人应该多学一点有关情绪情感自我调适的知识和方法，不能为一点小事或一次失败而愁眉不展。一般以上者大多擅长积极地处理问题，在各种困难面前不动摇，但有时会自作聪明而忽略重要问题，所以应提高综合分析能力，做出精密的调查和大胆的决定。

精力的充沛度：得分低者性格懦弱，缺乏与社会竞争的勇气，典型的好好先生，做事情没有干劲，也没有什么雄心壮志，安分守己。这样的人要注意提升自己的精气神，振奋自己的身心，敢于向人生挑战。一般以上者无论做什么都干劲十足，富于挑战性，对工作满腔热情，以充沛的精力对待每一件事，必定能接连不断地取得成功，但要善于调节内心的能量，不使自己陷入狂热状态。

情绪的控制度：得分低者不善于情绪的转换和松弛，容易精神疲劳，缺乏集中力，工作效率不高，还容易生病。今后要有意识地进行情绪的自我管理，以适应社会的变化，要努力保持爽朗松弛的心情和清醒理智的头脑。一般以上者善于情绪的管理和控制，不拘小节，踏实肯干，遇到困难会积极解决，以实际行动取代烦恼，经常保持轻松的心情，努力通过自我暗示来消除心中的阴影，但要注意改善与不同人的共事态度，要积极合作。

生活的充实度：得分低者对自己的生活和工作抱有不满情绪，很少从生活中得到乐趣，但对生活不满是一种积极态度，只有不满才能有上进的欲望，关键是要在工作和生活中正确领会自己是对什么不满及不满的症结，才能得到有效疏解。一般以上者相当满足于现在的生活，精神上也充实，生活和工作中心情欢畅，自主神经及内分泌的平衡都很好，对任何事都能正确地判断和决策。

思考题

1. 举例说明什么是ABC理论？不合理信念具有哪些特征？
2. 举例说明如何提高幸福指数？
3. 联系自身实际，谈谈如何管理自己的情绪与压力。

第6章 学会学习

话题导入

小王的苦恼

小王，某大学一年级学生，因两门课程考试不及格而苦恼不已，前来咨询。自述从小学习成绩很好，父母对其期望很高，希望他能考上名牌大学。可是高中一次变故让自己落下三个月的课程，成绩下滑，最终高考失利，没能考上一本。因父母都在医院工作，考虑到将来就业方便，就为其报考了医学专业。但入校后他觉得不喜欢该专业，加之来该校上学不是自己所选，故上课看小说、与同学说话、玩手机，课下也不认真复习，最终考试不及格，因此很伤心、懊恼。

进入大学之后，大学生的学习发生了很大的变化，小王的困惑和苦恼你曾经遇到过吗？你现在的学习一帆风顺吗？你能觉察到你学习中存在的问题吗？面对问题和困惑，我们应该如何应对呢？……让我们带着这些问题进入本章的学习。

第一节 学习心理概述

在大学阶段，学习仍是大学生活的主要任务。与中学阶段不同，大学学习有着很强的目的性、自主性与选择性，不单纯是为了学习而学习，是为了兴趣而学习，是为了未来而学习，是为了成长而学习。更为重要的是，大学时期是一个人记忆力、动作反应速度最佳的黄金时期。学习，不仅是大学生未来事业的基础，更是其成长的关键。大学生应不断提高心理健康水平，努力搞好学习，培养自己的综合素质，积极迎接知识经济时代和社会的挑战。

一、学习的含义

人和动物的行为有两类，一类是本能的行为，一类是习得的行为。本能的行为是通过遗传而获得的种群经验，如鸭子会游水，婴儿会吸奶……这些行为个体与生俱来，不学也会；习得行为是动物和人类在后天环境中通过学习而获得的经验，如狮子滚绣球、老鼠走迷津、猴子钻火圈等。人类知识与技术的掌握，个人心智的形成，人际关系的建立，态度和品德的形成，都是后天学习的结果。

学习是一种十分复杂的心理现象，学习的概念也有广义和狭义之分。

广义的学习是指人和动物在生活过程中，凭借经验而产生的行为或行为潜能的相对持久变化。这个观点说明了学习是介于经验与行为之间的中间变量。学习者必须凭借反复的练习与经验才有可能产生行为或行为潜能的持久变化。学习所引起的行为或行为潜能的变化是相对持久的，人们只要学会了某种知识与技能可终生不忘。学习是经验的反复积累的过程，当然也离不开个体成熟的影响，只有当个体具有一定的成熟准备时，经验才会发生作用。这个定义包含了学习的4个特点。

（1）学习是动物和人共有的心理现象，虽然人的学习是相当复杂的，与动物的学习有本质区别，但不能否认动物也是有学习性的。

（2）学习不是本能活动，而是后天习得的。

（3）任何水平的学习都将引起适应性的行为变化，不仅是外显行为的变化（有时并不显著），也有内隐行为或内部过程的变化，即个体内部经验的改组和重建，这种变化不是短暂的，而是长久的。

（4）不能把个体的一切变化都归为学习，只有通过学习活动产生的变化才是学习（如疲劳、生长、机体损伤及其他生理变化所产生的变化都不是学习）。

狭义的学习专指学生的学习，是在专门老师的指导下，有目的、有计划、有组织、有系统地进行的，是在较短的时间内接受前人所积累的文化科学知识充实自己的过程。大学生的学习既要掌握知识，又要形成技能，提高素质，发展智力。

二、大学生学习的特点

现代社会是一个崇尚知识、崇尚人才的社会。学习是构成大学期间丰富多彩生活的中心内容，也是大学生最重要的职责与使命。大学学习生活，是大学生自我角色期待、自我认识、自我激励、自我完善的动态过程。大学一年级新生应该充分认识到学习在大学生活中的重要地位，进一步确立学习是大学生的首要任务的观念，尽快了解和掌握大学学习的主要特点和基本方法，将主要精力投入学习中去。

大学教育与中学教育在培养目标和教学要求上明显不一样。普通中学教育是为继续升学或一般就业打好文化基础，课程设置和教学内容全国基本相同；而高等学校是按专业培养人才，课程设置和教学内容各个学校不尽相同。

（一）学习的自主性

无论从学习内容、学习时间还是学习方式都更加强调个体在学习活动中承担的角色，主要强调学习的自觉性与能动性。大学生学习的能动性主要表现在两个方面。

第一，大学生对学习内容具有较大的选择性，特别是随着高等教育改革的深化，大学的课程安排更加科学合理，既有公共必修课。专业基础课，还有辅修课程及大量选修课，学生可以根据自己的专长、爱好、兴趣自由选择。大学生选择课程学习内容主要考虑以下几方面的内容：学科内容与职业的契合性、学科的实用性、自己兴趣及将来的职业生涯选择，以及对自身素质的拓展等。如计算机、外语始终是学生学习的重点与热点，就是因为科技发展日益显示其重要性。再者，大学生可以控制自己的学习时间、学习方法与学习内容。自学能力已经成为衡量大学生学业拓展能力的重要指标。

第二，高校更加重视学习知识活化能力，即知识应用能力，课程设计、学年论文、毕业设计与毕业论文都体现着知识的运用能力，也充分体现着学生的主观能动性。

（二）学习的专业性

大学生的学习是在确定了基本的专业方向后进行的，因此其学习的职业定向性较为明确，即：为将来走上工作岗位、适应社会需要所进行的学习；专业与学科群的划分也与大学学习与未来职业生涯紧密联系在一起，而专业学习要求大学生既要了解本专业的前沿知识与经典理论，又要掌握与本专业相关的基础知识与专业基础。

（三）学习的广博性

步入大学后，大学生普遍觉得知识浩瀚如海，为每位学生的发展都提供了一个广阔的天地。大学生的求知欲、好奇心促使他们广泛涉猎各门学科知识，渴望在较短的时间内有效地掌握各种知识和技能。而且，当前社会要求大学生要成为“一专多能”的复合型人才，而复合型人才要有复合型知识结构，因此，在学习上需要追求量的扩充，注重扩大认知的领域。要想做到广博，大学生应了解和掌握三大类知识，即学科知识、其他科学文化知识和社会知识。学科知识包括学科学习的一般基础知识、专业基础知识、相关学科知识三个方面；其他科学文化知识是指学科知识之外的科学文化知识，如影视鉴赏、文学艺术修养等；社会知识是指人在社会中生存所需要的各种生活知识、人际交往知识，通过参加学校的各种社团组织、实习、见习等获得的接触社会、融入社会的机会等。

（四）学习方式的多样化

信息时代，教师不再是知识的中心，学习获取知识的多元化带动了学习方式的变迁，网络又开辟了一条学习的新途径。大学开放式的教学为学生提供了多种多样的成功之路，除课堂教学外，课外实习、课程设计、科研训练计划、学年论文、专家讲授、学术报告及走向社会的社会实践、咨询服务等都为大学生的学习提供了广阔的道路。

（五）学习的研究探索与创新性

大学学习已具有一定的探索性特点，即对书本之外的新观点、新理论进行深入的钻研与探索。大学学习不仅仅在于掌握知识，更在于探究知识的形成过程与科学的研究方法，了解学科发展前沿、存在的问题及解决的思路。目前，高等学校普遍重视加强大学生创新能力的培养，在课程设置、课程安排、课程衔接上突出学生的主体地位，体现创新，加大学生实践环节的培养，旨在提高大学生的创新能力。

第二节　大学生学习能力的培养

大学学习的基本方法与中学相比，其特殊性不仅表现在知识的专业化、学科内容的复杂化、知识容量的扩大与加深，更重要的在于学习方法上也发生了较大的变化。态度决定成败，方法决定效果。学习活动是个体的活动，每个大学生都不能把自己的学习方法停留在中学阶段，而要正确认识自己学习的个性品质，选择适合自己个性的学习方法，提高自己的学习效率。

一、树立终身学习观

学习观就是人们对学习的看法，存在于每个人的头脑之中。学习观直接涉及大学生在校期间乃至终身学什么和怎么学的问题。作为新时代的大学生，不仅要掌握必需的科学文化知识，而且更重要的是必须学会怎样学习，必须注重培养选择信息、判断信息、综合信息和分析利用信息的能力。这样才可以在学习型社会中生存，在终身学习的远航中平稳快捷地前进。终身学习是新世纪知识经济、知识社会发展和人的发展的必然要求。因此，大学生要树立终身学习观，促进学习力的提升。

所谓学习力乃一个人学习态度、学习能力和终身学习之总和。这也是动态衡量人才质量高低的真正尺度。两名同一所大学毕业的人才，一名学习力一般，且踏上社会后不再继续刻苦学习。三五年后他的知识已被折旧了一半；而另一名学习力较强，踏上社会后边工作边学习，三五年后则很可能已经事业有成。有鉴于此，国际上早在20世纪70年代就提出了终身学习、终身教育的新理论。解读“学习力”这一新观念，有助于我们把思想与学习提高到一个更高的层次。学习力，即是最可贵的生命力。当代社会科技发展日新月异，知识总量的翻番周期愈来愈短，从过去的100年、50年、20年缩短到5年、3年。这表明“一次性学习时代”已告终结，学历教育已被终身教育取代。

二、明确学习目标

学习目标是引发我们学习行为的动力之一。我们也可能因为考试将近，做出更多复习的行为，因为心中抱有一个目标——“期末考试一定要通过”。目标是一种手段，达到结果的一种手段。大学学习目标有近期与远期之分。远期学习目标就是要通过完成学期、学年等近期的学习目标，顺利、圆满实现大学学习的各项任务。近期目标指一天、一周、一个月等短时间内所预设的期望。一般来说，近期目标更符合实际，可以发挥短期效应，增强学习的成就体验。

我们大多数人对现在和将来的关心大于对过去的关心，所以有能力设立目标，但是因为要花时间和精力去探索，还是有很多人嫌麻烦或者害怕面对不确定的状态而不愿意去设立目标。下面列举了目标管理的方法（见表6-1），希望对大家有所帮助。

表6-1　不同目标类型的管理

目标类型	管理建议
长期目标	涉及你想要的生活类型，与事业、婚姻、生活方式有关。在大学期间最好保持这些目标的宽泛和灵活，进行更多的探索
中期目标	涵盖今后5年左右的时间，包括寻求的教育类型，或者对事业的规划。你对这些目标有较大的控制能力
短期目标	可以从下个月开始到一年以后。你可以设立非常实际的目标，并努力实现它们
小型目标	涵盖一天到一个月的所有事情。你对这些目标具有很大的控制能力，应该使他们详尽明确
微目标	涵盖从现在开始15分钟到几个小时的时段。实际上，只有这些目标是你可以直接控制的

对于中长期目标来说，要点是设立自我和谐的目标，让自己做重要的事，符合自己的价值观和兴趣而选择的事情更能够实现。

对于短期、小型和微目标进行管理需要遵循SMART原则。

（1）目标必须是具体的，比如把目标定为“看完这本书的第八章”比“对这本书进行学习”要具体得多，可操作性也更强。

（2）目标必须是可以衡量的，可以通过核查来确定是否完成。

（3）目标必须是可以达到的，应适应自己的实力。中等难度的目标具有一定的挑战性，但是并非高不可攀。

（4）必须与其他目标具有相关性，你必须要有一个目标群。必须具有明确的截止日期，有一定的时间压力。

延伸阅读6-1

山田本一成功的秘诀

1984年，在东京国际马拉松邀请赛中，名不见经传的日本选手山田本一出人意料地夺得了世界冠军。当记者采访他时，他告诉了众人这样一个成功的秘诀：我刚开始参加比赛时，总是把我的目标定在40多千米外终点线的那面旗帜上，结果我跑到十几千米时就疲惫不堪了，我被前面那段遥远的路程给吓倒了。后来，我改变了做法。每次比赛之前，我都要乘车把比赛的路线仔细地看一遍，并把沿线比较醒目的标志画下来，比如第一个标志是银行，第二个标志是一棵大树，第三个标志是一座红房子……这样一直画到赛程的终点。比赛开始后，我就以百米的速度奋力向第一个目标冲去，等到达一个目标后，我又以同样的速度向第二个目标冲去，40多千米的赛程就这样被我分解成这么几个小目标轻松地跑完了。山田本一的话令人深思。看来，非凡的学习能力不会一蹴而就，它是由一个个并不起眼的小目标的实现堆砌起来的。让我们把目标化整为零，用一个个小的胜利赢得最后的大胜利。

三、做好大学4年的规划

进入大学，并不意味着是12年寒窗苦读的终结，而应该是一个新的起点，新的开始就需要有一份新的规划。在大学期间，同学们需要学习并完善自己的专业知识，需要培养和提高独立生活的能力，需要明确和巩固自己的价值观念，当然，最重要的是要为毕业后自己的发展（如就业、考研、出国）做好充分的准备。那么在大学四年的学习生活中，如何切实有效地实现以上目标呢？一般认为，大学生可以参考以下规划安排自己4年的生活。

（一）大一阶段

背景：生活时空发生很大变化，由一个见识、交往、活动范围较为狭窄的天地，进入一个见识较为广博、交往活动范围较为宽阔的天地；由上课、作业、考试及活动均由老师统一安排，转化为需要自己来设计和安排的自觉学习、生活等。新生通常怀着对大学生活的美好憧憬，把人生理想化，但缺少明确方向。

目标：适应大学生活，提高人际沟通能力。

学习：CET-4；如果打算系统地学一门第二外语，应从大一开始；如对本专业不满意，可在政策允许的前提下，转专业或积极准备辅修第二专业或业余自学其他感兴趣的知识；对计算机了解不多的同学可进行一些基础知识的补习，完成计算机一级考试；有计划地培养自己较适宜的业余爱好或特长，如绘画、书法、篮球、足球、乒乓球和演讲等。

实践：选择参加一两个社团组织；参与一些对专业要求不高的社会实践，如家教、促销员等；如有某项专业技能，也可尝试去公司做兼职。

建议：进行能力、气质、性格、价值观等的测试，发现自己的长处和短处，以便今后注重自己正确个性的培养；有意在大学入党的同学应在大一写入党申请书；学会充分利用学校的资源和机会，如图书馆、海报栏、勤工助学机会等。

（二）大二阶段

背景：大二是大学4年中重要的过渡期。大学的概念已经形成，已渐渐适应了校园生活。但时间流逝快，很多东西看上去似乎没什么进展。教学方面专业课增多，社团活动方面大多已成为骨干分子。

目标：全面提高基本素质，考虑并初步确定毕业后的发展。

学习：CET-6，计算机二级考试，提高英语口语水平和计算机应用能力；辅修其他专业的课程。

实践：参加与专业有关的暑期实习，并和同学们交流实习和工作心得。

建议：可在大二确定毕业后的发展方向，是就业、考研还是出国。有出国意向的同学可以开始准备TOEFL、GRE等考试。有考研意向的同学在确定所要报考的专业和学校后，可寻找该专业的考试科目和推荐书目，进行有针对性的学习。决定就业者，应初步了解将来的就业形势，对职业发展进行大致的定位。

（三）大三阶段

背景：学习内容基本都是专业课，因此对自己专业的认识也比较深入和全面。此时在社团方面已经是领导，对于出国、考研还是就业有了明确的方向。

目标：提高求职技能，搜索目标公司信息；若考研、出国，进一步做好相应准备。

学习：加大专业课的学习力度；撰写学术文章、提出自己的见解；学习写简历、求职信。

实践：了解和搜集就业信息并积极尝试。同时，可利用暑假到与专业有关的企业进行短期工作实践。

建议：加入校友网络，与已经毕业的学长交流，评估大二确立的职业定位及知识、能力方面的不足。

（四）大四阶段

背景：养兵千日，用在一时。大四基本上就是实习、做毕业设计（论文）、找工作或备战考研、出国申请。

目标：工作申请、成功就业，申报学校，为读研做好准备。

实践：对前三年的准备做一个小结，检验自己前三年的准备是否已充分；积极参加招聘活动，在实践中检验自己的积累和准备，预习、模拟并参加面试。

建议：积极利用学校提供的条件，了解就业指导中心提供的用人单位资料信息、强化求职技巧、进行模拟面试等训练，尽可能地在做出较为充分准备的情况下进行施展演练。

扫一扫

多元智力理论

上述规划是一些简要总结，大学生可以此为基础，根据自身情况进行调整，制订一份适合自己的4年规划。当然，在繁忙的学习和社会实践之余，一定要安排一定的时间进行身体锻炼，生命在于运动，身体是革命的本钱。

四、管理你的时间

所谓时间管理，简单说就是为了提高时间的利用率和有效性，而对时间进行合理的计划和控制，有效安排和管理日常事务的活动。大学生的时间管理，是大学生对大学生活时间（包括学习时间和闲暇时间），采用科学的手段，围绕学习生活事务及其进程，进行有计划、有系统地控制、调节，最终达到有效利用时间来实现自我发展目标的管理活动。以下时间管理方式，建议大学生朋友学会运用。

（一）ABC时间管理法

最初由美国管理学家莱金（Lakein）提出，他建议为了提高时间的利用率，每个人确定今后5年、今后半年及现阶段要达到的目标。人们应该将其各阶段目标分为ABC三个等级，并根据不同等级采取不同的处理措施。具体步骤和原则如下。

1. 划分事务级别

根据事务的重要性来规定优先顺序，对每一项工作做如下考虑："这件事是不是有助于达到我的长期目标或短期目标？"做出判断之后，再根据判断确定事物的级别。

（1）A级事务。如果非常有助于达到目标，即为最重要的事项，将其标注为A——必须要做的事，是指与实现自己的目标相关的关键事务。A级事务都是必须在短期内完成的任务。一旦完成，A级事务就会产生显著的效果。而如果事务未完成，那么严重的、令人沮丧的，甚至是灾难性的后果就有可能发生。A级事务非常关键是需要立刻行动起来去做的。

（2）B级事务。如果对于达到目标具有一般的意义，即为次重要的事项，将其标注为B——应该做的事，是指具有中等价值的事务，这类事务有助于提高个人或组织业绩，但却不是关键性的。B级事务是应该在短期内完成的任务。虽说级别不如A级事务那样紧迫，但它仍然很重要。这些工作可以在一定期限内相应地推迟。若规定的完成期限较短，就应该将它们很快提升为A级。

（3）C级事务。如果对达到目标起的作用不大，即为不重要的事项，将其标注为C——可以做的事，是指价值较低的一类事务，无论这些事务多么有趣或紧急，都应该延后处理。C级事务是可以推迟的，但不会造成严重后果的工作任务。C级事务中的有些工作甚至可以无限期地推迟。但其他一些事务，尤其是那些有较长时间限制的事务，也会随着完成期限的临近最终转变为A级别或B级别。

2. ABC三级事务的比例及价值

各级事务所占的比例及价值不是看其在的整体中所占的百分比总体来说，ABC三级事务在事务总量中所占的比例及价值如下。

A级事务约占任务和工作总量的15%，这是你必须集中精力完成的事务。对所有达到的目标而言，它真正的价值高达65%。

B级事务约占任务和工作总量的20%，你完成B级事务的价值也就是20%。

C级事务占任务和工作总量的65%，你完成这级事务的价值仅为15%。

（二）四象限时间管理法

按照重要性和紧迫性把事情和时间分成两个维度，其一是按重要性排序，其二是按紧迫性排序。然后，把所有事情纳入四象限，按照四个象限的顺序灵活而有序地安排学习和工作（见图6-1）。一般来讲，第一象限中的事情应有计划地去做，第二象限中的事情应立刻去做，第三象限中的事情应尽量少做，第四象限中的事情应尽量委托他人去做。

	紧急	不紧急
重要	I • 考试、论文 • 危机 • 急迫的问题 • 有限期的任务、会议、准备事项	II • 准备事项 • 读书、查阅资料 • 锻炼表达能力 • 锻炼身体 • 价值观的澄清 • 关系的建立
不重要	III • 干扰、电话 • 临时性的指派任务 • 一些会议 • 许多迎合别人的活动	IV • 逛街 • 闲聊 • 网游 • 修图 • 无关紧要的信件和邀请 • 看太多的电视剧

图6-1　时间管理象限

著名时间管理专家德鲁克说：“重要的事情先做，其他事情，根本不用考虑。”当然，重要的事情往往不紧急，或者很难，但不要担心，个人效率教练夏尔•保罗说：“你会发现，你用来担心和计划的时间与你实际从事该任务所花的时间几乎是一样的。”

延伸阅读6-2

拖延背后的原因

拖延症是指自我调节失败，在能够预料后果有害的情况下，仍然把计划要做的事情往后推迟的一种行为。拖延是一种普遍存在的现象，一项调查显示大约75%的大学生认为自己有时拖延，50%的大学生认为自己一直拖延。严重的拖延症会对个体的身心健康带来消极影响，如出现强烈的自责情绪、负罪感，不断的自我否定、贬低，并伴有焦虑症、抑郁症等心理疾病，一旦出现这种状态，就需要引起重视。

拖延者和完美主义者最大的问题就是对时间的估计不足。如果发现你的空余时间过多，那么更需要的是寻找真正让你感兴趣的事情，进行目标设定的管理；如果发现根本没有多少空余时间，那么我们需要一些技巧来管理时间，如上文提到的ABC管理法。

其实，在拖延的背后，都是有一定的主观原因的。当发现自己已深陷拖延的泥沼，不妨对照表6-2，找出深层原因，然后加以改进。

表6-2　拖延的原因

拖延的原因	举例
我们觉得完成任务的过程没意思	背单词
问题太难了	做高数题
觉得完成这个任务没价值	洗衣服
害怕别人对你做的工作给出消极的评价	写论文
对成功的恐惧，如怕遭嫉妒，还得完成更多的任务	写作
避免被控制	这个老师太可恶，坚决不按时交作业
追求最后期限来临前的兴奋和刺激	晚起床，最后一分钟赶上公交车
完美主义	完成项目
压力过大	我精力耗尽了，再也不努力了
无聊	学习根本就没意思

五、掌握学习策略

所谓学习策略，是指有效的学习规则、方法、技巧及调控方式。学习策略主要分为认知策略、资源管理策略和自我监控策略。掌握学习策略，是检验一个大学生会不会学习的重要标志之一，也是衡量一个大学生学习能力的重要尺度之一。

许多实验研究表明，认知策略中的组织策略对于提高学习效果具有重要作用。组织策略就是整合所学新知识之间、新旧知识之间的内在联系，形成新的知识结构。

（一）常用的组织策略类型

1. 系统结构图

学完一科知识，对学习材料进行归类整理，将主要信息归纳成不同水平或不同部分，然后形成一个系统结构图。复杂的信息一旦被整理成一个金字塔式的层次结构，就很容易理解和记忆。在金字塔结构里，较具体的概念要放在较抽象的概念之下。

2. 列提纲

列提纲时，要先对材料进行系统的分析、归纳和总结。然后，用简要的词语，按材料的逻辑关系，列出主要观点和次要观点。所列出的提纲，要具有概括性和条理性。

3. 一览表

首先对材料进行全面的综合分析，然后抽取主要信息，并从某一角度出发，将这些信息全部陈列出来，力求反映材料的整体面貌。

4. 方阵图

方阵图是从纵横两个维度，罗列材料中的主要信息。层次结构图和流程图都可以衍变成方阵图。

5. 流程图

流程图可用来表现步骤、事件和阶段的顺序。流程图一般是从左向右或从上到下展开，用箭头连接各步。流程图可以与层次结构图相结合使用。

6. 模式或模型图

模式图就是利用图解的方式，来说明在某个过程中各要素之间是如何相互联系的。例如，在政治经济学中，我们可以把生产力和生产关系、生产关系和经济基础、经济基础和上层建筑之间的关系，制成一张模式图。模型图是用简图表示事物的位置（静态关系），以及各部分的操作过程（动态关系）。

7. 网络关系图

人们一般称之为概念图。网络关系图越来越受重视，在学习、教学和测评中被广泛加以利用。利用网络关系图，可以图解各种观点是如何相互联系的。做网络关系图时，首先要找出主要观点，然后找出次要观点或支持主要观点的部分，接着标出这些部分，并将次要观点与主要观点联系起来。在网络关系图中，主要观点位于图正中，支持性观点位于主要观点的周围。

（二）大学期间的主要学习方法

此外，大学生还应学会科学的学习方法，“学会学习”不仅是大学生学习成功的保证，也是大学生学习的重要任务。大学期间的学习方法因大学学习的专业性、阶段性、自主性、探索性等特点而有别于中学期间的学习方法。大学生必须结合自己的实际情况，寻求适合大学学习特点的学习方法，避免因学习方法不当而产生学习疲劳。

1. 集中与分散学习法

集中学习法是指用较长时间进行学习活动，学习的次数相对较少。一次学习时间的长短取决于学习材料的性质及其他因素。一般来讲，对于复杂难懂的材料，采用集中法比较合适，这样可以保证学习者在一定时间内集中注意力，有利于他们理解并掌握那些抽象难懂的材料。但集中学习的时间不宜过长，否则容易引起疲劳，使学习效率下降。至于学习多长时间为宜，要视个人的体力与脑力情况而定。分散学习法与集中学习法不同，它是指将学习时间分成几个阶段，每学习一段时间就休息一会儿。实验证明，假如分散学习的时间不是太短，这种方法是比较有效的。至于每次分散学习的时间多长为好，也要视学习材料的性质及个人的具体情况而定。

2. 整体与部分学习法

整体学习法是指将学习材料作为一个整体来学习。学习过程中，将材料从头至尾反复学习，以获得对材料的总体印象和了解，进而掌握一些较为具体的内容。部分学习法是指将学习材料分成几个部分或几个具体的概念，每次集中学习其中一部分或一个具体概念。对每个具体的部分或概念根据其难易程度的不同，具体安排学习的时间长度或次数。

整体学习法与部分学习法各有利弊。整体学习法使人比较容易把握学习材料的全貌，但不利于掌握具体的材料内容；而部分学习法则能使学习者较好地掌握每一具体部分，但却难以对材料形成一个总体印象，从而使具体学习的各部分内容不能很好地融会贯通起来。要使这两种方法更好地发挥作用，可以将两者结合起来使用。具体做法是：首先，采用整体学习法对所学材料做一个大概了解，形成一个较为清晰的轮廓；其次，采用部分学习法对学习材料进行“各个击破”，并重点学习那些较难或较重要的部分；最后，再采用整体学习法将已仔细学习过的材料作为一个整体重新复习一遍，让各部分的具体内容前后联系起来，从而在头脑中形成一个更为清晰、全面的印象。实践证明，两者相互结合的方法比单独采用其中一种学习方法更有效。

3．要注意劳逸结合，科学用脑

根据大脑神经活动兴奋—抑制交替进行的规律，张弛有度、劳逸结合是预防心理疲劳的有效方法。保证充足的睡眠，在学习一段时间后，休息片刻，放松一下；或者在学习之余，参加一些文体活动，可以使身心得到放松和调节。通常，脑力劳动者最好采用活动的方式缓解疲劳，即在一定的脑力耗费之后，做一些不太剧烈的活动，如散步、慢跑等。

现代科学已揭示了大脑两半球的不同功能：大脑的左半球与逻辑思维有关，大脑的右半球则与形象思维有关。此外，大脑活动还有一种“优势现象”，即当大脑某一功能区的活动占优势时，可使其他功能区的活动相对处于休息状态，所以不同学科尤其是文、理科穿插进行学习可有效地预防心理疲劳。此外，进行某种脑力劳动之后，可以采用“换脑筋”的方式，翻阅一些与刚看过的内容截然不同的东西，或者看一些消遣性的书籍、听听音乐等，这些都有助于消除大脑的疲劳。

六、完善记忆方法

学习与记忆是一枚硬币的两面。知识学习是从知识记忆开始的，通过记忆使知识得以保持和巩固，而各种记忆策略的灵活运用无疑又给记忆增添了乐趣，并使记忆效能得到开发。记忆力反过来又促进了学习力的提高。那么，该如何改善记忆、改善学习力呢?

（一）发现逻辑联系

理解记忆的基本条件是对材料进行思维加工。人们记忆材料时，不采取逐字逐句强记硬背的方式，而是首先理解其基本含义，即借助已有的知识经验，通过思维进行分析综合，把握材料各部分的特点和内在的逻辑联系，使之纳入已有的知识结构，以便保持在记忆中。理解记忆的全面性、牢固性、精确性及迅速有效性，依赖于对材料理解的程度。理解记忆是以理解材料内容为前提的。这种理解不仅指看懂了材料，而且包括搞懂了材料各部分之间的逻辑联系，以及该材料和以前的知识经验之间的关系。因此，在记忆材料的时候，我们要尽可能向学生讲明“先理解、后记忆”的要求，而不要从一开始就逐字逐句地死记硬背。

（二）赋予“无意义”材料以意义

将本来没有意义联系的内容人为地赋予意义联系，这是将机械记忆转换成理解记忆的最好办法。例如，记忆1901年清政府同帝国主义列强签订的《辛丑条约》的内容，可以先用分类记忆法把内容归纳为四点：一是清政府要向列强赔款4.5亿两白银；二是严禁中国人民的反抗斗争；三是允许帝国主义在中国驻兵；四是允许列强修建使馆，划分租界。然后再用概括记忆法将这四点压缩为“钱”“禁”“兵”“馆”4个字，再用谐音记忆法记为“前进宾馆”，以后一想到这4个字，就可一连串地记起全部内容。

（三）灵活运用多种记忆法

对于那些没有明显意义联系的学习材料，如历史年代、数字、外文单词等，我们可以利用记忆术的一些方法，采用联想、谐音、歌诀等人为的方法去建立起一定的意义联系帮助记忆，从而提高记忆的效益。这些记忆法在有关记忆的书上或网站随处可见。

1. 多感官通道并用

人有各种感觉器官，耳、目、口、鼻、手等。记忆时如果能多种感官并用，就可以提高大脑皮层的兴奋性，促进暂时神经联系的形成，使知识掌握得更快、更牢。如果仅有一种感官连续地进行活动，大脑就容易产生抑制，记忆效率也会降低。例如，记忆英语单词时，如果能边看边写，效果就比只看要好得多。

2. 联想记忆法

这是通过建立事物间的联系而记忆的方法。

3. 形象记忆法

这是一种对抽象材料赋予一定形象而进行记忆的方法。直观、形象的东西，尤其是视觉映像，容易给人留下深刻的印象。例如，记单词avarice（贪婪）时，可利用avarice的形象进行记忆，前面部分ava类似人的两只眼睛和一个鼻子，后面的rice则为“米饭”之意，一个人眼睛盯着米饭即表示贪婪。在这里，既有联想法，又有形象法，使人印象深刻。

4. 精选记忆法

对记忆材料加以选择和取舍，从而决定重点记哪些，略记哪些，这种记忆方法叫作精选记忆法。学生每天接触的信息太多了，而这些信息并不是都需要记忆的。牵牛要牵牛鼻子，记忆要选择知识的“牛鼻子”。因此要想考出好成绩，必须对所学知识充分消化理解，精选重点内容，把它们牢牢地记住。许多公式、定义、定理、定律是精髓和本质所在，要理解，也要牢记。它们往往能以一当十，有着举一反三的作用。有些人将一些解题过程和答案也强行背下来，这是完全没有必要的。因为考题是千变万化的，它要求你灵活地运用公式或定理，绝不会要求你去死记。学习好的人、记忆力强的人，往往能抓住重点，抓住精髓，善于组织材料。

5. 口诀记忆法

将记忆材料编成有韵律的口诀来记。

6. 谐音记忆法

利用谐音把毫无意义的事物变成生动的材料，从而帮助记忆。

七、培养学习兴趣

孔子说：“知之者不如好之者，好之者不如乐之者。”快乐和兴趣是一个人成功的关键。如果你对某个领域充满激情，你就有可能在该领域发挥自己所有的潜力，甚至为它废寝忘食。这时候，你已经不是为了成功而学习，而是为了“享受”学习。寻找兴趣，确定自己的中心兴趣，这样才能保证学习的针对性和有效性。哲学家洛克说过：“学习很多知识的秘诀，就是一次不要学得太多。”

寻找兴趣点的最好方法是开拓自己的视野，接触众多的领域。唯有接触，你才能尝试；唯有尝试，你才能找到自己的最爱。而大学正是这样一个可以让你接触，并尝试众多领域的独一无二的场所。因此，大学生应当更好地把握在校时间，充分利用学校的资源，通过使用图书馆，旁听课程、利用网络，听讲座，参加勤工俭学和社团活动，与朋友交流，使用电子邮件和电子论坛等不同方式，接触更多的专业领域、更多的工作类型和更多的专家学者。

通过开阔视野和接触尝试，如果你发现了自己真正的兴趣和爱好，这时就可以去尝试转系的可能性，尝试课外学习、选修或旁听相关课程；另外，你也可以去找一些勤工俭学或社会实习的机会，进一步理解相关行业的工作性质；或者去报考自己感兴趣专业的研究生，重新进行一次专业选择。除了“选你所爱”，大家也不妨试试“爱你所选”。有些同学后悔自己在入学时选错了专业，以至于对所学专业缺乏兴趣，没有学习动力；有些同学则因为追寻兴趣而“走火入魔”，毕业后才发现荒废了本专业的课程；还有一些同学因为在学习上遇到了困难或对本专业抱有偏见，就以兴趣为借口，不愿意面对自己的专业。这些都是不正确的。

在大学中，转系可能并不容易，所以大家首先应尽力尝试着把本专业学好，并在学习过程中逐渐培养自己对本专业的兴趣。而且，一个专业里有很多不同的领域，也许你会对专业里的某一个领域感兴趣。现在，有很多专业都发展了交叉学科，两个专业的结合往往是新的增长点。因此，只要多接触、多尝试，你也许就会碰到自己真正感兴趣的方向。“数字笔”的发明人王坚博士，在微软亚洲研究院负责用户界面的研究，可是谁又能想到，他从本科到博士所学的都是心理学专业，而用户界面正是计算机和心理学专业的最佳结合点。大学生还需要明白的一点是，就算毕业后要从事其他行业，你如果把自己的专业学好了，同样能在你所从事的行业中占有优势。例如，有一位同学不喜欢工科，想毕业后进入服务业发展，那么他可以先把工科学好，将来在服务业中以精通技术作为自己的特长和优势。社会是丰富多彩的，每个人都可以有很多不同的兴趣和爱好。在追寻兴趣的同时，更重要的是要找寻自己终身不变的志向。有一位作者曾访问了几百个成功者，问他们有哪件事是他们今天已经懂得、但在年轻时却留下了遗憾的。在受访者的回答中，最多的一种是：“希望在年轻时就有前辈告诉我、鼓励我，去追寻自己的理想和志向。”由此可见，兴趣固然关键，但志向更为重要。

延伸阅读6-3

培养良好的学习习惯

1978年，75位诺贝尔奖获得者在巴黎聚会。有人问其中一位：“你在哪所大学、哪所实验室里学到了你认为最重要的东西呢?”出人意料，这位白发苍苍的学者回答说：“是在幼儿园……”又问：“在幼儿园里学到了什么呢?”学者答：“把自己的东西分一半给小伙伴们；不是自己的东西不要拿；东西要放整齐，饭前要洗手，午饭后要休息；做了错事要表示歉意；学习要多思考，要仔细观察大自然。从根本上说，我学到的全部东西就是这些。”这位学者的回答，代表了与会科学家的普遍看法。把科学家们的普遍看法概括起来，就是他们认为所学到的最主要的东西，是幼儿园老师给他们培养的良好习惯。

第三节　大学生学习常见问题及调适

现在的大学已经不再是与世隔离的“象牙塔”，大学就是一个微型的社会。生理和心理发展还不完善的大学生，学习会受到社会氛围、社会价值观、家庭、学校等多种因素的影响，在学习目标、学习动机、学习方法等方面可能存在偏差。因此，如何及时地认识到这些问题并科学地进行调适，是大学生顺利完成学业并学有所成的关键。

一、学习动机不当

（一）学习动机是什么

学习动机，是指引起和维持个体的学习行为以满足学习需要的心理倾向，它是推动学生学习的内部动力，又称“学习的动力”。

人们常常认为，学习动机越强，对学习活动越有推动作用，但是，事实却并非如此。有时，超过一定强度的学习动机，反而会导致学习效率下降。心理学家耶尔克斯与耶德逊研究表明，任何任务或活动都有其“最佳的动机水平”，活动效率在此水平上达到最高。如图6-2所示，在最佳水平范围之内，效率随动机的增强而提高；超过最佳水平，效率反而随动机的增强而下降。研究还表明，对于不同难度的活动，其动机的最佳水平是不一样的。容易或简单的活动及任务，譬如背诵英语单词、抄写课文、训练打字，所需要的动机要强一点；而困难或复杂的活动及任务，譬如解答数学难题，需要的动机就要弱一点，过强的动机会导致焦虑，从而降低学习效率。

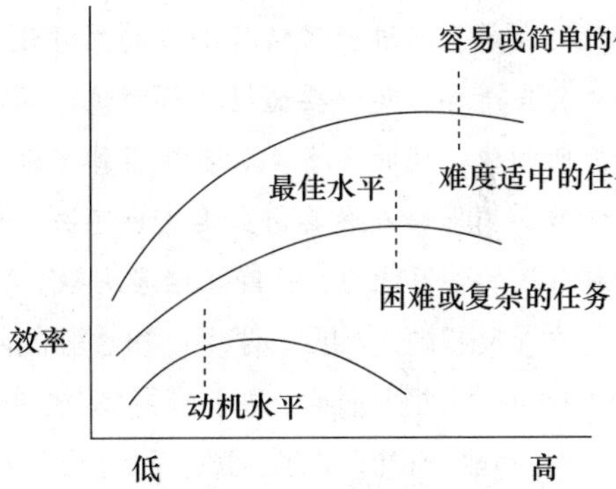

图6-2　动机强度与工作效率的关系

（二）学习动机不当的表现及调适

1．学习动机缺乏

【案例1】　张某，男，20岁，某工科大学二年级学生。中学阶段学习成绩一直非常优异，且一直担任班长职务。进入大学后，他忽然感觉到学习没有了动力，生活没有目标，心中空荡荡的，想想中学时代自己的光辉历史。也想在大学里再创佳绩，但总找不到学习的动力和奋斗目标，上课打不起精神，自习从来不去，感觉学习、生活都没有意思，于是经常通宵去上网聊天、打游戏。

上述案例是学习动机缺乏的典型表现，其主要特点有两方面。

一是缺乏学习动力。学习动力缺乏的学生主要表现为：无求知的欲望，无成就感，对自己不抱什么希望，觉得人情冷漠；上课不愿意听讲，并对老师所讲的内容不感兴趣、烦躁不安；学习没有目的，钻不进去，课余大部分时间和精力都放在踢足球、打扑克等娱乐消遣活动上。

二是缺乏自信心、自尊心。缺乏学习动机的学生首先无自信心，感觉自己搞不好本专业的学习，自己对专业没有兴趣，经常拿“我在这方面天生就不行”的话来安慰自己，因而学习成绩不好也不觉得丢面子，成绩不及格也不在乎。这类学生认知反应能力差，调动不起学习激情，意志也不坚定。

那么应如何提高学习动机呢？

首先要培养学习兴趣。兴趣是指在积极探究某种事物或从事某种活动的过程中，伴随着一定的情感体验的心理倾向。兴趣是引起和维持注意力的一个重要内部因素，是学习过程中的一种积极的心理倾向。大学生要想在学习中发挥积极性和创造性，只有对自己所学的知识培养浓厚的兴趣，才会心向神往，保持积极的学习态度。学习兴趣，是可以在学习过程中逐步培养起来的。

其次要端正学习态度。学习态度是指学生的较为持久的肯定或否定的内在反应倾向，通常可以从学生对待学习的专注状况、情绪倾向与意志状态等方面来加以判定和说明。如喜欢还是厌倦、积极还是消极等情绪情感。学习态度受学习动机的制约，是影响学习效果的一个重要因素。端正学习态度最根本的做法是要有正确的学习目标。高尔基曾说过，一个人追求的目标越高，他的才能就发展得越快，对社会就越有益。在我们确立奋斗目标时，不妨站得高一些，看得远一些，从而全力以赴。这样的学习才能显示出强有力的动力。

2. 学习动机过强

【案例2】 陈某，女，19岁，某医科学校一年级学生。她中学时期成绩中等水平，但是没机会上大学的母亲一向对其要求很高，把全部期望都寄托在女儿身上。陈某刚入大学半年就主动来找教师求助，感觉自己非常痛苦。医学专业为父母所选，因为家族里很多人在医院工作。她入学前就对自己的大学生活进行了认真细致的生涯设计，成绩要拔尖，要评三好学生、拿奖学金，要努力进入学生会当干部，英语要通过托福考试，为将来出国留学做好准备；大学期间入党，使自己的政治生命有所归依；同时要多参加各项集体活动，锻炼自己各方面的能力。于是，她入学后珍惜分分秒秒来学习，周末舍友邀其出去逛街也不去。但过了一学期后，她发现自己的成绩并不是很好，忽然怀疑起自己的学习能力，且晚上经常失眠。

与学习动机缺乏相反，学习动机过强的同学有如下表现。

（1）成就动机过强。急于取得成功并超过他人，所树立的抱负与期望远远超过自己的实际能力和潜力。只盼成功，担心失败，给心理上造成很大的压力，实则欲速而不达。

（2）奖励动机过强。对奖励考虑过多，一心只想获得奖励，避免受到惩罚。奖励动机过强的大学生大多是被动学习。其特点是，以考试为中心，紧紧围着老师转，上课小心翼翼记笔记，下课认认真真对笔记，考试前辛辛苦苦背笔记。这类大学生考试得分往往较高，但学得呆板，不能举一反三，灵活应变能力不强，知识面也不够宽广。这样的学生要摆脱封闭式学习方式，拓宽思路，改进学习方法。

（3）学习强度过大。每天用于学习的时间过长，不善于休息，常常处于过度疲劳状态；经常感到焦虑不安，感到有做不完的事情，为浪费时间感到内疚。

对于学习动机过强，我们也要从多方面做出调整。

（1）端正学习动机，思考一下自己的学习目的，防止过度追求物质奖励。

（2）正确认识自身的潜力，量力而行，制订合理的目标，脚踏实地，循序渐进，不好高骛远。

（3）培养广泛的兴趣爱好，积极参加各种文化娱乐活动，注意劳逸结合，重视综合素质的提高，培养多种兴趣。

二、学习焦虑

（一）学习焦虑的特点

学习焦虑是指学生不能达到预期目标或不能克服各种困难，致使自尊心、自信心受挫，而形成的一种带有恐惧情绪和紧张不安的精神状态。这种精神状态往往是在大学生面对各种矛盾与冲突时，心理无法平衡造成心理压力后形成的。现代心理学把焦虑分为低、中、高三种程度。适当水平的焦虑可以转化为学习动力，增加学习效果；但过度的、较高的焦虑则会对学习起到不良作用。适度的焦虑会促使大脑兴奋，但人在过度焦虑的状态中，大脑的兴奋状态会受到抑制。

（二）学习焦虑的调适

大学生要发挥自我的心理调适能力，控制焦虑的程度，一旦焦虑过高或过低，要想办法找到症结所在，进行理性的自我分析，从而进行有效调节。

（1）设定的理想要适合自己的能力，要与现实接轨，特别是在学习中，对自己的成绩或要达到的目标不应期望过高。

（2）学着把自己本来不感兴趣的学习任务和要求变成自己内在的需求，将其转化为兴趣。如学习高等数学，本来不感兴趣，但只要你改变一下思路，就立刻可能产生兴趣。

（3）正确理解压力，变压力为动力。学习过程中的压力从现象上来看是压力，但从本质上看却是挑战，是对学生学习能力与方法的一种挑战。面对知识更新速度加快的特点，大学生要以较强的能力去迎接挑战。没有压力便没有动力。学习也是一样，学习中有了压力，才能有动力去寻找解决的方法。在压力之下，要积极进取，只要精神不垮，就一定能取得成功。

三、学习疲劳

学习疲劳是因为长时间持续进行学习，个体在生理、心理方面产生劳累，致使学习效率下降，甚至头晕目眩，不能继续学习的状态。学习疲劳是一种保护性抑制，一般来说，经过适当的休息即可得到恢复，这是合乎生理、心理规律的。如果长期处于疲劳状态，就会导致大脑兴奋和抑制过程失调，严重的还会产生神经衰弱等疾病，严重影响大学生的学习。

【案例3】 王某，女，21岁，某大学二年级学生。性格比较内向，爱好学习，且一直非常勤奋，成绩从小学至今一直名列前茅。她学习非常自觉，从来不浪费时间，课上认真听讲，课后自觉上自习。与同学除了学习之外没有其他交往，基本不参加学校、班级的文体活动，每天过着“寝室—食堂—教室”三点一线的生活。但近期特别不愿意学习，上课不想听讲，课后不想看书，强迫自己也学不进去，并且总是感觉很疲惫、没有精神，即使早上刚起床也感觉很累，做什么都感觉没有意思，她明明知道这样不好，但又不知道怎么办。

以上这位同学就是由于学习、生活方式不科学而产生的学习疲劳。

（一）学习疲劳的表现

学习疲劳可以分为生理疲劳和心理疲劳。大学生的学习疲劳可以是生理性的，也可以是心理性的，还有可能同时包含了这两种成分。

1. 生理疲劳

生理疲劳主要是学习过程中肌肉受力过久或持续重复伸缩造成的肌肉痉挛、麻木，眼球发胀发疼，腰酸背疼，动作不准确，打瞌睡等。

2. 心理疲劳

心理疲劳主要是学习过程中由于长时间从事心智活动，大脑皮层兴奋区域的代谢逐步提高，消耗过程超过恢复过程，脑细胞处于抑制状态而使大脑得不到休息所引起的。主要表现为：注意力涣散、思维迟钝、情绪躁动、犹豫、厌烦、易怒和学习效率下降。

（二）学习疲劳的调适

1. 劳逸结合，学会休息

不会休息的人就不会工作，同样，休息是为了更好地学习，因此，大学生要学会劳逸结合，才能更有效地预防学习疲劳的发生。休息一般有三种方式：一是安静性休息，即睡眠和闭目养神。睡眠是最基本的、最重要的而且是不可取代的休息方式；二是活动性休息，如散步、打球、轻微的体力劳动、与他人聊天、深呼吸、扩胸运动等，又称积极休息；三是交替性休息，是指将各种不同性质的学科交叉学习，如文、理科穿插复习，这样大脑皮层的神经细胞不仅不会疲劳，而且还会有相互促进的作用。

2. 创设良好的学习情境

学习情境对人的心境有很大影响，良好的学习环境可以使大学生在学习时心情舒畅，学习效率提高；而在嘈杂、脏乱的学习环境下，可能会产生心烦意乱、焦躁不安的情况。

3. 合理的营养调配

大脑所需的营养成分主要有脂肪、蛋白质、糖类、维生素B族、维生素C和维生素E和钙。因此，为了提高大脑工作效率，可以多吃一些健脑益智的食物，如核桃、黑芝麻、花生、鸡蛋、鱼、虾、新鲜蔬菜、苹果等。

四、考试焦虑

（一）考试焦虑是什么

考试焦虑是由一定的应试情景引起的焦虑，按程度不同，可分为轻度焦虑、中度焦虑和重度焦虑。轻度焦虑是指在考试前较短的一段时间内，会感到紧张和害怕，但不影响学习，不影响身体健康，无须专门进行调适。中度焦虑是指在考试前较长一段时间内，感到紧张、害怕和忧虑，学习效率降低，睡眠、饮食受到影响，有必要进行自我调节。重度焦虑是指在考试前很长一段时间内，感到忧虑、恐惧，会产生各种心因性疾病，严重影响复习和考试的正常进行，对身心具有很大危害，有必要求助于心理咨询或心理治疗。在大学生当中，考试焦虑是最普遍的学习心理问题之一。

【案例4】 孙义是大学三年级的学生，学习很刻苦，成绩良好。但近段时间，每当面临考试，她几乎都要经历一次磨难……每逢考试她都很紧张，前一天晚上就开始失眠、全身不适。在最近一次的两天考试中，不仅考前那晚失眠，考试当天晚上，又出现了严重胃痉挛，吃下去的饭全吐了。同学们劝她休息或看医生，她说没事，还坚持去教室复习，准备考试。第二天的考试她几乎都撑不下去了，在考场上，她那原本清瘦的脸上满含着紧张、焦虑、痛苦。当同学问及孙义为何如此紧张时，她脸上写满抑郁与懊恼，自己明明知道不应该如此，但就是无法控制，而且总在担心，上次考试很紧张，这次会不会和上次一样糟……

以上这位同学的表现就是典型的考试焦虑。

考试焦虑以担心为基本特征，以防御或逃避为行为方式，并受个体认知评价、人格因素及其他身心因素所制约。它具有以下三种基本成分。

1. 认知成分

以担心为特征，由消极的自我评价所形成的意识体验。“我要是不及格，怎么好意思面对父母、面对同学？”“考不好，我这一辈子就完了。”“别人都复习得比我好，这次考试我肯定不行！”基于这样一种对考试结果的担忧，考试焦虑便自然而生。

2. 生理成分

同自主神经系统活动增强相联系的、特定的情绪反应，表现为心率加快、肌肉紧张、呼吸急促、胃肠不适、多汗尿频、睡眠不良、食欲不振等，这都可以看作考试焦虑的生理成分。长期的重度焦虑会严重危害身体健康，可导致大脑神经活动兴奋与抑制功能失调，形成多种类型的神经症，如神经衰弱、焦虑症、恐惧症、抑郁症、强迫症等。神经症的进一步发展还可能导致精神上的紊乱。另外，长期的重度焦虑也容易造成冠心病、胃溃疡、高血压等疾病的发生。

3. 行为成分

通过防御或逃避所表现出来的一定的行为方式，以逃避居多。表现为多余动作增多，坐立不安；或考试时胡乱作答，早早离开考场；或以各种借口逃避考试，有的甚至采取自伤或自杀的方式逃避考试。

考试焦虑是由上述三种基本成分交织而成的一种复杂的情绪反应。

（二）考试焦虑的调适

如果是轻度、中度的考试焦虑，个体可以通过调整认知、提高自信来进行自我调节，并配合一定的自信训练，增强考试的信心，克服考试焦虑中的担忧成分。其中，重点应调整自己的认知成分。如果是重度考试焦虑，除了调整认知之外，还要针对考试焦虑中的生理成分，进行放松训练、系统脱敏，消除自己生理上的紧张反应。重度考试焦虑者最好寻求专业帮助，进行心理咨询或心理治疗。

1. 认知调整法

认知是影响到考试焦虑的根本因素。在认知调整上，大学生要正确看待考试，正确看待自己，树立适当的考试期望，从根本上消除考试焦虑。

首先，要正确看待考试。现代社会中的各种竞争日益加剧，而许多竞争又以考试的形式体现，导致人们视分数为“命根”，也使人自觉不自觉地成为分数的奴隶，甚至整个生活都为分数所左右。这种认识是偏颇的，大学生要正确认识考试的重要性，摆正考试的位置。考试固然很重要，在学习过程中也有很大的作用，但考试不是学习的目的，它只是一种手段。人的一生有各种各样的考试，即使这一次真的失败了，也没什么，下一次还可以再努力。有的考试，例如高考或研究生入学考试，可能会影响到你的人生道路，但它并不能决定一个人生命的内涵和价值。从长远看，它只是你人生的一次经历而已。在选择日益多样化的今天，通过考试绝不是唯一的出路。

其次，要正确认识自己，建立合理的考试期望。对自己的能力、知识要有正确的估计和认识，并在此基础上，建立合理的考试期望。期望值过高的人很容易产生过高的考试焦虑。

2. 自信训练法

考试焦虑者在考前总是不自觉地对自己进行消极的自我暗示，如“要是考糟了，我的前途就完了”“其他同学都可能比我考得好”。这些消极的自我暗示会在大脑皮层产生保护性抑制，妨碍正常的认知活动。如果你在考试前，便预言考试结果一定很糟，这种暗示就会使你精神不振，最后很可能还会在无意中“实现”了你的预言。自信训练就是要对消极的自我暗示进行挑战。

首先，把一些朦胧的消极暗示用清晰的书面语言表达出来。坐在桌前，静下心来，在一张白纸上把自己对考试的所有担忧逐条记录下来。这能使你清楚地意识到自己当前消极的自我暗示究竟表现在哪些方面。然后，针对消极自我暗示中的不合理成分进行自我辩论或劝诫，指出这些消极暗示的非现实性和不必要性，阐明由此对个人造成的危害，并明确今后应采取的态度，给自己积极的自我暗示。例如，针对“其他同学都可能比我考得好”这一消极暗示，可以这样劝诫自己：这种担心是完全不必要的。每个人的时间都一样多，只要我认真复习，完全可以像其他同学一样考好。当前最关键的就是要抓紧时间做好复习工作。经常进行这样的自我训练，经常给予自己积极的自我暗示，不仅对于克服考试焦虑有帮助，而且还可以改变整个人的精神面貌。

延伸阅读6-4

考试焦虑时使用的正向自我语言

1. 面对这些问题不需要紧张。
2. 记住!放松!慢慢地、小心地做。
3. 做错了没有关系，可以从头再来。
4. 我已经尽力了，成绩好坏并不重要。
5. 成绩并不重要，学会才是最重要的。
6. 太棒了，我又做完一题了。
7. 上次考不好，并不代表这次也考不好。
8. 学习是自己的事，不必在意别人怎么想。
9. 紧张是正常的，没关系，做个深呼吸，放松。
10. 我就知道，我一定可以做得很好。
11. 考试让我了解了哪些部分还没学会。
12. 请放松!紧张是没有帮助的。
13. 为什么我要紧张，考试之后仍然不会有什么改变。
14. 不要担心考试的结果，只要尽自己的最大努力就行。
15. 假如我不知道如何做，其他人也不会知道，不用担心。
16. 假如这次失败了，仍然有下一次的机会。

3. 系统脱敏法

系统脱敏法，又称交互抑制法，最早由沃尔帕创立。它是利用对抗性条件反射原理，在放松的基础上，循序渐进地使神经过敏性反应逐步减弱直至消除的一种行为治疗方法。它对考试焦虑的生理成分具有明显的疗效。考试焦虑者可以自己运用系统脱敏法来克服焦虑。其步骤和方法如下。

第一步，列出引起你考试焦虑反应的具体刺激情景。如“明天就要考试了”“我走在去考场的路上”“我被一道题难住了”等。

第二步，将所列出的刺激情景按照从弱到强的顺序排列“焦虑等级”。下面是假定的6个刺激情景的合理排列，它们引起的焦虑反应是依次增强的。

（1）明天就要考试了，我还有很多书没有看。

（2）我走在去考场的路上。

（3）我收到了试卷。

（4）我被一道题难住了。

（5）时间快到了，我根本就做不完。

（6）考试后，我和别人对答案，发现自己的许多答案同他们都不一样。

第三步，通过放松训练形成松弛反应。放松训练的方法前已述及。现在假定已完成了全部放松步骤，机体正处于完全放松的状态。

第四步，按照焦虑等级，循序渐进地松弛反应、抑制焦虑反应。当你完全放松时，开始想象“焦虑等级”中的第一情景：明天就考试了，可你还有很多内容没有看。围绕这一情景，利用你的想象力在脑海中生动地加以描绘。这种描绘没有固定模式，可以尽情创造。你可以想象你手忙脚乱地翻书，可以想象同学问你问题你都答不出来……在想象过程中，如果你发现有些部位的肌肉开始紧张，身体开始出现一些焦虑反应，如心跳加快、出汗、呼吸局促等，就需要再次进行放松，直到你的想象结束后，同时感到所有的肌肉完全放松为止。这就说明对“焦虑等级”第一种情景的脱敏成功了，松弛反应已经抑制了想象中相应的焦虑反应。接下来对第二种情景进行脱敏，以此类推。对所列“焦虑等级”的脱敏，每次数量不宜过多。一般每天进行一次，每次脱敏所包括的“焦虑等级”不宜超过3种。假如每次这样放松之后，焦虑的程度仍然没有减轻，则说明脱敏没有成功，必须改用其他方法，或寻求专家帮助。

心理训练

课堂讨论：我的学习动机是怎样的

训练目的：帮助学生明确、激发自己的学习动机，树立对学习的信心

训练时间：20分钟

训练准备：全体人员分成若干小组，每组6～8人

训练步骤：

1. 每个人都列出自己究竟为了什么而学习。
2. 想想这些原因对自己的学习有什么影响？有何积极作用？有何消极作用？
3. 以小组为单位，讨论学习动机，比较自己的学习动机和大家的有什么不同？
4. 以小组为单位，讨论在什么情况下会产生强烈的学习愿望？小组讨论后，将结果记录下来，全班分享。

心理测试

兴趣调查——我到底喜欢什么？（句子完成测验）

找不到自己兴趣的人，学习起来是痛苦的。因为，他的学习是被动的、应付的，不是发自内心的喜欢，缺少源源不断的动力。所以，发现自己的兴趣本身就是学习的重要任务，但我们常常忘记这个任务。请你完成下面这些不完整的句子。在完成句子时，你最先想到什么就填写什么？不要过多思考。既可以正面回答，也可以反面回答。

（1）我的爱好是____。

（2）我喜欢和别人一起做的事情有________________________________。

（3）我乐意干____。

（4）想放松时，我会____。

（5）想逃避时，我会____。

（6）当________________________________的时候，我感觉自己很重要。

（7）我最愿意得到的礼物是______________________________________。

（8）对我来说最好的事情是______________________________________。

（9）对我来说最坏的事情是______________________________________。

（10）如果我是县长，我要做的第一件事是___________________________。

了解你的学习风格

每个人都有自己的学习风格。学习风格没有好坏之分。了解自己的学习风格，使用自己擅长的学习方式去学习，就可能达到事半功倍的效果。确认自己的学习风格，既可以通过对自己和他人进行比较观察，也可以从同学、父母、老师的反馈中逐渐了解。请在下列题目中勾出你最偏好的或喜欢的方式。

1. 别人向你问路，你大多会画一张地图给他。
2. 学习时，更喜欢自己看书和记笔记。
3. 阅读杂志更喜欢看图片或图表而不是文字。
4. 喜欢戴耳机边听音乐边学习。
5. 对看小说不感兴趣，而愿意听人说评书、讲故事。
6. 学习外语，喜欢多听多说而不是掌握具体单词的写法或句型结构。
7. 喜欢动手操作，如做模型、修电器、做手工艺品等。
8. 喜欢边玩边学，或通过活动来学习。
9. 凡是亲手做过的实验，对该部分的内容掌握得就牢固。

以上各题能够使你了解自己的优势“感觉通道”。1～3题为视觉型；4～6题为听觉型；7～9题为动觉型。将你在每一类上的得分加起来，在哪一类上得分高就说明你的优势感觉通道为哪一类型。

思考题

1. 大学生主要的学习策略有哪些？
2. 大学生学习过程中常见的问题有哪些？如何调试？
3. 大学生考试焦虑的原因有哪些？如何调试？

第7章 在爱中成长

话题导入

爱情的生理学证据

你爱或者不爱他/她，有证据可查吗？

美国的一项研究表明，当恋爱中的人注视自己的爱人时，大脑中的尾状核心区域会十分活跃。这是一大片C形区域，离大脑中央很近。它非常原始——其中一部分被称为“爬虫类的脑，因为其早在哺乳动物繁衍激增前就进化了，大约是在6600万年前。

科学家一向以为这片区域只有指导身体动作的功能，但最近的研究却发现这一区域还具有大脑“酬偿系统”的功能。这个“酬偿系统”与欲望、动机、渴望和专注有关，它在你不能得到你所要的东西的时候，反而变得更加活跃。这也就可以解释，为什么人们在失恋后越想忘掉他/她，却反而更爱他/她了。因此，或许有一天，我们能够从脑的活动中来验证一个人是否真正地在“爱”。

爱情是人类发展中的永恒主题。《诗经》中的“窈窕淑女，君子好逑”及“哪个少女不怀春，哪个男子不钟情”等诗句都说明了爱情在人类生活中的巨大魅力。爱情可以是芳香的美酒，也可以是一杯苦水，这取决于你如何去驾驭。那么，正处于如花季节的大学生，怎样才能正确看待爱情，培育出属于自己的爱情甜蜜果实呢？本章将与大学生一起寻找爱的真谛，培育爱的能力，理智看待爱与性的关系，帮助大学生更好地处理情感与恋爱问题。

第一节 爱情概述

在浪漫的校园里，随处都能邂逅美丽的爱情。他和她，你和我，一对对正值青春年华的大学生，怀着同样的期冀走到了一起。在爱情中，他们在期待什么？他们需要什么？他们得到了什么？爱是什么？为什么他们爱得如此投入？让我们来追寻爱的真谛。

一、爱情是什么

爱情是个美妙的难题，每个人都在自己的角落里耐心期待着爱情降临。从中国远古流传的梁山伯与祝英台、西方的罗密欧与朱丽叶的动人故事，到童话中的美人鱼和王子，再到文学作品中的宝黛情长，影视屏幕中的梁山伯与祝英台……无不歌颂着爱的忠贞和热烈，成为大学生向往和憧憬的至高爱情境界。

古往今来，爱情一直是哲学、宗教、心理学、美学、文学与社会学中引起激烈争论的话题。那么爱是什么，爱的动力源是什么？

“唯精神论”认为，爱情与性欲毫不相干，是男女精神上的相互依恋，将爱的情感完全融化在对所爱的人的关怀之中。这种思想的渊源人物——柏拉图（Plato，前428—前348年）认为，爱情分低级的肉体之爱和高级的精神（心灵）之爱两种，肉体之爱是低级的、卑俗的，心灵之爱是高级的、高尚的，是真正的爱情。他提出，爱情的发展要经历三个阶段：第一阶段，肉体美是主要因素，它贯穿着精神，与精神融汇在一种牢不可破的美好之中；第二阶段，这种美好将减弱，精神与肉体分开，并开始排斥肉体；第三阶段，人应该进一步摆脱肉体的东西和情欲的东西。柏拉图力图使爱情充满高尚的精神，其贬低肉体、抬高精神的思想实质是一种浓厚的禁欲主义。

“唯性欲论”认为，性欲是爱情产生的根源，爱情的目的也就是为了性欲的满足。哲学家罗素（Bertrand Russell，1872—1970年）提出，人类的性就“好像饮食，都是本能的需要”，孔子在《礼记》里也讲过“饮食男女，人之大欲存焉”。所以对性的满足就是对人的尊重，对性的压抑将会导致性饥饿，而且愈压抑愈强烈，最后将会疯狂地发作，使性行为变得兽行般野蛮，失去文明性。

马克思主义的爱情观认为，爱情是人的自然属性和社会属性的统一。爱情的自然属性就在于它是以性欲、性心理为自然基础，并由此而发展起来的。爱情的社会属性则在于它是在男女两性自由、互爱基础上产生的渴望在肉体和精神上融为一体的强烈倾慕之情。

著名的性学家葛理士认为，“爱情是生理和心理成熟的异性个体之间产生的一种高级的浪漫情感。”从这个概念可以看出爱情有四个特征：①不仅是指生理上的成熟，更是指心理上的成熟；②是一种高级的情感，与原始的欲望有本质的区别；③爱情有别于亲情和友情，神圣而浪漫；④动力的本质是男女之间的性欲。

综上所述，现代对于爱情的表述，尽管各有差异，但基本内容是一致的，主要涉及生物因素、精神因素和社会因素三个方面。我国心理健康教育专家蔺桂瑞认为，爱情，就是一对男女之间，基于一定的社会关系和共同的生活理想，在各自内心中形成的对对方最真挚的倾慕，并渴望对方成为自己终身伴侣的最强烈的感情。真正的爱情既不是柏拉图式的“精神之恋”，也不是纯粹异性间的生理吸引。正如英国哲学家罗素所说：“爱情源于性，又高于性。”这就是说，爱情离不开男女之间的性爱，丧失了性基础的爱情是不真实的爱情。但狂热的激情、生理的欲望也不等于爱情。爱情不仅仅源于两性间的自然吸引，而且更重要的，它是一种社会情感生活的产物和要求，是一种强烈的内心情感体验，是两颗心灵的相互向往、吸引和精神的升华，蕴涵着深刻的思想、道德、文化等内容。总之，爱情是在男女性爱的基础上形成的，人类特有的一种高尚的精神生活，是生物关系和社会关系、生理因素和心理因素的统一。

二、爱情的特点

爱情是世界上最美好的情感之一，它是一剂良药，能够治愈情感枯竭的病人；它是一面镜子，使人能在相互觉察中得到自我的成长；它还能提供二人之间相互依靠的温暖，给人以信心和力量。爱情作为人与人之间，特别是两性之间的一种特殊关系，有着不同于其他人与人之间关系的特点。

（一）排他性

这是爱情的最大特点。在父母子女之间、兄弟间的血缘爱，同事、朋友间的友爱，以及师生长幼间的敬爱中，排他性都是不存在的。但异性之间的爱情具有非常强烈的排他性，这种排他性主要表现在两方面：一方面，要求对方不与自己之外的其他异性发生情感及性关系；另一方面，也要求自己自我约束，不让其他异性爱上自己而干扰甜蜜的爱情。

在人类的愚昧阶段，群婚制和对偶婚制主宰着人类繁衍的进程，人类的性意向并不具有固定的异性对象，因而爱情的排他性并不存在。随着一夫一妻制婚姻的确立，排他性就日益强化起来。这是人类文明进步的产物，它使人类的婚姻摆脱了道德上的混乱，而开始具有专一的倾向。当然，对排他性的狭隘理解，也会使爱情异化成为占有的代名词，因而爱情的排他特点具有明显的两重性。

（二）冲动性

陷入爱情中的人，会为对方或者爱情本身做出冲动行为，这是爱情力量和魅力的重要表现。比如，当爱情受到外来阻力时，对爱的强烈激情能使相爱的双方做出令人敬佩的勇敢抉择；而“英雄救美”“冲冠一怒为红颜”也是很多人所期待的爱情故事。但是同排他性一样，冲动性也具有两重性，它也会使当事人容易感情用事，而发生丧失理智的行为。

（三）直觉性

爱情是异性之间的感情深化的结果，它起源于彼此的好感。同事、同学之间的友谊，虽然也由好感萌生，但这种好感主要不是由直觉感知而是由互相了解产生的。父母与子女间的血缘爱，更不会因为对方长相的好坏，直觉的好恶而发生程度上的变化。然而，爱情却具有明显的直觉性。漂亮的异性之所以讨人喜欢，容易给人好感并产生使人爱的萌动，就是这种直觉性在起作用。在一般情况下，直觉的第一印象好，双方才有进一步接触的愿望，而这种愿望显然是好感赖以产生的前提。尽管原来互不相爱的异性，由于在共同生活中发现对方内在的闪光点从而萌发爱的种子的事例，生活中也不少见，但这并不能证明直觉性在爱情的发生和发展中不起作用，有时候，直觉的相悦甚至可以主宰友情与爱情的步伐。爱情的直觉性使爱情从一开始就具有给人快乐的性能，这也是一见钟情的心理基础；但直觉性毕竟是肤浅和外在的，由直觉主导的爱情就不免会带有盲目性和片面性。

（四）隐秘性

血缘爱、友爱和敬爱都是公开的，感情的流露并不需要特定的条件。爱情则不同，尤其是在它的初始阶段，相爱双方的行为和感情流露具有明显的隐秘性。即使在热恋阶段，爱情的亲昵行为也是不愿让人看到的。这对于东方民族更是如此。隐秘性给人类的爱情抹上了一层文明的色彩，同时也使爱情的心理感受在含蓄的体验中带有某种诗意。这是它的积极面。但是，隐秘性也可能掩盖性爱的不正当动机，对于它的消极面也应当有清醒的认识。

三、爱情发展的过程

一般而言，美好的爱情要经历一个萌芽、发展、稳定，最后步入婚姻家庭的一个过程，男女双方培育爱情的过程，称为恋爱（be in love）。按双方在爱情中的关系来说，可以分为共存期、反依赖期、独立期和共生期。

共存期：这是指处在热恋期的两个人总是希望能无时无刻都腻在一起。他们对恋爱对象投入极大的热情和关注，容易将恋爱对象理想化，并希望和对方融为一体。

反依赖期：等到情感关系稳定后，可能会有一方想要多一点的自由支配时间，这时双方很容易为了彼此间的不一致而争吵，一方会感到被冷落，或者认为双方"性格不合"而分手，有很多爱情会在此阶段遭遇障碍而中止。

独立期：这就是我们俗称的"磨合期"，双方要求更多独立自主的时间去发展自我，而不局限在狭小的二人世界里。如果在这一时期，双方能够认识到两人的不同，尊重并支持对方的选择，两人就会进入共生期。

共生期：这时新的相处之道已经成形，情侣之间成为最亲的人。这时两人对双方的性格特点、喜恶爱好、人际交往甚至家庭环境都比较了解，俩人在保持人格独立和完整的基础上，互相尊重、扶持和成长，并可能在家庭中相伴走过一生。

四、爱的理论

如果将爱情比作生活中的一杯美酒，那么，你可知道这杯美酒的酿造配方是什么？在普通人的生活经验中，"爱"可能仅仅是一种感觉，但在学者的研究领域中，捉摸不透的"爱"也是有其特殊规律性的。

（一）斯滕伯格的爱情三角理论

在爱情研究历史中，美国耶鲁大学著名心理学家斯滕伯格（Robert Sternberg）曾提出爱情的三角理论，是目前最受重视的爱情理论。该理论认为，人类的爱情虽然复杂多变，但基本上不外由以下三种成分所构成。

动机成分（主要指性动机），也称为激情。以动机为主的两性关系是热烈的、富有激情的。激情来源于两性原始的吸引，它是一种渴慕与对方结合的心态，是一种强烈的渴望与需求。恋人之间的相互吸引、倾慕、爱恋、朝思暮想等感受即是激情的明显表征。

情绪成分，即亲密。以情绪为主的两性关系是亲密的。亲密指恋人之间的相互关心、呵护、照顾、终日厮守的愿望，相爱的双方因为亲密感而心心相印、灵犀相通。

认知成分，即承诺。以认知为主的两性关系是承诺的、守约的。承诺是维系爱情关系的基础，并且是爱情长期委身的决定，如恋人之间相互信守诺言、不逢场作戏、相约一生陪伴等。

在斯滕伯格的理论中，理想的爱情应三者具备，且合而为一，达到这种境界的称为"完美之爱"。若缺少某一因素，就是"不完美的爱"。不同因素的组合会形成6种不同的爱情关系（见图7-1），包括喜欢、迷恋、空洞的爱、浪漫的爱、友谊式的爱、昏庸的爱。

（二）LEE的爱情类型学说

加拿大社会学家约翰阿兰·李（John Alan Lee）提出将男女之间的爱情分成6种形态。

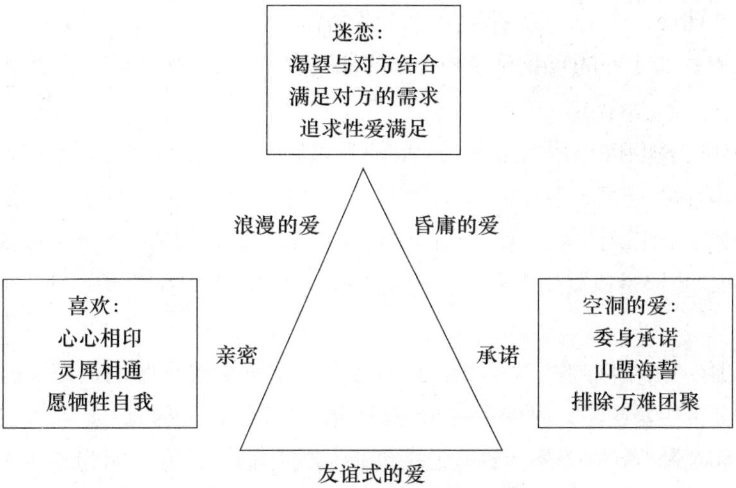

图7-1　斯滕伯格的爱情三角理论

（1）情欲之爱：建立在理想化的外在美，是罗曼蒂克、激情的爱情。其特点是一见钟情式，以貌取人、缺少心灵沟通、热烈而专一，靠激情维持。

（2）游戏之爱：视爱情为一场让异性青睐的游戏，并不会将真实的情感投入，常更换对象，且重视的是过程而非结果；不承担爱的责任，寻求刺激与新鲜感。

（3）友谊之爱：是指如青梅竹马般的感情，是一种细水长流型、稳定的爱。这种爱情以友谊为基础，在长久了解的基础上滋长着，能够协调一致解决分歧，是宁静、融洽、温馨和共同成长的爱情。

（4）依附之爱：对于情感的需求非常大；依附、占有、妒忌、猜疑、狂热，在恋爱中情绪不稳定。这种爱的方式控制对方情感的欲望强烈，将两人牢牢地捆在爱情这条绳索上。

（5）现实之爱：会考虑对方的现实条件，以期让自己的酬赏增加且减少付出成本的爱情。这类爱情理性高于情感，具有受市场调节的现实主义态度。

（6）利他之爱：带着一种牺牲、奉献的态度，追求爱情且不求对方回报。自我牺牲型爱情是无怨无悔的。

（三）爱的依恋理论

"依恋"最早是发展心理学的一个概念。英国心理学家Bowlby 通过对离开照顾者（通常是母亲）的婴儿或儿童行为的长期观察，划分了婴幼儿的三种依恋类型，即安全型、回避型和焦虑矛盾型。婴儿时期与人建立的依恋关系，会使个体形成一个持久且稳定的人格特质，这项特质在个体在与异性建立亲密关系时会自然流露出来。Hazan和Shaver将成年人的爱情关系视为一种依恋的过程，分为三种类型。

安全依恋：与伴侣的关系良好、稳定，能彼此信任、互相支持。大多数人的爱情属于安全依恋型。

逃避依恋：害怕且逃避与伴侣的亲密。法国电影《天使爱美丽》中的艾米丽就属于这类。

焦虑/矛盾依恋：时常具有情绪不稳、极端反应的现象，善于忌妒且希望跟伴侣的关系是互惠的。

Hazan和Shaver在研究中发现，三种不同的爱情依恋风格在成年人中所占比例分别为：安全依附约占56%，逃避依附约占25%，而焦虑/矛盾依附约占19%，与婴儿依附类型的调查比例相当接近。

Bartholomew和Horowitz以上述爱情依附风格理论的概念为基础，发展出一项4种类型的爱情依附风格理论。他们以正向或负向的自我意象和正向或负向的他人意象两个不同的向度来分析，得到4

种类型的爱情依附风格。

（1）安全依附：由正向的自我意象和正向的他人意象组成。认为自己是值得爱的，伴侣也是值得爱和信任的。

（2）焦虑依附：由负向自我意象和正向的他人意象所组成。对自己评价很低，而对伴侣期望却很高；对自己采取否定态度，对伴侣却寄予厚望，特别希望得到伴侣的喜欢、爱和接受。

（3）排除依附：由正向自我意象和负向的他人意象所组成。对自己评价很高，认为自己很有价值、独立性很强，自己是值得别人喜欢和接受的；但是对伴侣却很失望，很不信任，认为对方不如自己优秀。

（4）逃避依附：由负向自我意象和负向的他人意象所组成。他们认为自己不值得爱，同时也不认可两人之间的“爱意”，对伴侣时常充满怀疑。据估计，约有25%的人在爱情关系中会因为与伴侣的亲密而感到不舒服。不允许自己依恋他们的伴侣，并且会因为和他人太过亲密而感到不安。

（四）中国人的爱情类型

在西方，爱情往往被描述成是浪漫和激情的同义词。然而，由于中国数千年来的传统文化影响，中国人对爱情的理解包含了更多的社会规范意义，这也许是中国人“爱情”的典型特征。李煜等人采用开放式问题与定量统计分析相结合的方法，研究了普通人对爱情的观念。

他们的研究发现，在普通人的爱情观里，作为爱侣间社会关系的“规范”占据了相当的比例，其重要性甚至还超过“浪漫”和“激情”。这是爱情的社会属性的表现。他们的研究总结出了中国人的九大爱情类型及特征，更加贴合中国人的心理特征和本土特点（见表7-1）。

表7-1　九大爱情类型的特征及其爱情定义的表述

爱情类型	特征	主要爱情表述	百分比
激情付出型	认为爱情以激情为特征，强调无私付出	激情+付出	7%
随缘感觉型	爱情就是缘分，相互有感觉，强调爱情的神秘感，略带宿命的味道	缘分+感觉	16%
快乐幸福型	认为爱情中两个人相亲相爱、快快乐乐就好	快乐/幸福的+感情好	12%
真诚相知型	爱情就是两个人能相互理解，心灵相通，坦诚以待	心灵相通/相知+真诚/信任	9%
和睦相处型	两个人能和睦融洽地相处就好，明显缺少浪漫和激情	相处和睦	7%
体贴互助型	能相互理解，更要相互照顾，相互依靠、共同进步，相依相伴	体贴互助+心灵相通/相知	15%
责任型	爱就是承诺和责任，同甘共苦，不弃不离，互为对方负责	责任+体贴互助	17%
尊重互谅型	相互体谅，包容，接受对方的一切包括缺点	尊重互让/包容+心灵相通/相知+责任	8%
物质基础型	爱情建立在事业与金钱的基础上（有面包才有爱情），但也要有感情	物质基础+感情好	8%

（资料来源：李煜，徐安琪. 普通人的爱情观研究——兼开放式问题的量化尝试[J].社会科学，2007（7）：132-141.）

有学者解释，与西方民族外向、重感性、重物质、重个体享受的性格相比，作为东方民族的中国人的性格，显得更内向、重理性、重精神、重群体评价。西方人的爱情往往热烈、明朗、追求肉体快乐，即浪漫激情之爱；中国人的爱情多数缠绵、含蓄、倾向心理体验，类似友伴之爱，却又不尽相同。

纵观上述几种爱情理论，虽然其研究视角和方法不尽相同，涉及的爱情要素也不尽相同，但这正说明了爱情是具有丰富内涵的，需要人们尤其是年轻人慎重考虑，认真对待自己的爱情生活。

恋爱是大学生必然要面对的一项人生课题。人生没有彩排，爱情更是不会有彩排。没有任何人会为爱情做好了充分的准备，大学生在爱情中可能会面临各种各样的问题，能否妥善地解决这些问题，直接关系爱情的开始和继续。因此，把握爱的真谛，在爱情中不断成长，是大学生要面对的人生必答题。

第二节　大学生爱的能力的培养

大多数人都认为爱是一种令人心旷神怡的感受，是一种强烈的情感。其实，爱也是一项决定，一种判断，一个诺言，更是一种能力。爱的能力是指建立亲密关系的能力，它既包括从父母那里获得的爱的储备，同时又表现为在爱的过程中的学习能力。那么，如何获得美好的爱情？如何去建立、发展健康的恋爱关系？如何保持爱情之树常绿？我们需要在以下方面去学习和提高。

一、迎接爱的能力

迎接爱的能力包括表达爱的能力和接受爱的能力，前者是主动给予爱，后者是被动接受爱。当你喜欢或爱上一个人的时候，能否用恰当的方式和语言向对方表达出来？当爱情不期而至时，你能否勇敢地接受呢？

爱，要勇于表达。由于几千年来传统文化的影响，中国人在爱情和婚姻中，爱的表达方式是内敛的、含蓄的。在大多数人的观念中，爱不需要表达，只需要在心中“有”就可以了。其实，每个人都有表达情感的需要。经过表达的爱情才被赋予了生命，有了意义深刻的灵魂。爱情的表达，就是打开心扉，让爱自由地流淌，让对方看得到、听得到、感受得到；爱情的表达，就是为了让对方看到自己那颗心里的爱恋、温情、惦记和颤动。对平平常常的人来讲，这种以心换心的事最好是以朴素的、细微的、绵长的方式进行，这才和我们的朴素的、细微的、绵长的生活更加契合。

二、鉴别爱的能力

鉴别爱是指能把爱情与其他情感区分开来。一方面要鉴别自己的感情，分辨出什么是友情什么是爱情；另一方面，还要从首因效应、光环效应的迷雾中走出来，避免这些心理效应产生的消极影响；最后，在爱情中，还要觉察移情现象所产生的情感反应。那么，如何区分爱情和友情呢？

异性间的友情可能是一段爱情的基础，但友情和爱情在某些方面是截然不同的。首先，两者的基础不同。爱情是以两性吸引为基础的强烈情感，而友情则没有性的欲念，是同学、朋友间的一种平等、诚挚、相互信任的友爱之情。其次，两者的性质不同，爱情具有排他性和封闭性，不容许有任何的第三者插足；而友情则产生于普遍的人际关系中，是开放、广泛和可以传播的。最后，两者承担的义务不同。友情一般只承担道德义务，朋友之间要以诚相待，遵守诺言，互敬互助等；而爱情总是与婚姻家庭联系在一起，同时又必然对社会生活产生影响，因此爱情双方不仅要承担道德义务，还必须要承担法律义务。

延伸阅读7-1

喜欢还是爱?

陷入恋爱和准备恋爱的人们往往会苦恼一个问题——“我到底是爱他/她，还是喜欢他/她？”或者“我不知道自己到底爱不爱他/她”。表7-2能够帮助你确认自己的感情到底是喜欢还是爱。

表7-2　爱情和友情的区别

爱情的表现	友情的表现
（1）如果突然看不见他/她，我会非常失落和难过，并感到不安；	（1）如果突然看不见他/她，我会好奇他/她去了哪里，并有点想念；
（2）我认为他/她是完美的，即使是缺点也是魅力的体现；	（2）我认为他/她是一个很有才华并值得信任的人；
（3）我想要独占他/她，并希望他/她能一直关注我、关心我；	（3）我希望他/她认同我，但他/她有他/她的朋友我也并不在意；
（4）如果他/她犯了错，我会气恼，但一定会原谅他/她，不会完全不理他/她；	（4）如果他/她犯了错，我会严厉指责，并可以不理他/她；
（5）如果他/她离开，我希望能和他/她随时通电话、保持联系，并计算他/她回来的日期；	（5）如果他/她离开，我会有些不舍，但可能会因为寄情其他事儿忘记朋友；
（6）我愿意为了他/她做出任何牺牲，让他/她幸福是我的心愿；	（6）我愿意帮他/她做一些事，但如果危及自己，就会认真考虑是否帮他/她；
（7）我会憧憬和他/她一起生活的将来，甚至想到了我们的孩子	（7）和他/她在一起我感到愉快，但我从没想过和他/她一起生活并养育孩子

三、拒绝爱的能力

拒绝爱的能力意味着敢于理智地拒绝不希望得到的爱情。在一份并不希望得到的爱情到来时来者不拒、拒之千里，或者优柔寡断都是有害的，因为爱情来不得半点勉强和将就。因此，同学们要掌握恰当的拒绝方式，学会勇敢地说“不”。

不仅如此，我们还要学会正确拒绝不合适的感情。首先，要向对方表达自己的尊重，感谢对方的这份感情；其次，要态度明确，表达清楚，使用诸如“我和你只能是同学/朋友的关系”的语言，避免语焉不详、支支吾吾、给对方留下幻想的语言；再次，行动与语言要一致。在大学校园里，有很多同学怕对方受到伤害而继续与其保持亲密关系，这样做实则对双方的关系都是不利的；最后，要避免简单、粗暴和伤害性的拒绝，因为任何人都有爱和被爱的权利。你可以拒绝一个爱你的人，但请不要伤害一颗爱你的心。

四、解决爱的冲突的能力

在大学校园中，很多大学生都将恋爱对象理想化，一旦进入热恋，就以为对方能完全理解自己，认为爱情可以永远保持完美状态。但大学生是不断成长的群体，他们之间的感情会随着双方交往的加深而发生变化，他们性格的差异、日常生活的琐事都可能会导致两人之间的冲突。

在校园中，经常看见情侣争吵的身影。在情感世界里，爱和恨是一枚硬币的两个面，“爱有多深，恨也就有多深”，关系越亲密，感情越深，一旦发生冲突，争执的伤害也就越大，这时，我们要勇于面对爱的冲突并努力解决它。爱情和婚姻中的五大致命伤如下。

（一）坚持“我是对的”

两个人掰手腕，你用力，我也用力，两个人都很使劲，最后虽然有一方赢了，另一方也不服气。坚持“我是对的”，就是想达到我能赢的效果，可赢了对方，比两人的关系更重要吗?

世界上不存在想法完全一致的两个人。一个人如果没有准备放弃一些自己的看法和准备接受一些与自己不同的看法，是无法成功地与任何人共同生活的。效果比道理更重要。与他人相处时，关系比对错更重要，如果所做的事对关系发展没有任何帮助，只是在争输赢，那么无论怎么努力，对方也不会感受到爱。

不再坚持“我是对的”，是打开其他婚姻致命伤之门的钥匙。能够放下“我是对的”，才能把焦点放在“关注解决问题”上，才能看到解决以下4个致命伤的方法。

（二）托付心态

在恋爱婚姻关系中经常会出现很“粘人”的情况，认为恋爱了结婚了，把我的终生都托付给了你，你就要无微不至地照顾我，托付就是把照顾自己的责任交给另一个人。

“托付心态”，并不是只有女人才有，也不是只在婚姻中存在，还有员工对企业的托付，期望进入一家企业，企业能照顾他的一生。“托付心态”最大的伤害在于给双方都造成很强烈的无力感，而且对托付者本人的伤害更大。“你有责任让我幸福，为什么你不对我好？怎么你这样对我？”在不停的抱怨中，也会因为这种反复的消极自我暗示而感到心力交瘁。托付者本人感觉到自己很不幸福。被托付者感觉到自己无论做什么，都无法满足对方而心生厌倦，直至分手。

正确的心态是：我能照顾好自己，我的人生我做主。恋爱和婚姻并不意味着个人生活的终结，而应当保持独立的自我，两人在一起是增添额外的快乐，而不应成为对方的负担。

（三）不愿意讨论自己与对方的内心感觉

试回想一下，从小到大，我们有多少情绪是被允许的？父母、长辈，允许我们拥有什么样的情绪？积极的、快乐的、开心的，还是消极的、生气的、悲伤的或是痛苦的？在成长过程中长辈不断提醒我们“这样不行”“那样不对”“你应该”“不准哭”“真没用”等，当我们有情绪的时候，没有人教给我们如何接受情绪、处理情绪。

接纳对方的情绪，首先也要接纳自己的情绪，允许自己拥有情绪（各种不同的情绪），学习接纳，学习同理心，当对方有情绪时，尝试同理对方的感受，“我感受到你……”，或者什么也不说，只是允许和接纳对方，用行动来表达。

讨论内心感觉，与宣泄情绪是两回事。在有情绪时诚实地面对情绪，与对方讨论情绪状况，这代表着接纳，也是情绪处理的第一步。

（四）维持苹果式的和谐

每个人都希望两人的关系和谐，我们不想有争吵，即便是已经有不满了，为了和谐相处，也宁愿忍气吞声，维持一份表面的和谐。正如有一种红苹果，外表看起来果皮红润、光亮，但把苹果切开，却发现里面已经完全变黑了。这就是苹果式的和谐。

这样的和谐，其实是矛盾压抑、小事变大事的处理方法。夫妻之间应该建立一种矛盾冲突解决机制。在情绪激动时不要急于处理问题，等情绪平静下来以后，再把自己的情绪、感受说出来，双方讨论解决问题的办法。

尊重对方，同时也尊重自己、尊重现状。尊重对方，我在有情绪时不解决问题，尊重自己和尊重现状，当我平静下来了，你也平静下来了，现状许可了，双方可以坐下来好好谈谈今后如果再发生这样的问题我们该如何解决。

（五）不知如何处理冲突

在冲突中一味退让，就是在维持苹果式的和谐。其实如何妥善处理冲突也是一种能力。恋人间应定期、不定期地单独约会，可以往两人的情感存折里面存钱，保持良好的关系。同时，也可以在两人相处的时间中，讨论如何处理冲突，心平气和地把双方的感受、想法和决定说出来，让对方知道自己其实是有感觉的，也希望对方向自己说出自己的想法、感受和决定。对矛盾的问题，形成一致的处理意见，即便存在不同的看法和观点，也可以寻求共同的目标，两人一起解决问题。

延伸阅读7-2

爱的冲突中的戒条

人在发生冲突时，会觉得自己受到了伤害，特别是受自己所爱的人所伤，往往容易口不择言，所以请记住以下戒条，才不至于伤人太深。

（1）戒出口伤人：不能攻击人身，信口开河。

（2）戒翻旧账：就事论事，不要挖掘陈年旧账，以证明对方的不是，否则战事扩大，战争升级，往往会两败俱伤。

（3）戒暴力：冲突中严禁诉诸武力，不论争吵有多激烈，都不能伤害他人的身体。

（4）戒怀恨在心：冲突过后仍耿耿于怀，只会引起更多的冲突。

（5）戒逃避：双方有意见分歧，却不加以说明和处理，只藏在心中，任其腐蚀感情。

（6）戒好胜：为了面子，知道错了也不肯道歉，往往得不偿失。

（7）戒乱开火：避免在公众场合、亲朋好友面前等不适宜的场合发火。在这样的情形下，双方往往为了保全自己的面子而加剧冲突。

（8）戒招兵买马：切忌叫来好友、亲人、同学等支持自己的第三势力，“战圈”扩大后往往更加难以收场。

五、面对失恋的心理承受能力

失去爱会使人感到一种重要关系的丧失，一种身份的丧失，需要一定的时间去面对和适应。虽然伤害不可避免，但当感情走到尽头，不得不与对方说分手的时候，作为主动分手的一方，需要注意方式方法，尽量减少对对方的伤害。分手有以下几种方式。

（1）什么也不说和不做，渐渐疏远和不联络，自然分手。

（2）将不愉快的情绪表达出来，明确告诉对方要分手。

（3）约个时间和地点，将不合适在一起的原因说明白，给对方一点时间和空间去处理情绪等。

其中，说明原因并给对方时间和空间的理性分手是最好的分手方式。能理性平和地分手是需要事先做一些心理建设和情境营造的，比如，整理自己的感情，想清楚分手的好处和坏处，考虑交往深度和可能反应；准备好分手的理由和方式，态度温和而坚定；选择时机，最好是在对方情绪稳定的情况下；事先告诉自己和对方身边的亲近朋友，以防对方情绪冲动。

如果自己是被动分手的一方，则请保持冷静，不要从“我被甩了”的角度去考虑事情，克制对对方的愤怒；可以找一个亲近的人分担自己的悲伤和痛苦；积极地转移注意力，不要过多沉溺和回想过去的快乐时光，有条件的可以外出远游或改变所处的环境；有效使用升华的心理防御机制，即检讨感情失败的原因，虽然这样做不利于转移注意力，但却有利于正确评价自己，避免“认为自己一无是处”的错误想法；分析自身的优势，调整自己的爱情诉求，重新定位自己的爱情目标；认识到人的一生不能仅仅为了爱情而活着，可以将自己的重心转移到事业或其他有意义的事情上来，对自身的事业目标进行一番评估，分析是否要调整，以切合自身实际，求得成功，满足自己的价值诉求，从而对未来更有信心。

其实，分手不见得都是坏事，在分手中我们也可以成长和学习：男性会更加懂得控制情绪和准确表达情绪，女性也会更加了解独立的重要性；让自己更加想明白真正需要的是什么样的爱情，了解以前对爱情不切实际的想法，找到真正的情感归宿；更能体谅别人，更能与别人沟通，也更懂得爱情的真谛。

六、保持爱情长久的能力

恋爱只是爱情生活的第一步，在人生漫长的道路上，维系爱情需要智慧、耐力和付出。因此，积极培养维护爱的能力，使爱情之树常青，是每一个大学生都应该学习的人生课题。

首先，爱情需要双方具有独立、成熟的人格。弗洛姆曾经说过，幼儿的爱遵循的原则是：我爱因为我被爱；成年人的爱则遵循另一个原则：我被爱因为我爱。不成熟的爱说：我爱你因为我需要你；成熟的爱则说：我需要你因为我爱你。任何一段成熟的爱情和婚姻，都需要有健全的人格和成熟的自我作为基石。在爱情中，我们首先要爱惜自己、肯定自己，然后才有能力去爱别人。一个自我迷失的人，是不可能很好地爱别人的。

其次，树立正确的恋爱观，发展适当的恋爱关系。这需要我们正确看待爱情在人生中的位置，理性分析自己的择偶标准，深刻理解爱情，还要提高恋爱挫折承受能力。

最后，要以发展的眼光对待爱情和恋人。任何一个人都是不断发展和完善的，尤其是处于黄金年龄的大学生，其世界观、人生观、价值观还未完全定型，人格塑造和能力潜质还有很大的发展空间。这个年龄阶段的恋情，也存在很多不确定因素，因此，大学生要以发展的眼光看待感情和恋人，不能以刻板的观点去要求它。

延伸阅读7-3

滋养的关系：良好亲密关系的要素

1. 给予

爱情是一种积极的，而不是消极的情绪，即爱情首先是“给予”而不是“索取”。给予就是付出，给予是力量的最高表现，恰恰是通过给予，才能体验自己的力量、富裕和活力。给予比索取能带来更多的愉快，这不是因为给予是一种牺牲，而是因为通过“给予”表现了自己的生命力。

但给予的最重要范畴并不止于物质范畴，而是人所具有的特殊范畴。给予不仅仅包含物质的，更多的是一个人内心有生命力的东西，比如与人分享自己的欢乐、兴趣、理解力、知识、幽默和悲伤，总之，是一个人身上有生命力的东西。通过给，不仅丰富了他人，也丰富了自己。

弗洛姆认为，人应该用爱去换爱，用信任换取信任。如果你想欣赏艺术，你必须是一个有艺术修养的人；如果你想对他人施加影响，你必须是一个能促进和鼓舞他人的人。如果你在爱别人，但却没有唤起他人的爱，也就是你的爱作为一种爱情不能使对方产生爱情，也就是说，作为一个正在爱的人却不能把自己变成一个被人爱的人，那么你的爱情就是软弱无力的。

打算以爱的形式给予的人不应该把对方看作是他帮助的对象，而应该同对方建立一种真正的、创造性的紧密关系。

2. 关心

爱情是对生命及我们所爱之物生长的积极的关心。如果缺乏这种积极的关心，那么这只是一种情绪，而不是爱情。爱的本质是创造和培养，爱情和劳动是不可分割的人。人们爱自己劳动的成果，人们为所爱之物而劳动。

3. 责任心

今天人们常常把责任心理解为义务，是外部强加的东西。但是责任心这个词的本来意义又是一件完全自觉的行动，是我对另一个生命表达出来或尚未表达出来的愿望的答复。“有责任”意味着有能力并准备对这些愿望给予回答。

4. 尊重

如果没有尊重，那责任心就有可能变成控制别人和奴役别人的主观倾向。尊重别人不是惧怕对方。尊重这个词的定义就是有能力实事求是地正视对方和认识他独有的个性。尊重就是努力使对方能成长和发展自己。我希望一个被我爱的人应该以他自己的方式和为了自己去成长、发展，而不是服务与我。爱一人，就应该接受他本来的面目，而不是要求他成为我希望的样子，以便使我能把他当作使用的对象。只有当我自己达到独立，能在没有外援的情况下独立地走自己的路，即不想去控制和利用别人，只有在这种情况下，尊重对方才是可能的。爱情是自由之子，永远不会是控制的产物。

> 5. 了解
>
> 人们只有认识对方、了解对方才能做到真正尊重对方。如果不以了解为基础，关心和责任心都会是盲目的，而如果不是从关心的角度出发去了解对方，那么了解便是一句空话。了解作为爱的一个方面，不能停留在表面，要深入事物的内部，而不是满足于一知半解。我只有用他人的眼光看待他人（即站在对方的立场考虑），而把对自己的兴趣退居二位，我才能真正了解对方。
>
> 关心、责任心、尊重和了解是相互依赖的。在成熟的人身上可以看到这些态度的集中表现。

七、在爱情中成长

大学生正处于从原生家庭走向新家庭、从校园生活走向社会生活的转折时期。作为社会上最朝气蓬勃的群体，他们对爱充满着迷惑，但也充满着期待；他们在爱情中受伤，但也得到成长。也许，爱情就是这样，它给年轻人提供了一个人生大舞台，在这个舞台上，你可以细细品味它的甘甜，经受它的挫折，从而收获人生的种种滋味。

首先，要学习爱和被爱。爱是一种能力。它表现在一个人身上，就是对人类的热爱，以及在广泛的人际关系中是否“有爱”、在亲密的爱情关系中是否“会爱”。但毫无疑问，并不是每个人生下来就会爱。爱情给我们提供了一次绝好的学习机会，在这里，我们可以学习如何表达真挚情感、如何经营美好的爱情，直到爱成为我们身上的一种品质、一种能力。

其次，要在爱情中学会自我疗愈。爱情具有强大的魔力，它会使一个自怜自艾的小姑娘散发出自信的光芒，也会使一名本不出色的男孩儿勇往直前，这就是爱情的自我疗愈功能。弗洛伊德说，人们恋爱时，会回归到儿童状态，并把恋爱对象理想化，就像从前把自己的父母理想化一样。他们把自尊交到另一个人手里。爱如果得到回报，他们就会感觉像个受宠的孩子，头顶着光环，有人喜欢和扶持，就能感受到爱带给他们头脚颠倒、风驰电掣、直窜云宵的巨大幸福。一段美好的感情，可以弥补童年生活中的创伤，会帮助人们修复早期适应不良的缺失，因此，当一个人在爱情中享受到爱时，他/她也会充满爱的能量，从而发展出爱的能力。

再次，要在爱情中完善自我。在人际交往理论中，社会心理学家库利曾提出一个“镜像自我”的概念，是指个体把别人当作镜子来进行自我感知。同样，在爱情这个特殊的人际关系中，恋人就像一面镜子，照映出一个人最真实的样子。因此，利用好爱情这面镜子，善于从对方的反馈中，发现自己的不足、找到自己的优点，并在实践中不断练习，自我就能得到提高和完善。

最后，要在爱情中修正婚恋观和家庭观。每个人都是从自己的原生家庭走出来的，思想和阅历的有限性往往使人局限在自己和家庭的狭小空间里，而爱情则打开了理解他人和世界的另一扇窗户。在这段亲密的感情里，我们第一次近距离地接触另外一个异性，了解他/她的思想和行为，了解他/她的家庭及家庭对其成长的影响，这对于我们变换角度思考问题具有积极的作用。随着爱情的进展，我们还会积极思考有关婚姻和家庭的问题，不断完善对未来的憧憬，修正不合理观念，更加整合对这个世界的理解，从而为迈向社会和组建新家庭积累经验，获得自信。因此，对于每一名大学生来说，在爱情中学习和成长，使珍贵的爱情体验成为人生路上历久弥新的美好记忆，并能促进未来的生涯发展，那么，你的青春和爱情，就是值得的、无悔的！

第三节　大学生恋爱困扰

爱情，是每一位大学生都渴望拥有的神圣感情。那么，当爱情悄悄来临的时候，大学生应该怎样迎接它、把握它、经营它呢？当深陷爱情的误区时，又应该如何面对和脱身呢？

一、大学生爱情发展的特点

随着我国青少年生理发育期的提前和社会文化的影响，恋爱已经成为大学生活中十分普遍的现象。按照埃里克森人生发展阶段理论，大学生正处于人生发展的第六阶段，这是一个建立亲密感和合作感的阶段，他们强烈地渴望与他人建立友谊和爱情等亲密感情。从这个角度来说，大学生恋爱可以缓解因性而产生的紧张和焦虑，可以帮助他们真正认识到性别角色上的差异，促进性别角色的社会化，学会如何在生活中去适应恋爱关系。恋爱也有利于大学生发展完整的自我同一性，形成独立的人格，促进心理健康和成熟。但同时，由于大学生心理发展还不够成熟，他们的爱情具有非常鲜明的特征。

（一）爱情观呈现多元化趋向

爱情观，是指对爱情的意义与在人生中的位置等问题的根本观点和看法。爱情是什么？在大学里该不该谈恋爱？爱情与学业的关系是怎样的？择偶的标准是什么？随着我国社会、经济、文化的飞速发展，中国人对于爱情的观点不断发生着变化，大学生对这些问题的回答也越来越呈现多元化的趋势。

在对待爱情的态度上，大多数学生持包容、支持的态度，有相当部分的同学认为“爱情是两个人的事情”，显示出较强的自主性。但是，对于爱情的真谛，大学生们有不同的看法。李朝旭等人的一项研究发现，当代中国大学生的内隐爱情理论包含5个方面：伦理与责任、浪漫体验、冲突及痛苦、理性、朋友式关爱。这说明在中国传统文化的影响下，大学生关于爱情的构想，还是较多地与婚姻、家庭有联系。但是同时，大学校园中为了炫耀个人魅力的“游戏爱”、为了填补寂寞的“空虚爱”等也大量存在，成为一道“乱花渐欲迷人眼”的独特风景线。

虽然很多大学生已经品尝过恋爱的滋味，但对于为什么恋爱，许多大学生自己也不清楚。在以非婚姻为目的的恋爱中，有的是追求感官上的满足，把恋爱当成为他们打发无聊、排遣孤独的工具；有的信奉的是“恋爱是大学生的必修课”，而把恋爱当成儿戏；还有的只是想体验恋爱的滋味，把恋爱当成自己攀比的筹码和满足虚荣心的工具。他们在恋爱中并没有选择一个终身伴侣的自觉意识。

（二）情感表达更为热烈和开放

大学生是一个特殊的群体。他们感情丰富、好幻想，渴望从爱情中获得美好的人生体验。这使得他们在情感表达上更为热烈和开放，同时在性行为上容易产生冲动。

与20世纪的大学生相比，现代90后大学生显然崇尚“爱要让你看见”的表白方式。他们喜欢采用各种新奇的、热烈的方式向心仪的对象表达爱慕之情。在恋爱过程中，他们的感情不再像“羞答答的玫瑰静悄悄地开”，而是大方地公开于同学、师长之间。当他们能够发展令人满意的恋爱关系时，他们“轰轰烈烈地爱”；而当这份感情不再合适时，他们大多数都能够用解除关系的方式来结束这段关系，表现出了较为开放的爱情观。

同时，90后大学生对于爱情中的“性”观念也更为开放。我国学者对高校大学生性行为的调查发现，约有47%的大学生发生过亲吻、抚摸性器官等边缘性性行为；12.7%的大学生发生过插入性性行为；而在一项更大规模的调查中，男生发生婚前性行为的比例为31.8%，女生为12.7%；在婚前性行为、未婚同居等问题上，大学生的态度也持较为开放的态度。

（三）亲密关系的不稳定性和封闭性

大学生正处于人生发展的关键时期。在这一时期，他们的人生观、价值观和世界观还未完全成熟，个性特征和未来规划仍需进一步完善和澄清，这导致大学生的亲密关系非常不稳定。从爱情发展的过程来看，大学生的爱情往往只维持在校期间的2～3年，当他们毕业后，由于客观环境的限制，大多数爱情也就走到了尽头，很少能够发展成为稳定的婚姻关系。正可谓毕业即是分手时。

从处理爱情关系与外部世界的关系上，由于大学生较少接触社会，因此他们的爱情生活相对独立，较少受家庭、父母的影响。他们的爱情主题，往往围绕着吃饭、学习、同学关系、社团活动等内容，因而比较单一。

（四）矛盾和冲突显现

大学是大学生学习知识文化，建立远大理想的重要阶段。爱情虽然是人生幸福的重要角色，但并不是人生的唯一内容，更不是大学阶段的主要任务，这使得大学生在爱情中面临着种种矛盾和冲突。这其中，既有心理需求的矛盾，表现为学业与爱情的矛盾、恋爱消费与经济尚未自立的矛盾、理想与现实的矛盾、依赖与独立的矛盾，也有恋爱价值观、择偶标准的冲突和困惑。如有的大学生为了爱情而荒废学业，有的经常为恋爱消费过多而感到烦恼和自责，还有的为双方是否真的匹配而感到困惑。

（五）自我调控能力弱

歌德曾说“哪个少男不钟情，哪个少女不怀春”。正值青春年华的大学生，有的一旦陷入热恋之中，往往不善于控制自己的情感，任感情随意放纵，缺乏理智的驾驭能力。有的大学生对恋爱对象过分依赖，稍有波折就痛苦万分；有的沉溺于二人世界，而忽视了大学正常的人际交往和学习生活。当恋爱受挫时，有的大学生会情绪失控，无法自拔，给学习造成严重影响；甚至个别学生自暴自弃最终沉沦下去，痛苦不堪，严重的还会发生自杀、自残、杀人等恶性事件。

延伸阅读7-4

爱的5种语言：培养爱的能力

爱语1：肯定的言辞

心理学家威廉•詹姆斯说过，人类最深处的需要，就是感觉被人欣赏。对那些安全感低、有自卑情绪的人，缺少安全感时，就会缺少勇气。而这时，如果恋人能给一些鼓励的话语，往往会激发出对方极大的潜力。关键词：鼓励、肯定、仁慈、谦和。

很多人成长的家庭管教严厉，无论多么努力，父母的夸奖都很吝啬。这样的孩子成年后，会有比较严重的自信危机，这也发展出他/她的主要爱语——肯定的言辞。对他们而言，被欣赏与赞美，胜过其他。

另外，鼓励不是施加压力。如果女友并不希望减肥，而男友却说“你一定能变得更瘦”就不能算一种鼓励的爱语。要在对方心甘情愿去做一件事时，再送上他/她需要的肯定的言词。

爱语2：精心的时刻

什么是精心的时刻？答案是：给予对方全部的注意力。你是否留意过，一起用餐的男女，婚前约会和已婚夫妇，非常不同：前者彼此注目，后者则东张西望。所以，称得上是精心的时刻的必须是全神贯注的交谈，或是一顿只有你们两人的烛光晚餐，也可以是手拉手散步。活动其实是次要的，重要的是花时间“锁住”对方的情感。

爱语3：接受礼物

礼物是爱的视觉象征。它可以是买来的、自己做的或是找到的。礼物是一件提醒对方“我还爱着你”的东西，事实上，这是最容易学习的爱的语言之一。

爱语4：服务的行动

这是指做恋人想要你做的事，你替他/她服务因而使他/她高兴，表示对他（她）的爱。当男女热恋时，为对方服务是自愿的，甚至费尽心机。但是热恋之后很多人就变得完全不同了，比如：“追我的时候他每天都给我发短信，但现在经常是我发短信给他他都爱答不理的。”

爱语5：身体的接触

肢体接触是人类情感沟通的一种微妙方式，也是爱的表达的有力工具。要说明的是，性只是这种爱语的方式之一，牵手、亲吻、拥抱、抚摸都是身体的接触。对有些人来说，身体的接触是他们最主要的爱的语言。缺少了它，他们就感觉不到爱。

如果恋人的爱语是身体的接触，那么你应该这样做。

（1）见面的时候，给对方一个拥抱。

（2）散步的时候，拉着他/她的手。

（3）对方在伤心和难过的时候，可以拍拍对方的肩膀，或者抱抱对方。

（4）和朋友在一起时，当着他们的面抱一下你的恋人，或将手搭在他/她的肩上。你一定会得到恋人的双倍情绪高分——因为你就是在向他/她表示：“尽管有这么多人，我还是得说我爱你。”

二、解读爱情中的心理现象

爱情的滋味可谓是酸甜苦辣样样俱全，它会使人感到时而甜蜜，时而涩苦，时而如诗如歌，时而又如坠云雾之中。如歌中所唱：爱有几分能说清楚，还有几分是糊里又糊涂，情有几分是温存，还有几分是涩涩的酸楚。忘不掉的一幕一幕，却留不住往日的温度，意念中的热热乎乎，是真是假是甜还是苦……其实，爱情也是有许多心理学规律可循的。

（一）在爱情中迷失自我——光环效应

【案例】 潇潇最崇拜播音员了。在她的印象中，播音员博览群书，见解独到，气质极佳；在遇到突发事件时，还能淡定自若，带给听众最美好的享受……所以，当她在下午五点半听到校广播电台传来富有磁性的声音时，激动得心似乎都要蹦出来了！从此，她喜欢上了这个声音，虽然不知道他是谁，但每到下午时间，她必然会坐在长椅上，仔细聆听他的声音，感受他的气息。在她的想象中，他应该是稳重大方、乐观开朗、机智而又不失幽默的男子。就连他的长相，她也想象得出来，应该是双眼皮、大眼睛、面庞清秀……怀着这样期冀的心情，潇潇参加了校广播电台举办的听众见面会活动。然而活动结束后，潇潇失望地离开了会场。因为她发现，真实的“他”和所认为的“他”相差太大了。在下午喧嚣的校园里，潇潇还是喜欢听他的播音，只是，不再有幻想。

在上面的案例中，播音员的声音和身份好像一个巨大的光环，使潇潇深陷在爱情的迷恋中，这就是心理学中的“光环效应”。“光环效应”是一种普遍的人际交往效应。在爱情中，这种巨大的光环效应往往会使人失去辨别力，把恋爱对象身上的一切都看得完美无缺，即使对方有什么不足，也会被忽略淡化。当进入真实的爱情关系时，随着了解的加深，光环褪去后对方的缺点就会逐渐显现出来，如果不及时加以澄清，就容易成为双方感情的暗礁。

因此，在爱情中，我们要警惕“光环”带来的误导。透过耀眼的光环，我们还要看到他/她的真实样子。试想，如果仅仅是因为他/她外表俊美、富有、身材好、地位高，那么把这些都拿掉后，你的爱还剩什么呢？我们爱一个人，更多的应该是因为他/她品质好、学识渊博，性格与自己匹配等。因为只有这些内在的东西才不容易因“意外”而突然消失，它们会随着年岁的累积越来越厚重，你们的爱也会随之变得更加稳固。

（二）神奇的一见钟情——首因效应

【案例】 大学校园里，到处都是携手比肩、成双成对的身影。郭飞却在热闹的大学校园里保持桀骜不驯的个性，不踏雷池一步。他不是不想谈恋爱，而是找不到理想的“爱人”。他理想中的“她”，要长发飘飘、能歌善舞、温柔善良，而在偌大的校园里，似乎只有一个人能满足他的标准——校文艺部部长曼丽。两人曾在同一舞台上演出，凭第一次接触的感觉，郭飞就认定了，如此美丽翩翩的曼丽一定就是他想要的那种女孩子！碰巧的是，两人有一门公共课是在一个教室上的，这为郭飞全面了解“梦中女神”提供了绝好条件。于是，郭飞在每一次与她上课时，尽量挑选相近的位子，在课余闲暇，两人也会在一起聊天打发漫长的时光。可是，说也奇怪，与曼丽接触的时间越长，他之前对曼丽的那种紧张、神秘的感觉就越淡，取而代之的是一种“哥们式的情谊”。现在，他对曼丽的了解越来越多，但是，却越来越觉得不可能成为恋人了。

首因效应简单来说就是第一印象所产生的影响。在大学校园里，很多大学生信奉的“一见钟情”“一见倾心”的浪漫感觉，就是首因效应在起作用。当我们第一次见到对方时，如果对方的外在条件符合自己内心的标准，再加上气质、谈吐等方面也足够吸引，自然而然就会对其产生一定的好感。在这种好感的驱动下，两人加深交往，最后还有可能真正走到一起。

然而，“一见钟情”的爱情并不是都能得到完美的结局。即使是在第一次见面时就互生好感，如果在日后的交往中出现较大的矛盾，则这段感情仍然可能以分手结束。因此，一见钟情只是日久生情的基础。在爱情中，我们可以利用好首因效应，在交往中逐渐加深对对方的了解，只有当两个人真正的情投意合时，才能发展出稳定的亲密关系。同时，我们也要重视首因效应可能对爱情的负面影响，以免抱着对对方的幻想走进虚无缥缈的爱情。

（三）我选择，我愿意——爱情中的移情现象

【案例】 小君是一名优柔寡断的女生。在同学的印象中，她永远是斯斯文文、柔柔弱弱的样子，相处中别说是男生，就连女生也会对她心生爱怜，遇到困难时总忍不住去帮她。很多同学都说，她就该找一个“护花使者”来保护她，让她一生都安然无忧。大学一年很快过去了，在大二上学期，同班的一名男生渐渐俘获了她的芳心。他叫大勇，长得高大魁梧，脸庞俊朗。让小君印象深刻的是，大勇好几次都像猜透她的心思一样，帮她打水、占位，遇到困难，总是在恰当的时机出现。这些小事儿，以及大勇那豪爽的气质，让她觉得特有安全感。有好几次，当她与大勇在一起时，感觉就像在家里一样，尽享父亲和哥哥的照顾。经过半年的交往，两人确定了恋爱关系。可是最近，两人都陷入了苦恼中：小君虽然觉得和大勇在一起有安全感，但却受不了他的大男子主义，什么事儿都要替自己拿主意，令自己感到很憋屈；而大勇也在疑惑，一直以来，他对待小君就像对待一个孩子一样，宠着她护着她，即使自己感到疲惫也从不放弃，为什么这样还得不到小君的芳心呢？

移情是精神分析学说的一个术语，是指来访者将自己对父母或对过去生活环境中重要人物的情感、态度和属性转移到治疗者身上，并相应地对治疗者做出反应的过程，后来，这个术语也泛指把某种情感由某一对象迁移到另一对象，被广泛应用于以精神分析为基础的诸多心理治疗技术中。

在治疗关系中，移情被分成两种形式——正移情和负移情。前者指对治疗者的依恋，后者指敌意的拒绝、被动的抵抗或屈从。其实在爱情关系中，移情现象也时常发生，只不过我们注意不到罢了。上面案例中，小君对大勇产生的敬慕、依赖等情感，与对她的父亲、哥哥产生的情感类似。实际上，小君是把对家人的情感转移到了大勇身上。当小君在享受这种类似亲情的爱情，对大勇产生积极的情绪回应时，就是一种正移情。但是当她对大勇的管束感到束缚时，就是一种负移情。我们可以看到，在这段感情和关系中，双方处于不对等状态，因此他们的困惑也就不难理解了。

在大学校园里，由于大学生的个性特征和心理发展并不成熟，因此，对恋爱对象的移情现象普遍存在。比如，有的同学在家中排行老大，因此在爱情中也处于主动地位，对对方表现出较多的照顾行为；有的男生对母亲的唠叨非常反感，因此对女友的“啰嗦”也异常敏感；有的女生曾经看到父亲醉酒的场景，心生反感，因此对男友喝酒表现出厌恶情绪。如果不及时觉察自己的移情现象，就容易把原本不属于爱情的愤怒、嫉妒、委屈等不良情绪掺杂进来，从而影响爱情的进程。

延伸阅读7-5

爱情中的移情现象——俄狄浦斯情结

古希腊神话中有这么一个预言：底比斯王的新生儿（也就是俄狄浦斯），有一天将会杀死他的父亲而与他的母亲结婚。底比斯王对这个预言感到震惊万分，于是下令把婴儿丢弃在山上。但是有个牧羊人发现了他，把他送给邻国的国王当儿子。俄狄浦斯并不知道自己真正的父母是谁。长大后他成为远近闻名的英雄，迎娶了伊俄卡斯忒女王为妻。后来邻国瘟疫流行，他才知道，多年前他杀掉的一个旅行者是他的父亲，而现在和自己同床共枕的是自己的亲母亲。俄狄浦斯王羞怒不已，他弄瞎了双眼，离开底比斯，独自外出流浪了。

俄狄浦斯是古希腊神话中的人物，由于他的弑父娶母，后来人们就用“俄狄浦斯情结”来表示“恋母情结”。儿童早期的“初恋”对象就是父母，这是一种普遍现象。在之后的生活中随着年龄的增长，大部分儿童恋爱的对象也会逐渐年轻化，最终被同龄人取代，这时产生的就是真正意义上的爱情了。然而有一部分儿童由于各种原因，恋爱的对象不会年轻化，他们在成熟后依然更偏爱年长的对象，也就是我们通常所说的恋母/恋父情结。

三、大学生常见的恋爱心理困扰

（一）单相思

单相思是指男女之间只有单方面的爱恋思慕，也比喻双方中只有一方有愿望或热情。单相思是一种进入爱情的准备阶段，但是也很有可能完全停留在这样的状态之中而无法得到必要的发展。

一般来说，每个主动求爱的人在求爱之前都有过单相思的体验，一旦求爱成功，单相思就转化成了互爱。如果没有求爱，或者求爱不成功，不能转化成互动的关系，无论是哪种类型的单相思，都是一个人的“恋爱”，也都不是真正的恋爱。

（二）分手和失恋

曾经的恋爱是如此幸福，让人难以忘怀。失恋后，人们总是会沉浸在对过去的美好回忆中无法自拔。所有的失恋者都有一种难以摆脱的情绪，那就是“我的终生幸福没有了”。怀着这种悲观的情绪，失恋者不敢面对失恋的现实与未来，从而陷入越痛苦越思念、越思念越痛苦的怪圈。而且，如果一段恋情走到了分手的地步，就会使人们怀疑自己、否定自己，从而感到更加痛苦和受伤害。

（三）择偶标准的困惑

面对纷繁的世界和越来越大的社会压力，大学生的择偶标准也呈现出价值多元化的特点。家庭财产、社会地位、个人素质、潜在能力等因素正在考验着年轻的大学生，使他们在爱情之路上面临着更加多样的选择。

另外，由于大学生的择偶标准还未完全确立，他们对双方是否匹配、是否合适也感到困惑。有些大学生虽然在谈着恋爱，却更多地感受到爱情的苦涩和无奈，就是因为“他的爱情”不是他“所希望的”。大学校园中的恋情，大概有以下几种类型。

1. 比翼双飞型

这类学生在择偶上基本具备健全的人格，有正确的恋爱观，能够以理性引导爱情，正确处理恋爱与学习、感情与爱情、情爱与性爱的关系。双方都有较强的事业心、进取心和自控能力，有共同的理想抱负、价值观念，能把事业的成功作为爱情持久的目标，不仅仅把恋爱作为人生的快乐，而且能把幸福的爱情转化为学习和工作的动力。他们认为，婚恋不仅应该促使双方的进步，而且还应该促进双方的成长。

2. 生活实惠型

进入大学后，毕业去向是大学生最为关注的主题，也必然是择偶的一项重要参考因素，同时家庭条件和对方的发展前途也是各自关注的必要的条件。一些大学生彼此间的爱慕与向往也许并不强烈，但是都有确定的生活目标。大三是这类学生谈恋爱的高潮期，他们认为这时处朋友、谈恋爱、相互了解，信任度要高些。这种想法是理智的、现实的，确定恋爱关系后的稳定性较高。

3. 时尚攀比型

有些大学生把恋爱当成一种时尚。当周边的许多同学有了异性朋友时，一些男同学为了不使自己显得无能，一些女同学为了证明自己的魅力，也学着别人的样子匆匆地谈起了"恋爱"。由于目的性不强，缺乏认真的态度，常常是跟着感觉走，把谈恋爱当作一种精神上的补偿，因此这种关系中的两个人常以"因为没想那么多"为借口而各奔东西。这种择偶观带有很强的随意性。

4. 追求浪漫型

这类学生情感比较丰富，罗曼蒂克的爱情对他们有着强烈的吸引力，他们对爱情浪漫色彩的追逐和窥探心理强烈。他们并非不尊重爱情，而是觉得出没于花前月下的刺激比爱情的责任和义务更富有色彩和韵味，他们对爱情的缠绵悱恻有较深的体验并乐在其中，时时沉浸在两人的世界里，忘却了集体，甚至忘却了学业。

5. 功利世俗型

这类人以对方的门第、家产、地位、名誉、处所、职业、社交能力、驯服度等为择偶的前提条件。这种市侩的择偶观是没有情感基础的，也往往不会长久。

（四）恋爱消费的困扰

大学生这个年龄段正是赶时髦、追时尚、渴望浪漫的时期，缺乏社会上恋爱的那种现实和理性，对爱情的浪漫要求程度比较高。可浪漫必须要有一定的物质作为基础来维持，在攀比之中，"恋爱消费"水涨船高，有的甚至已经表现出许多非理性的观点和消费心态。在恋爱消费的问题上，恋人双方应按照自身的经济能力合理支出，最好能达成一致的消费观，以减少经济问题带来的种种压力。

心理训练

一、课堂讨论：发现身边的爱情

训练目的：理解爱情，澄清爱情的本质和表现

训练时间：30分钟

训练准备：纸、笔

训练步骤：

引导语：步入大学校园，有的同学已经品尝到了爱的甘甜，有的正在期待爱情，但是在我们的身边，从不缺乏爱情的身影。请大家说说，你曾经遇到的、或者看过的、听过的爱情是什么样子的呢？

（1）将全班同学以7～8人为一组进行分组。

（2）每个人就自己身边的爱情进行描述，听听其他人对爱情的判断，这份爱情是真正的爱情吗？为什么？

（3）每组派出一名代表描述本组最有争议的爱情，在全班范围内进行讨论。

（4）教师总结。

二、课堂活动：用心储藏你的爱

训练目的：检视自己爱的能力

训练时间：30分钟

训练准备：纸、笔

训练步骤：

在生活中，有很多不会爱的孩子，迷失在爱的花园里。但是你知道吗？爱别人是有前提的，即你的内心有多少爱？如果一个人的内心是干枯的，没有爱可以付出，也就缺乏爱的基础。这就是心理学家米尔提出的储爱槽理论。

大家看到的心形的储爱槽是储存爱的地方，用来解释人对爱的渴望。将自己想象成一个婴儿，在你的内心深处有个心形的储爱槽，如果这个储爱槽上有个计量表，一开始等于零。随着时间的流逝，你的父母会用自己心槽中的爱注满你的心槽。过了十几年、二十几年，当你脱离了家庭，自己成家，那时你的心槽里已经注满了爱。身为成年人的你，准备好去注满你孩子的储爱槽了吗？在一个互动模式正常的家庭里，爱是代代流传的。现在，请大家拿起手中的笔，在你的储爱槽里画上一个刻度，看看父亲和母亲给了你多少爱？你的内心储藏了多少爱？

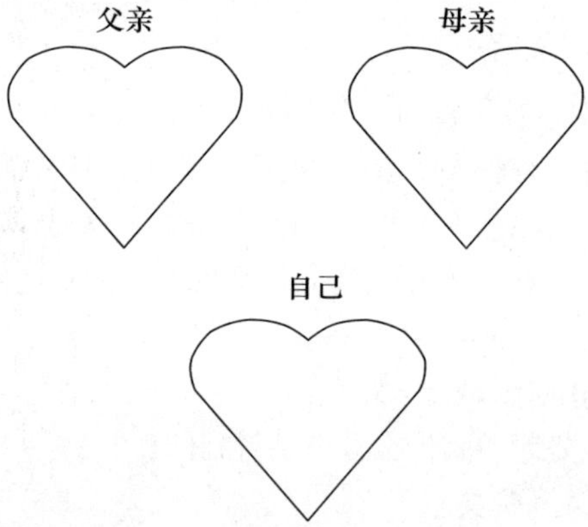

三、课堂活动：认识我和他/她

训练目的：认识爱情中双方的不同和相同

训练时间：30分钟

训练准备：纸、笔

训练步骤：

如果你正处在恋爱中，你会讨厌他/她的一些习惯或行为吗？你和他/她到底有什么异同？你们的不同会成为你们之间关系的障碍吗？下面请你客观分析一下你和他/她的不同，写在横线上。

		你	你的他/她
兴趣	相同	________________	________________。
	不同	________________	________________。

性格	相同________________	________________。
	不同________________	________________。
学习习惯	相同________________	________________。
	不同________________	________________。
生活习惯	相同________________	________________。
	不同________________	________________。
原生家庭	相同________________	________________。
	不同________________	________________。
价值观念	相同________________	________________。
	不同________________	________________。
生活理想	相同________________	________________。
	不同________________	________________。

四、课堂讨论：你和他/她是怎么解决冲突的

训练目的：认识自己在爱情冲突中的不合理行为

训练时间：30分钟

训练准备：纸、笔

训练步骤：

在每一段爱情故事中，几乎每对恋人都会发生冲突和争执。有些人很害怕冲突的发生，以为冲突意味着不合；有些人尽量压抑自己，从而维持表面上的关系和谐；还有的人从不克制自己的情绪，爱情中充满了悲伤、愤怒和指责……其实，两个人在某些观念和行为上出现冲突并不可怕，这是双方相互适应的契机。请你回忆你和他/她发生的最大一次冲突，认真思考以下问题。

（1）发生冲突的真正原因是什么？

（2）在冲突中，他/她想得到什么？你想得到什么？

（3）冲突是否可以顺利解决？

（4）从这次冲突中，你能得到什么启发？

心理测试

你的爱情理智吗？

请在下面的题目中选择适合自己情况的答案。

1. 在朋友面前谈及他的时候，你会：（　　）

A. 吹嘘他的优点　　B. 有所保留，这只是我们两人的事

C. 友善地开他的玩笑　　D. 对他的动机感到很困惑，怀疑他是否真的爱你

2. 如果你在街上碰到了他，你的反应是：（ ）

A. 非常欣喜

B. 震惊

C. 紧张不安（你习惯先做好准备才与他见面）

D. 感到温暖、友善

3. 你的社交生活是：（ ）

A. 几乎因为认识了他而完全终止

B. 有一点影响——与朋友们相处的时间少了

C. 多姿多彩——他与你的朋友相处融洽

D. 很受影响——他与你的朋友没有共同点

4. 你认为他的缺点是：（ ）

A. 可以容忍的——这是他的吸引力之一

B. 可以帮助他改正

C. 有点令人恼怒

D. 一种必须适应的毛病

5. 对他的朋友，你会：（ ）

A. 很欣赏及喜欢与他们相处

B. 虽然与你的风格很不相同，但颇喜欢

C. 不易相处，但你会接受，因为他们是他的朋友

D. 麻烦得很，你不理会他们，他们也不理会你

6. 在经济方面，你们的关系是：（ ）

A. 你不断送礼物给他，弄得自己囊空如洗

B. 他在你身上花了很多钱

C. 你们都囊空如洗

D. 你们储蓄了一些钱，但无暇花钱

7. 当他做了一些令你反感的事情时，你会：（ ）

A. 暴跳如雷

B. 一言不发

C. 立即以牙还牙

D. 向他说明你为什么不高兴

8. 你认为与他交谈是：（ ）

A. 令人兴奋及有启发性

B. 像是心灵交流，尽在不言中

C. 很愉快，虽然偶尔比较沉闷

D. 并不重要

9. 当你见到他掉在地上的袜子和内衣裤时，你会：（ ）

A. 通常会提醒他，你爱他有多深

B. 笑他太散漫

C. 感到烦恼

D. 指出他太粗心大意

10. 自从与他建立关系后，你的工作（或学习）会：（ ）

A. 受到影响——你不能集中精力工作（或学习）

B. 受到忽视，但只是一小部分——你不再像以往那样投入

C. 保持不变

D. 有了进展——爱情使你充满干劲

11. 你要离开此地，但不能携他同行，你对他的情意能继续维持：（ ）

A. 数星期 B. 数个月 C. 一两年 D. 永远

12. 你认为他的外表是：（ ）

A. 一件美得令人窒息的艺术品 B. 英俊倜傥

C. 漂亮，但不出众 D. 并不漂亮，但你仍然爱他

13. 在思想方面，你认为他：（ ）

A. 极有头脑，目光远大 B. 高人一等

C. 普通 D. 并不精明，但很可爱

14. 他表达爱情的方式：（ ）

A. 非常刺激、温柔及富有创造性 B. 愉快充实

C. 有点呆笨，但你相信他会有所改善 D. 颇令人失望

评分标准：

根据下列表格，将各题得分相加，统计总分。

选择得分	1	2	3	4	5	6	7	8	9	10	11	12	13	14
A	8	6	8	6	6	8	6	6	8	8	2	8	8	8
B	6	8	6	8	4	4	2	8	6	2	4	6	6	6
C	4	2	4	4	8	2	8	4	4	4	6	2	2	4
D	2	4	2	2	2	6	4	2	2	6	8	4	4	2

91分以上：目前，你所沉醉的爱情只是幻觉。你相信爱情可以战胜一切，坚持视他为理想对象。

61～90分：你也是个感情丰富的人，但同样缺乏理智。你会考虑他的缺点，但发现自己仍然爱他。

35～60分：如果你决定与他共度一生，那便是一段实际、理智而又浪漫的关系。你会很欣赏他的某些方面，但不是全部。

34分以下：或许对方有一些很吸引你的地方，但你对他却没有多少感情。

思考题

1. 斯滕伯格的爱情三条理论是什么内容？
2. 大学生常见的爱情困扰有哪些？如何进行心理调适？
3. 如何培养爱的能力？
4. 在爱情中，我们如何获得成长？

第8章 性心理与性健康

话题导入

大学生“性”现状

同学们，你们是否也思考过关于“性”的话题？在中国传统思想里，“性”是一个令人“尴尬”的话题。但其实，性的本质是爱，保护好自己、他人的身体和情感，享受爱的滋养，是人生的幸福因素之一。因此，掌握科学的性知识，在爱情中把握适度的性距离，是每一名大学生都要学习的内容。那么，什么是性与性心理？怎样看待性心理困惑？如何维护性心理的健康？让我们带着这些问题进入本章的学习。

第一节　揭开“性”的神秘面纱

性，人人都有。我们每个人都是性塑造的生命，我们每个人都伴随着性的发育成熟而长大，性是我们生命的一个重要组成部分。

一、性的含义

性是什么？一谈到性，人们就会表现得十分敏感和羞怯。敏感和羞怯的背后，隐藏着一种狭隘的认识，即性是一种单纯的生理现象，是男女之间生理上的性关系。这种认识是十分片面的。实际上，性既是生理观象，也是一种社会现象和心理现象。性包含着丰富的科学内涵。

（一）性是人的自然属性与社会属性的统一

性，是生物学上的词汇，常指男女两性在生物学上的差异，包括男女两性染色体不同，性腺不同，性激素不同，生殖通道与外生殖器不同和第二性征不同；还指人生来具有的性的欲望和本能，它是人类生存和繁衍后代的基础条件。

作为自然属性的性，是人类生存和繁衍后代的基础条件。从生物的形态学和生理学来理解，性是伴随着性生殖出现的。人的基因与性器官的差异形成了雄性和雌性，性征便是两性特点的表达。

作为社会属性的性，是性的本质体现。人的性需要，不仅包括生理性需要，更重要的还包括社会性需要。例如，择偶的要求不仅是寻找一位异性，而且要满足个人审美的需要、爱的需要、个人生活幸福与自我发展的需要，应该考虑对方的兴趣、爱好、学历、职业、家庭等社会因素。人的性行为必须通过婚姻、经济、法律、道德关系的规范才能够实现。恩格斯指出，人类婚姻家庭从群婚到一夫一妻，到现代性爱发展的过程，完全是由生产力的发展状况和生产关系所有制的性质决定的。

性是人的自然属性和社会属性的统一体，这说明性既要受到人发展的生物规律的支配，又要受到人类社会文化发展条件和各种社会需要的制约。两者是有机联系、密不可分的。性的社会属性是人类文明进步发展的本质，人不仅是一个自然人，更是一个社会人。

（二）性在不同层面上的含义

性究竟是什么，性有着怎样的内涵，该怎样看待呢？这里我们可以从三个不同的角度来理解它。

1．性生理

毫无疑问，性是一种生理需要，也是一种生物本能。性的成熟意味着身体的发育和成熟及生理需要的满足。当男孩出现首次遗精，女孩出现月经初潮时，就标志着个体性器官达到了成熟水平。第二性征的出现，则标志着青春期性生理的成熟与逐渐完善。当个体在生理成熟的时候，性或性欲的满足就是一种生物本能，一种自然而然的生理需要。否认或者看不到这一点，就不能正视人的成长和成熟。当生理成熟的时候，压抑或者剥夺人的生理需要，从本质上讲，是违逆人性自然规律的。

2．性心理

性心理是人类个体在性的生理成熟后伴随出现的一系列与性有关的心理现象。主要是指性意识及在此基础上产生的性情感、性兴趣和性兴奋。

性意识是在性的生理发育成熟过程中，青少年会逐渐领悟到两性差异和两性关系，并随之产生的从未有过的特殊的心理体验。

性情感是指对异性的倾慕和好感，渴望了解异性、亲近异性，感到异性对自己有一种吸引力，也希望自己能引起异性的注意，向往与异性进行交往。

性兴趣是指对性知识的渴求和对性的好奇心。

性兴奋是性欲的一种体现。

3．性行为

性行为简而言之就是与性内容直接关联的行为，任何旨在达到性欲的满足和性高潮的行为均是性行为。

性行为又可以分为狭义的性行为和广义的性行为。

狭义的性行为也称目的性性行为，是性行为的直接目的和最终体现，如性交。

广义的性行为也称边缘性性行为，是目的性行为的准备阶段和辅助行为，比如情话、接吻，相互拥抱，以及对身体某一些部位的刺激和爱抚动作，还包括男女接触时的情爱表示，如暗送秋波等。

综合来看，性的生理成熟是一切性活动的基础，性的心理则是在生理成熟时伴随出现的一系列与性有关的心理现象。性行为则是生理、心理成熟后的实际行动。

二、性心理发展阶段

伴随着青春期的到来，青少年性发育开始成熟。这时，肌体内分泌腺加强了活动，由脑垂体产生的促性腺素打开了性腺活动的大门，刺激生殖器官快速发育，带来了青少年男女身心的一系列变化。其中最突出的就是第二性征的发育、性器官的变化及性功能的逐渐成熟。

（一）赫罗克的性心理发展四阶段说

美国心理学家赫罗克认为，青少年性心理的发展经历4个阶段，每个阶段都有其明显的特征。

1. 性的反感期（12～14岁）

这一阶段的少男少女总想远远地避开异性，出现对异性的否定倾向。他们因生理发育成熟的变化而产生心理上的变化。对性不安、害羞，甚至反感。这时男女学生开始建立起各自的“独立王国”。

2. 向往年长异性的“牛犊恋”期（14～16岁）

这一阶段的少男少女以崇拜年长者为主要特点。尤其是他们周围稍为年长些的异性，在容貌、学习能力、体育运动、人格或其他方面，都对他们具有强烈的吸引力。如果向往的对象为异性时，这种崇拜叫作迷恋；如果是同性，则叫作英雄崇拜。

3. 接近异性的狂热期（17～19岁）

这一时期的少男少女对年长者的崇拜已经结束，开始将注意的对象转移到年龄相当的异性身上。在集体活动中，少男少女都努力设法引起异性对自己的注意，但是交往的对象多不稳定。

4. 浪漫的恋爱期（20岁以后）

这一时期青年男女开始与自己选择的异性朋友单独交往，不愿意参加集体活动。他们开始谈论对美好未来的设想，并开始发出海誓山盟。即使不认为对方是完美无缺的异性，也会把他（她）置于值得一爱的地位。

（二）弗洛伊德的性心理发展理论

弗洛伊德认为人的精神活动的能量来源于本能，本能是推动个体行为的内在动力。人类最基本的本能有两类：一类是生的本能，另一类是死亡本能（或称攻击本能）。生的本能包括个体生存本能和性欲本能。个体生存本能包括饥、渴，以及其他与生存有关的生理需要，它们是个体维持生存所必须满足的。性欲本能同性欲望和种系的繁衍有关。弗洛伊德是泛性论者，在他的眼里，性欲是指人们一切追求快乐的欲望。他把性欲的能量源泉叫作力比多，认为这是驱使人寻求各种感官快乐的心理能量，是人的一切心理活动的内在动力。

弗洛伊德认为，性冲动和性欲望需要得到满足，这是人的正常性心理，不能过分压抑。但同时，性本能的实现又具有替代性和延缓性，可以通过其他本能的满足来实现，且可以升华，性动力是促使人进行创造性活动的内驱力。弗洛伊德把性心理发展分为以下5个阶段。

1. 口唇期

出生至一岁左右为口唇期，这时婴儿就懂得吸乳，主要通过吃奶和吸吮等口唇动作使乳头摩擦口唇黏膜来获得满足快感，这种行为叫作口欲期性欲。

2. 肛门期

从一岁半至三岁，儿童学会自己大小便，弗洛伊德认为，这时幼儿以肛门排便行为为快感来源，通过粪块摩擦肛门黏膜产生快感，因此叫作肛门期性欲。这时也正是对儿童进行便溺训练的时期。如果训练过严或过松，就会出现肛门期固着作用，导致成年期形成两种病态人格：“肛门期停滞”人格和“肛门期排斥”人格。前者表现为过分拘谨、小气、固执，非常有条理性，过分注意清洁和小节；后者表现为过分杂乱无序、邋遢、没有条理、不拘小节。

3．生殖器期

四岁左右，儿童进入生殖器期，以生殖器为快感的主要来源。弗洛伊德认为，在这个时期，儿童出现一种特殊的现象：儿童恋慕父母中异性的一方，如男孩子恋母，女孩子恋父，并通过对父母中同性一方“认同”，即在行为、思想和体验上以父母中的同性为榜样，通过与榜样相一致来解决矛盾。这样，一方面可以“取代”同性一方而获得异性一方的情感，一方面可以因效仿同性一方得到赏识而不是惩罚。

4．潜伏期

从七八岁开始一直到青春期前，进入潜伏期。这时，儿童的兴趣转向外部，注意发展各种为应付环境所需要的知识和技能。

5．生殖期

这一阶段始于青春期，贯穿于整个成年期。如果前面的几个心理性欲阶段发展顺利，这时就可建立持久的性爱关系。这时，虽然快乐源仍指向生殖区，但人们不只是寻求自我满足，而是考虑他人的需要，在性爱的基础上建立爱情关系。

总之，弗洛伊德创立的精神分析学说对西方乃至世界心理学都产生了深远的影响。在他的理论中，始终贯穿着生物遗传决定论的思想，认为个人的原始性欲支配着整个人的全部活动，包括人格发展。他否认了环境文化的作用，是“泛性论”者。

延伸阅读8-1

如何面对童年期的性伤害

如果在童年时期不幸受到了性伤害，需要这样来面对。

（1）明白自己当时处于无法自我保护的年龄，受到品行不端的伤害，错不在受害者本人，肮脏不洁的也不是受害者，那些卑鄙施恶者才是肮脏、可耻之徒。

（2）学会善待自己，不要为童年所受到的伤害自责和焦虑，不能在受到伤害后还用自责来继续伤害无辜的自己。

（3）要坚信自己虽然受过伤害，但自己的心依然是纯洁无瑕的，自己仍然是完美的，努力调整心态帮助自己走出童年的阴影。

（4）如果身体已经受到伤害，可以寻求医学上的帮助，通过医学技术帮助自己重建完整的身体。

（5）坚信生活中曾经遭遇过性侵害，虽然不幸但并不可怕，只要自己能够勇敢地面对不幸的经历，放下思想包袱，坚信不幸的经历不会降低自己的生命价值，坚信优秀的自己可以获得异性的尊重和关爱。一个对自己充满自信的人，无论曾经遭遇过什么不幸，她们都依然可以拥有充满阳光的幸福生活。

（6）如果伤害给自己造成了严重的心理创伤，也可以向心理医生求助，在心理医生的帮助下消除恐惧、焦虑、自责、自罪等心理压力。

三、大学生性心理发展的现状及特点

（一）当前大学生性心理发展现状

1. 科学性知识的匮乏

性知识是指从各种渠道获取的与性相关的理性认识。它是性思维和性情感活动的基础。我国大学生们对于有关性爱知识的了解缺乏系统性、全面性，这是因为我国大学生在青春期接受过正规性健康教育人数的比例很小，大学生性知识来源的主流渠道堵塞，而非主流渠道习得的性知识很难保证其科学性、健康性，这是造成我国大学生“性盲”普遍性的根本原因。

2. 获取性知识的途径以自学为主

从目前的调查结果来看，我国大学生获取性知识的来源途径。李浩初等人研究主要是媒体（包括电台、网络、报刊）教育书籍、朋友或同学、父母、老师。可以看到，大学生从学校教育、家庭教育的“正规”途径中所获取的性知识明显不足，这说明大学生了解性知识的渠道主要是非正规教育渠道，是缺乏系统性、针对性和全面性的，这就势必造成目前我国大学生性知识的混乱。

3. 性知识的掌握途径具有性别差异

调查结果显示，我国大学生中对性知识的掌握男生优于女生，并且男女大学生在获取性知识途径方面也存在着明显的差异：男生在获取性知识方面较为主动，女生则较为传统。

4. 性观念趋于开放

受中西方性文化碰撞的冲击，我国大学生性观念在矛盾中趋于开放。同时，中国传统性观念也还在发挥着作用，它主要表现为隐性作用。如大学生在发生“失范”“非正当”等性行为后的自我谴责、后悔焦虑等情绪均来自于中国传统性观念的潜作用。

（二）大学生性心理特点

1. 本能性和朦胧性

大学生尤其是低年级大学生的性心理，不具有深刻的社会内容，基本上还是一种由生理上的急剧变化带来的本能作用，他们常常在心中用自己童年、少年时期所经历、所见过的与性有关的现象来解释性秘密。他们对异性产生浓厚的兴趣、好感和爱慕，当心理需求得不到满足时，便借助影视、图书、网络等，力图对性的问题有一个明确、系统的了解。由于受传统观念和我国各级学校性教育缺乏的影响，性的问题一直被蒙上一层神秘的面纱。因此，大学生这种生理变化带来的性意识的萌动还披着一层朦胧的轻纱，在朦胧纷乱的心理变化中，性意识将逐渐强烈并日臻成熟。

2. 性意识的强烈性与表现形式上的隐蔽性

随着性机能的成熟，大学生在青春期出现的性欲望和性冲动此时会表现得更加强烈，这是身体发育中的正常生理和心理现象。他们希望接近异性，迫切希望与异性交往，以得到性的生物性满足。

大学生十分注意自己在异性心目中的形象、评价，但又表现得拘泥、羞涩、冷漠；心里十分想同异性交往，但表面上却表现得不屑一顾，无所谓，或者做出故意回避和清高的样子；心里特别想体验与异性亲昵，表面上却表现得很讨厌。正是这种心理上的需要与行为上的矛盾表现，使他们产生了心理冲突和苦恼。

3. 动荡性和压抑性

青年时期是一个人一生中性欲比较旺盛的时期。大学生虽然生理已经完全成熟，但心理还不够成熟，还未形成稳定的性道德观和正确的恋爱观，自我控制的能力还不够强，其性心理容易受到各种外来因素的影响，从而显得动荡不安。同时，大学生还处在求学的阶段，因而并不具有通常意义上满足性冲动的配偶条件，加之对性生理和性心理知识的相对缺乏，因此容易产生过分的性焦虑和性压抑。

4．性别差异性

大学生的性心理因性别的不同而有所差异。在对异性感情的流露上，男性表现得较为外显和热烈，女性往往表现得含蓄和深沉；在内心体验上，男性更多的是新奇、喜悦和神秘，女性更多的是惊慌、羞涩和不知所措；在表达方式上，一般是男性较为主动，女性较为被动，往往采取暗示的表达方式。此外，男性的性冲动易被唤起，而女性易在听觉、触觉刺激下产生性兴奋。

第二节　树立健康的性意识

一、性心理健康及其标准

大学生正处于性生理发育成熟和性心理也逐渐趋于成熟的时期。在此期间，自身性生理反应的体验，再加之各种媒体有关性方面的内容的传播及各种因素的影响，使大学生中出现了许多与性有关的问题，同时还产生了与其相关的心理困惑甚至是一些心理障碍。面对大学生的这一现状，培养和维护其健康的性心理就显得非常迫切和重要。

（一）性心理健康的内涵

性生理健康，是指没有性器官疾病、性器官发育良好、性功能与生殖功能良好。

性心理健康，是指在性认知方面，有正常的性态度与性欲望，没有性心理障碍与性行为变态；在性情感方面，具有正常的性爱感情和性人格；在性意志方面，对性需求能恰当满足与控制、能摆正性在人生目标中的位置。

性社会健康，是指个人的性满足与社会文化和谐统一，性权利与社会责任相统一，能建立社会认可的和谐的性关系，个人的性角色、性行为、性观念与社会文化和谐统一。

因此，性心理健康是指个体具有正常的性欲，能够正确认识和理解与性有关的问题，并且具有比较强的性适应能力，能正确处理与异性交往中产生的问题，使自身免受性问题困扰，同时还能提高自身的修养和文明程度，促进自我身心的健康发展。

（二）性心理健康的标准

根据性心理健康的内涵，大学生性心理健康应符合以下要求。

1．正确认识和接纳自己的性别

一个性心理健康的人，首先是能够正确认识并接纳自己性别角色的人，同时能成功地扮演好自己的性别角色（女生的阴柔之美，男生的阳刚之气），对自己的性别角色有相应的自尊感和自豪感。

2．有正常的性欲望

性欲望是一个人能够获得性爱和性生活的基础和前提，所以，一个性心理健康的人就必然会具有性欲望，否则性心理健康就无从谈起。而且正常的性欲望的对象是指向成熟的异性而不是同性或其他物品等替代物。

3．与同龄人的性心理发展水平相当

不同发展阶段的人的心理特征是不同的，同样，性心理特征也具有其阶段性，如果一个人的性心理与大部分的同龄人不相同，那么他的性心理就可能有一些问题。

4．具有较强的性适应能力

性适应是个体的性活动与外界形成的一种和谐关系。性适应能力则是个体达成这种和谐关系的能力，一个人的这种能力的获得将是一个复杂而漫长的过程。简单地说，在个体出现性冲动后，知道该如何排解、调控自己的性冲动，能够使自己的性行为与性活动符合社会的性规范和性要求。

5．与异性保持和谐的人际关系

和谐的人际关系是人类“群居”要求的体现，对青年学生来说，随着其性生理和性心理的发育成熟，渴望与异性交往并保持和谐的关系，是个体自然而正常的性要求，如果这种要求得不到满足，其性心理就很难达到健康的水平，同时和谐的异性人际关系对青年学生的日常生活和学习也非常重要。

延伸阅读8-2

被性侵害之后怎么办

性侵害可能造成被害人淤青、擦伤、挫伤或刀伤等，也可能导致怀孕或感染性病。此外，被害人还需面对心理的创伤。每个女性进入青春期后，都可能会面临性侵犯的危险。要杜绝性侵害发生，最重要的是提高防范意识，学会自我保护。如果强暴事件不幸发生了，建议被害人这样做。

（1）相信你并没有犯错。不管自己当时做了什么，被侵犯都不是自己的错。

（2）找个安全的地方待着。万一遭遇袭击一定要设法到达一个安全的地方，再寻求帮助。

（3）找个信任的人陪伴你。不管当时多晚，都不要自己一个人。找亲人、朋友或老师陪伴，或找警察求助。

（4）不要洗澡，也别换衣服，尽快就医。万一不幸遭遇性侵害，就应立刻寻找合格医师检查，以进行必要的取证、治疗，并采取避孕措施。为了保存相关证据，请你先忍耐，不要洗澡更衣，许多医院都有全天24小时急诊，可以立刻就医。

（5）如果是陌生强暴，请牢记歹徒的各项特征，并且保留现场不要移动或触摸任何现场器物。

（6）尽快向警方或相关单位报案。报案不但可以减少其他女性受害的机会，也是保障自己免于被加害人再度伤害的有效途径。但很多人往往会担心二度伤害而踌躇不前，甚至不去报案。如果不报案而选择自己独自面对，时间一长会加重当事人的自责自罪感和恐惧无助感，觉得没有人可以帮助自己，还会加重孤独感和绝望感，甚至罹患抑郁症。

（7）寻求专业心理咨询师的帮助。你可以从各种途径，以你的方式和亲人或朋友深谈，或接受心理咨询师的专业帮助。专业的心理咨询可以帮助你疏解被压抑的情绪，如愤怒、恐惧等，可以学习掌握更多种情绪表达方式，帮助你克服罪恶感和自责感等不良情绪。

二、大学生性心理健康的维护

（一）掌握科学的性知识

性是一门综合性的学科。它包括性生理学、性心理学、性社会学、性伦理学、性美学等。不少大学生对性缺乏正确的认识，把性看成是下流的、肮脏的、难以启齿的、污秽的、亵渎的、低级的、见不得人的东西，这种认识往往导致对性的敏感、性方面的焦虑和自卑、情绪抑郁等。作为大学生，应当努力学习和掌握性科学知识，避免性无知，清除把性仅仅看作是生物本能的片面认识。学习性生理知识，可以明白哪些生理现象是正常的，哪些现象是对身体和心理发展不利的，消除朦胧感、神秘感和恐惧感。学习性心理知识，可以了解性心理发展规律，掌握自我调控方法。学习性道德和性法律知识，可以明确性行为的道德规范和法律约束，将性行为置于道德与法律的规范之中。

（二）减少与消除有害刺激的影响

网络上的色情书刊、影视、图画等，对青年性欲冲动是一种极为强烈的不良刺激，不仅影响他们正常的学习和生活，而且还容易诱使青少年走上性犯罪的歧途。大学生已经具有分辨健康与不健康性知识的能力，所以一定要严格要求自己，抵制各种不良影像和书刊的诱惑，确保自己有健康的精神生活。

（三）进行性心理自我调适

维护性心理健康，不仅需要掌握科学的性知识，还要积极有效地进行性心理自我调适。性心理自我调适，是指在性心理发生矛盾冲突或出现问题时，采用有效方法，运用意识力量，对心理活动进行合理的控制和调节，使失衡心理得到缓解，性心理问题得到及时解决。例如，在强烈的性欲得不到宣泄时，在过度的性压抑带来痛苦时，在自慰、性梦等现象成为习惯时，在性行为出现失当时，不必惊慌失措，不可自暴自弃，要通过一定的方法加以自我调适。

1. 适当压抑法

压抑是社会对性欲最常见的对策，是个体对待性欲的传统、普遍的反应方式。适当的压抑虽然与性本能相抵触，但它却是合理的，也是必需的，对社会安定发展和个人身心健康都是有益的。大学生处在性欲旺盛时期，但主要任务是学习，应该以强烈的学习欲望来消解性欲望的张力，以紧张的学习生活来转移性需求的能量，通过培养性抑制能力，来适应校园学习环境，严守社会行为规范。

2. 转移淡化法

在性荷尔蒙激素的作用下，一个人独处时常会想到“性”事，当受到外界性感刺激时，往往会难以自持，或者单独与异性交往时会想入非非……这些现象不论是由性冲动引起，还是由于过度压抑产生，最好的办法是立即“叫停”，立即“刹车”，主动投身到校园文化活动和集体生活之中，通过参加集体活动可以转移大脑中枢神经的兴奋中心，把能量投入到学习知识、提高能力、增长才干和培养兴趣上。这样有助于减缓性冲动和降低性压抑，并有助于调节深层的本能力比多，培养健康的情感。

3. 升华替代法

升华是指性欲在环境限制下难以正常宣泄时，将其转化为另外一种积极、建设性的欲望，在创造性的活动中得以释放。心理学研究成果表明，性欲转化为其他欲望或被其他欲望所替代，不但是可能的，而且是可行的，这是人类进化的一种理想应对策略。比如，在痴迷于热恋影响学习时，或是性情感受挫时，或是性心理受到伤害时，都可以把原来的欲望转化为积极进取的动力，成为刻苦学习、努力工作、创新活动的源泉。例如，歌德在失恋后的痛苦中成就了《少年的烦恼》。对于自己无法解决的性心理困惑，特别是性心理障碍，要有强烈的求治欲望，积极主动寻求心理咨询与治疗。

（四）学会与异性交往和自我保护

适度地与异性交往，可以满足青春期性心理需求，缓解性压抑；有益于扩大信息来源，完善自我；有助于培养大学生的健康情感，对个人成才和恋爱婚姻具有重要意义。在与异性交往中，要自信正派、相互尊重、自然大方；要讲究分寸、注意场合、规范行为，把握好“友情”和“爱情”的界限；要注意摆脱低级趣味，抵制不良生活方式的诱惑。

保护自己，首先要洁身自爱，无论是与异性交往还是谈恋爱，也无论是两人独处还是公共场合，都应该自尊、自重、自爱，用道德和法律规范自己，做到行为得体，把握有度，避免性行为上的随意性。保护自我，还应该有自卫意识，尤其是女生尽量不要在晚上单独外出，不要单独在男性家中长时间逗留；面对男性的非分要求，不要畏惧，要勇敢说“不”。保护自己，还要勇敢地应对性骚扰，对于某些人的过分热忱的关心，应适时给予“冷遇”，或给对方某些暗示，使其知“难”而退；如果对方仍然坚持，就直接表明态度，促其收敛；对于一意孤行的人，则应借助组织和群体的帮助，维护自己的正当权益。

（五）慎重对待婚前性行为

婚前性行为虽然不违反国家法律，但它有违道德观念和社会习俗，容易带来种种不良后果。它让当事人担惊受怕，怕父母知道、怕自己怀孕，从而产生种种恐惧或懊悔；它不能守护爱情，对失恋者尤其是女性，更容易造成心理创伤；它容易导致婚前怀孕，被迫进行人工流产，会给女性身心健康造成严重影响；它会引发多种心理困惑，影响个人的学业和发展。专家们认为，婚前性行为，因为受心理、道德、舆论、环境因素等影响，会导致紧张、焦虑、恐惧而出现性功能障碍，也存在着传播性病、艾滋病的危险。因此，要慎重对待婚前性行为。

慎重对待婚前性行为，需要把握好性与爱的界限。爱是性满足的基础，性是爱的一种表现形式，有“性”不等于爱，爱也不一定用“性”来表达。性爱是成熟爱情的结晶，在成熟爱情到来之前，男女双方都要明智地把好“性爱”这一关。那种认为“既然恋爱就可以有性爱”的观点和做法，混淆了性与爱的区别和界限，是在性行为上的一种轻率态度。

慎重对待婚前性行为，需要走出“以性维系爱情”的误区。有些正在恋爱的大学生认为：性行为上的亲密接触可以巩固爱情，可以发展爱情，还可以挽救爱情。其实，这种想法并不切合实际，恋爱中的男女在发生性行为后的心理变化是不同的，男性对待性与爱有时是游离的，有了性行为后，会打消对性的神秘感，容易在感情上与女方疏远；女性对待性与爱多是趋向统一的，发生性行为后，对男性更加依赖，在感情上更加投入，其结果往往适得其反，婚前性行为来得越早则两人分手越快。有些女生想通过“以身相许”来维系爱情和挽救爱情，到头来往往是一厢情愿，因为在缺失真爱的情况下，性换不来爱情，也挽救不了爱情，甚至会丢失已有的爱情。何况真正的爱应该体现在努力保护女方的身心健康。

慎重对待婚前性行为，需要树立社会责任感。有调查资料显示，大学生发生婚前性行为的原因是多方面的，有的出于神秘好奇，有的追求性欲满足，有的为了解除孤独，这说明大学生在性行为态度上需要讲道德、讲责任，强化社会责任感。性爱不是一触即发，不是片刻欢愉，而是代表着恒久的爱情，意味着双方的责任，任何一方都要考虑到为对方、婚姻、家庭、社会所承担的责任，以社会责任感来对待性行为，用社会道德来规范性行为，这样可以有效减少婚前性行为带来的身心伤害，增进大学生的性心理健康。

爱情不等于欲望，爱情要加以道德与理性的约束，才能绽放最美丽的花朵！水到渠成的事物才符合客观规律。请把两性恋爱关系的重心放在爱情培育和学业发展上，才会有幸福美好的未来！

延伸阅读8-3

怀孕与避孕的常识

1. 月经

随着性器官的发育成熟，女性在12～15岁会有月经来潮，但往往不规律；大约到18岁左右卵巢与子宫才会发育成熟，月经周期逐渐稳定。女性的卵巢是专事涵育卵子的，一般一生会排出400颗成熟卵子，它以28～32天为周期从卵巢排出。子宫及其内膜是为受精卵着床做准备的。如果在排卵期没有受精卵光临，子宫内膜就会与子宫颈黏液及阴道上皮细胞一同脱落，随卵子一起排出体外，这就形成了定期的月经来潮。

2. 怀孕的过程

女性在月经结束后的第10天，卵泡开始发育成熟，第14天后，卵巢排出一枚成熟卵子（左右卵巢一般是交替排卵，但也有两边同时排卵，这样就会有异卵双生子的可能），排出的卵子被输卵管的伞端送达输卵管内，等待精子的到来。若在排卵期前后几天同房的话，男性的精子就像一群小蝌蚪争先恐后向着一个方向拼命地游动，其中一个速度最快的小蝌蚪首先到达输卵管内，与卵细胞结合，产生一颗受精卵，三天后，借助于输卵管壁绒毛的运动，将受精卵推送到子宫内着床，开始了怀孕过程。

但是有个别月经周期不规律的人，说明其排卵期也不规律。另外，还有个别没有排卵的月经。排卵周期是否正常与人的情绪有很大的关系。

根据排卵规律，可以使用安全期来避孕，比如月经前七天和月经后七天为安全期，在这几天内同房不易怀孕，但有许多人也是因为安全期避孕而失败。现在不提倡这种避孕方法。

3. 简单的避孕知识

一旦发生婚前性行为，最直接最要紧的问题就是避孕。除了上面说的安全期避孕外，下面再介绍两种常用的避孕方法。

（1）避孕套。避孕套又称阴茎套，是一种男用的避孕工具。避孕套的避孕有效率较高，只要坚持使用，并掌握正确的使用方法，其避孕有效率可达93%以上。若与杀精子剂合用，则效果更佳。除避孕作用外，避孕套还可以预防性传播疾病，尤其是预防艾滋病。使用时，需注意避孕套可能会滑脱或撕破。

（2）口服避孕药。大部分避孕药可靠性较高，短效口服避孕药有效率甚至可以达到99%以上。但是避孕药必须按规定服用，否则，会导致避孕失败。服药初期，少数人可能出现胃肠道副作用，如恶心、呕吐等，随着时间的推移，症状会减轻或是消失。

4．如何知道是否怀孕

有过性交行为的女性，如果月经一向很准，但下一次没有按时来，拖了10天以后就可以用早孕试纸测试，如果尿检呈阳性，就可以判断为怀孕；如果未呈阳性，过几天再测或去医院检查。

确定怀孕后，怀孕日期的计算从上一次月经第一天算起，到下一个月该来月经那一天计为一个月。40天后，会出现妊娠反应，表现为恶心、乳房肿胀、思困、疲乏、食欲不振、尿频等症状。但也有的人反应较轻。

（六）预防性病与艾滋病

性病是指主要通过性接触传染的一组全身性传染性疾病。国际上将20多种通过性行为或类似性行为引起的传染性疾病列入性病范畴。其中，梅毒、淋病、生殖器疱疹、尖锐湿疣、软下疳、非淋菌性尿道炎、性病性淋巴肉芽肿和艾滋病8种性病被列为我国重点防治的性病。

艾滋病全称为获得性免疫缺陷综合征（AIDS）。这是由一种名为“人类免疫缺陷病毒”（又称艾滋病病毒）的致病微生物所导致的性传播疾病。这种病主要损害人体免疫系统，破坏人体的抵抗力，使患者容易得上一些普通人不容易患上的严重传染病和恶性肿瘤，最后导致病人死亡。由于这种病是当代对人类威胁最严重的性传播疾病，因此被西方称为“20世纪的新瘟疫”“超级癌症”。艾滋病病毒感染者虽然外表和正常人一样，但他们的血液、精液、阴道分泌物、皮肤黏膜破损或炎症溃疡的渗出液里都含有大量艾滋病病毒，具有很强的传染性；乳汁也含病毒，有传染性。唾液、泪水、汗液和尿液中也能含有病毒，但含病毒很少，传染性不大。

艾滋病虽然是一种危险的传染病，但却是可以预防的，只要每个人都掌握预防艾滋病的知识，注意如下事项，就可以把感染艾滋病的危险性降到最低。

（1）遵守性道德、洁身自爱，反对性乱，不要有婚前和婚外性行为；遵守婚前健康检查的规定；婚前一定要知道对象是否已受艾滋病病毒感染。

（2）不以任何方式吸毒。

（3）不到消毒得不到保证的诊所、医院去打针、拔牙、针灸或手术；不要擅自从国外带入血液制品，不要使用未经检验的进口血液制品。

（4）儿童打预防针必须做到一人一针一管。

（5）不要用不消毒的针穿耳眼，不要文身。

（6）牙刷、刮脸刀、电动剃须刀必须每个人自备专用，不可借用。

（7）在救护流血伤员时，要设法防止血液直接沾在自己的皮肤或黏膜上。

（8）已受艾滋病病毒感染的妇女不要怀孕。

延伸阅读8-4

女大学生艾滋病携带者公开自己，诠释生命

一个学业优秀的大二学生，突然被告知，从她的男友那里感染了艾滋病，噩梦从此开始。接踵而至的一系列非议、歧视使她真正了解到人们对艾滋病的恐慌和厌弃，也体会到了孤独和绝望的痛苦。心理防线彻底崩溃，被学校劝退提前毕业，更让她万念俱灰。

她的名字叫小亚，一个活泼快乐的22岁的小姑娘，被HIV病毒迅速地推向了失去生命的边渊。而她选择了与常人不同的方式来对待艾滋病——她决定公开自己的经历和病情，用自己的亲身经历和遭遇来警示人们远离艾滋病，珍惜生命！

小亚的事情在网络上被广为流传，也被很多人不理解。有人说她活该，自作自受，说她这是在作秀、炒作。那么，有谁会为了出名而宁愿说出自己患有艾滋病，宁愿自己身败名裂，失去学业，失去朋友，甚至失去生存下去的勇气？有谁会得了艾滋病之后还能如此坦然，还能如此为没得病的我们做出一个活人广告？

在社会各界有识之士的帮助下，小亚最后终于回到了自己心爱的校园，继续自己未完的学业。她说要用学到的知识来为社会多做一点最后的贡献。她还只身来到北京一个所有工作人员都是艾滋病携带者的协会，主动要求参加并为之付出自己的微薄之力。

第三节　大学生常见的性困惑

大学阶段是一个人性意识发展的旺盛期。此时的大学生，性生理发育还不很稳定，对性的渴望与对性的恐惧交织在一起，形成一种很复杂的心理活动。加上社会文化和传统教育的差异性、科学性教育的缺乏，以及大学生个体的掩饰性，性意识一直困扰着相当一部分大学生。

一、性生理困扰

大学生处于性成熟过程中，由于猎奇心理，他们对自己的性发育情况充满好奇。但由于受传统观念的影响，人们“谈性色变”的现象较为突出，大学生受到的有关性方面的教育普遍不足，因而在性生理上有着许多心理困惑。

（一）性体像的困扰

进入青春期后，男生和女生的体像发生了很大变化。男生希望自己身材高大，体魄强壮，音调浑厚，拥有男性磁力，以吸引女生；女生则希望自己容貌美丽，体型苗条，乳房丰满，音调柔美从而显示女性魅力，以吸引男性。然而，当他们的体征不如己意时，就常出现烦恼和焦虑。在心理咨询中常常见到一些男生因自己个子矮而烦恼，一些女生因体态胖而自卑，也有人因为对自己的阴茎或乳房等生理发育不满意而感到焦虑。

（二）遗精恐惧与月经困扰

遗精是指男性在无性交状态下的射精现象，是青春期男子常见的正常生理现象，“精满则自溢”，这是性成熟的标志。由于受传统观念的影响，不少人认为遗精会失去身体的精华、伤元气、导致肾亏。因而一有遗精，有些男生便感到焦虑不安，惊恐失措。而实际上，一次排放的数毫升精液中99%是水分，其余是蛋白质、糖等，其对人体影响微乎其微。认为遗精就是“泄阳”的观念是不科学的。但这种不良心态和情绪，会严重影响大学生的正常学习、生活和身体健康，还可能导致不良后果。有个别人甚至因遗精的恐惧和烦恼而切断阴茎或轻生。

女性的月经期及来月经的前几天是女性生理曲线的低潮期，身体的耐受性、灵活性下降，易疲劳。这些都是正常的生理反应，但确实会给女性带来一些不适的感受，这的确是一个需要加倍体贴的“特殊时期”。有些女生过于担心经期的不舒服，这些消极暗示都会加重自身情绪的低落和躯体的不适感，甚至造成恶性循环。

二、性心理困扰

我国在校大学生年龄一般为18～22岁，他们正处于青年前期。这一阶段，性的成熟与整个身体的发育已基本完成，但是性心理的发展并未达到成熟，大学生性心理发展速度滞后于生理成熟速度，使他们对性与爱存有神秘与好奇心理，易出现各种性心理困扰。

（一）性别认同困扰

刘达临教授在对全国大学生的调查中发现，有一定比例的学生不喜欢自己的性别。其中，男大学生不喜欢自己性别的占2.6%，女大学生不喜欢自己性别的占15.6%，正好是男生的6倍。近年另一项关于大学生性心理的调查显示，90%以上的男生对于自己的性别满意度较高，而有超过1/4的女生表示在可能的情况下愿意改变自己的性别。这一结果可能是受到“重男轻女”封建传统观念的影响。这种性别自贱的心理是不正常的。如果这种心理发展到严重的程度，就会对大学生的成才发展带来不利的影响。

（二）性冲动与性压抑引发的困惑

性冲动是指由性刺激引起的性兴奋及性心理反应，并希望得到性满足的心理反应状态，性压抑是对个体性行为的某种限制，也是个体对待自己性欲的传统的、最普遍的反应方式，性压抑与性冲动是相抵触的，但适当的性压抑是必要的，也是个体性心理成熟的表现。过分地压抑性欲望，则会影响个体的身心健康，带来痛苦体验和情感挫伤。大学生的性成熟及外界的性刺激，会自然引发性的需求与冲动，但由于道德与法律的规范约束，性需求与性满足之间便出现了冲突。

一般情况下，大学生的性冲动可通过学习、交往、集体活动得以释放，性情感得以减弱或转移。但也有些大学生尤其是一些性格内向、性知识匮乏、人际关系紧张的学生，往往无法缓解自己内心的冲突，强迫自己回避性需求，形成严重的性压抑；有的对性欲望感到恐惧，对身体的正常性反应感到困惑与厌恶，心情烦躁不安，表现出紧张焦虑的心理状态；有的则由性压抑导致性敏感，害怕与异性交往，害怕感官受到刺激，害怕出现性联想，担心发生“越轨行为”，甚至个别的还表现出性偏离倾向，形成了性心理障碍。

对学生的调查发现，平时有性冲动的占87%，而对自己的性冲动感到羞愧的占36%，自责的

33%，苦恼的26%，困惑的22%，厌恶的17%，恐惧的12%。其实，性冲动是一种正常的生理、心理现象。人有性冲动的产生和与异性的相互吸引，并不是见不得人的事，更不是不道德的事。是否符合道德关键是看采用什么样的方式去满足性冲动和性欲望，以何种方式去对待异性之间的相互吸引。

（三）性自慰引起的心理困惑

性自慰，或叫手淫，是指用手或工具刺激生殖器而获得性快感、获得性满足的行为。手淫是一种性补偿和性宣泄行为，也是一种正常的、普遍的性行为。对于手淫，传统的性观念认为它是肮脏、不道德的行为。调查发现很多大学生认为手淫有伤身体，会导致性功能障碍；有的大学生认为手淫难为情、下流，甚至有罪恶感。受“手淫有害”观念的影响，又由于它的普遍性，手淫成了困扰大学生的主要性心理冲突之一，我国曾发生过多起大学生因陷入手淫癖不能自拔，精神负担过重而自杀的事件。事实上，男女青年的自慰行为是对性冲动的缓解，是释放性能量的一种较好途径，美国著名性医学权威玛斯特斯和约翰逊博士根据实验，证实了手淫与标准的性交对身体的影响完全一致。一般来说，手淫后没有不舒适感，反而轻松愉快，就是正常的、适度的；如果手淫后感到疲乏、劳累，生殖器部位或身体其他部位不舒服，则可能是手淫不当或过度所致。

1991年6月，在荷兰首都召开的第10届世界性科学大会上，荷兰卫生部长在开幕式上说：“以前手淫曾被认为是一种病态，但现在看来是无害，甚至是健康的行为。如果某人有性问题，那不是手淫者，而恰恰是那些不能手淫的人。”手淫对于大学生而言，其本身并不具有危害性，真正的危险来自手淫造成的沉重精神负担。美国著名的精神病学家阿瑞提教授在《美国精神病学手册》（1974）里提到：“手淫是标准性行为的一种。之所以成为问题，仅仅是因为在手淫的时候，伴有一种犯罪的感觉和内心焦虑，因而造成了种种后果。”那么，大学生该如何看待这种自慰行为呢？一般说来，适度手淫不影响性功能，也不影响未来的生育功能。手淫的危害不在于手淫本身，而在于对手淫的担忧、恐惧、羞愧和罪恶感。

但是，手淫无罪无害，并不意味着手淫是必需的，更不是说手淫可无度。“纵欲伤身”，过度手淫对身体也会造成一些不良影响。如对生殖器的过度刺激可能会使个体习惯性地形成局部的感觉麻痹，使少数人性唤起难度增大。此外，有的大学生手淫时不注意卫生、方法，还容易导致性器官感染或受损，给未来正常性生活埋下隐患。所以，不要沉迷或是刻意尝试和模仿。

（四）性的白日梦与性梦

性的白日梦又叫性幻想。性幻想是在某种特定因素诱导下，自编、自导、自演的与性内容有关的心理活动的过程，如约会、接吻、拥抱、性交等。这是青春期常见的一种自慰行为，是一种正常的普遍的心理反应。当大学生与异性交往强烈的渴求不能即刻实现时，性幻想就有可能发生。这种白日梦可以导致生理上的性兴奋，偶尔也会出现性高潮，这在一定程度上可以缓解人们的性压力，满足性需求。

性的白日梦是人为的幻想，而性梦则是真正的梦。

【案例】 我今年21岁，是一名大三的男生。平时性格比较内向，不善于与人交往，从没有和哪个女孩子特别亲近。然而不久前我做了一个梦，梦中居然和别人发生了性关系。梦醒后我愧疚不已，感到犯了乱伦的罪过，无颜面对他人。后来又做了一个梦，梦中和班中的女团支书发生了关系，潜意识中似乎在证明什么。我不相信自己道德如此败坏，竟这样下流无耻，担心团支书因此受到伤害，以至于不敢面对她，强烈的罪恶感使我不能安心学习，担心自己要变成性犯罪分子，有时还怀疑自己是不是得了精神病，我为什么会如此不正常。心理的负荷使我不敢入睡，生怕“旧梦重温”，万般苦闷中的我向你们求助。

性梦是指在睡眠状态中所做的以性内容为主的梦。性梦的内容十分广泛，包括当众裸阴、乱伦，以及其他种种清醒时在精神和肉体两方面都做不出来的性行为。发生原因是青春期开始前后，人体内的性激素迅速增加，大脑中调节性活动的神经中枢日渐成熟，性梦就是伴随着此时性心理活动的增多而产生的。

国外有关研究发现，在被调查者中，青春期从来没有性幻想的，男性只占1%，女性只占2%；另有学者调查发现，70%的男女大学生都曾有过性幻想。这说明在青春期有性幻想是正常现象，但凡事都要有个度，如果成天沉溺其中，甚至把幻想当成现实，那就会成为病态，就会有碍于青年的健康成长。

相同的道理，处于青春期的男女，做性梦也是很正常的心理现象，人们通过梦的方式可以部分地释放性冲动，缓解性张力。崔以泰等人的调查显示：有85%的男生和51%的女生做过性梦。有些同学在自己脑子里出现一些与性相关的想法、念头时，会产生深深的自责和焦虑，但上述研究及调查结果告诉我们，这些都是正常的生理、心理现象，大部分同学都有过类似的经历，只不过大家都无法说出口罢了。所以，性的白日梦和性梦都与堕落和道德无关。

（五）童年期性游戏的困扰

有些同学在幼儿或童年时期，做游戏时出于对自己和他人的好奇，而互相看过或接触过异性小朋友的性器官，有些同学因此还被家长厉声呵斥过，这些同学长大以后即为此而深感内疚与自责，甚至产生对性的排斥和恐惧。实际上，童年期的性活动就其本身而言，并不带有满足自己性欲望的意义，只是一种儿童对未知世界探索活动的一部分，是在好奇心驱动之下的行为，这与想把收音机拆开去看看里面是不是有人没有多大的区别，在儿童的眼里，性游戏与别的游戏相比并没有本质的区别，儿童在做性游戏时还不具备道德意识，因而不必给童年性游戏的经历加上道德判断，对自己过分谴责，也没有必要为此而紧张、羞愧。一些同学之所以会因此而感到羞愧、自责和焦虑，一方面是缺少健康的性观念，另一方面与事情发生时一些家长粗暴的教育方式导致的心理伤害紧密相关。

（六）异性交往的不适

与异性交往的渴望从进入青春期就开始萌发。对异性感兴趣—渴望与异性交往—恋爱—结婚，这是一个人人必然经历的生理、心理和社会行为的发展变化过程。“少男钟情，少女怀春”这是青春期乃至青年期性心理的正常表现。大学生们渴望与异性交往的愿望非常强烈。但是由于缺乏与异性交往的经历和方法，许多人在异性面前表现得非常紧张，常常拒异性于千里之外。

（七）性侵犯与性伤害引发的困扰

性侵犯泛指一切与性相关且违反他人意愿，对他人实施造成身心侵害的行为，包括强奸、诱奸、性骚扰在内的行为都可算是性侵犯，而暴露、窥淫等也可算是性侵犯的一种。不过一般情况下，性侵犯一词常用来指强奸和猥亵。

受害者不仅在事发当时，而且在以后相当长的一段时间里都会存在消极退缩、担惊受怕、回避人际交往、自尊心严重受损等心理症状，甚至造成婚后的性功能障碍。如果是在儿童时期受到侵害，在青春期性意识的觉醒时，当事人会觉得自己不是个好孩子；心里老是很介意这件事，担心迟早会被人知道；觉得自己很脏，不再纯洁了，担心男生会嫌弃自己，不敢接近男生，害怕别人看出自己不是处女；想起当时的场景，就会感到无助和恐惧。被害人很可能会认为自己与同辈群体不同，自我价值感降低，并因负面事件而倍加自我责难，从而加重了不安、自责和恐惧等心理压力，直至影响到正常的学习和生活。

由此可见，性伤害在本质上是造成当事人心理创伤的恶性事件，尤其是遭遇强暴这种极端性侵犯造成的心理创伤更为严重。

心理训练

团体活动：关于“性”，我的认识是什么？

训练目的：澄清对“性”的认识

训练时间：10分钟

训练准备：笔和纸

训练步骤：

1. 请从下列词汇中找出你认为与性有关的词汇

快乐、好玩、污秽、养育、恐惧、爱、美妙、信任、羞耻、不满足、委身、忠贞、尴尬、压力、例行公事、表现、欢乐、食盐、释放、难为情、舒服、无奈、罪、厌恶、内疚、无助、享受、压抑、乏味、满足、美丽、征服、沟通、禁忌、亲密、融洽、遗憾、自卑、自信、和谐。

2. 思考

① 你选了哪些词汇？

② 为什么这些词与性有关？

③ 在你挑选的词汇中，积极方面多一些，还是消极方面多一些，为什么？

3. 分小组分享交流

团体活动：我喜欢我的性别

训练目的：加深对“男生”“女生”不同性别美好特性的认识

训练时间：15分钟

训练准备：笔和纸

训练步骤：

1. 每人在笔记本上独立完成下面的句子

（1）男生篇

因为我是男生，所以我擅长：

①______________________________

②______________________________

③______________________________
④______________________________
⑤______________________________

我喜欢我是男生，原因是：

①______________________________
②______________________________
③______________________________
④______________________________
⑤______________________________

（2）女生篇

因为我是女生，所以我擅长：

①______________________________
②______________________________
③______________________________
④______________________________
⑤______________________________

我喜欢我是女生，原因是：

①______________________________
②______________________________
③______________________________
④______________________________
⑤______________________________

2. 将学生按每4～5名同性别的同学为一组分成若干个小组，相互讨论和交流各自的答案
3. 最后把大家认为最好的句子统一汇总

心理测试

测测你对于爱与性的看法是怎样的？

请根据你的真实想法或看法，对下列问题回答“是”或“否”。

1. 我为自己出现性冲动感到紧张与羞耻。
2. 我认为自慰是标准的性行为的一种，而过度的自慰是有害的。
3. 我觉得自己的生殖器太小，发育状况不理想。

4. 性远远不是我们的最大快乐。

5. 如果我爱一个人，我和他干什么都行。

6. 真正的爱情不是单相思。

7. 我与对方发生性关系，并不需要尊重或者爱对方。

8. 我认为心心相印是通向幸福的桥梁。

9. 没有爱情的性行为很难令人真正感到快乐。

10. 对有些人来说，同性恋是正常的。

11. 爱一个人主要是给予和付出。

12. 恋爱当中，拒绝与争吵都是正常的事情。

13. 不论做什么，只要不怀孕就行了。

14. 对于性，不愿意的时候就应该坚定地说“NO”。

15. 爱是包容对方，使她（他）更自信。

16. 只在乎曾经拥有，不在乎天长地久。

17. 一旦喜欢上了她（他），就非他不嫁，非她不娶。

18. 没有爱情的性行为根本不能填补人与人之间的鸿沟。

19. 爱是很简单的事情，困难的倒是如何找到爱的对象或者被爱。

评分与评价：

将1、3、5、7、13、16、17、19题，选“符合”得“0”分，选“不符合”得“1”分，其余的选“符合”得“1”分，选“不符合”得“0”分，将1、2、3、4、10的得分相加，即是你的有关性生理的观念分，如果你的观念分在3以下，则表明你对性生理的看法有失偏颇，容易产生精神压力和情绪问题。

将6、8、11、12、15、16、17、19题的得分相加，即是你对爱的看法的得分D，如果你的D得分在6分以上，表明你对什么是爱有比较正确的看法，如果在4分以下，那么你需要深入地思考一下，究竟什么是“爱”？

将5、7、9、13、14、18题的得分相加，即得到你的有关爱与性之间关系的看法得分，如果你的得分在3分以下，也许你对爱与性的关系的看法，容易导致使身心受到伤害的性行为，很有可能出现心理失衡。

思考题

1. 通过本章的学习，你怎样看待性？
2. 大学生常见的性心理问题有哪些？
3. 大学生应当如何维护自己的性心理健康？

第9章 大学生心理障碍的预防与治疗

话题导入

心理健康状况调查

据世界卫生组织的估计，在同一时期内，几乎可有20%～30%的人有不同程度的心理异常。在年满20岁的成年人口中，抑郁症患者起码以每年11.3%的速度在增加。近20年来，全球有5000万人，即近1%的人口在经受着精神分裂症的痛苦折磨，而患有轻度心理疾病的人则达3亿左右。北京16所高校所做的调查显示，近几年来在本科生中因心理疾病休学的人数占因病休学总人数的37.9%，因心理疾病退学的人数占因病退学总人数的64.4%，均居首位。心理障碍给大学生的学习和生活造成了很大的负面影响。

虽然只有少数大学生出现心理异常，但其对家庭、对社会造成的危害却不可小视，如不及时疏导和治疗会带来非常严重的后果。本章将就大学生常见的心理障碍及其防治进行探讨。

第一节　认识心理障碍

心理障碍（Mental Disorder）是指一个人由于生理、心理或社会原因而产生的各种异常心理过程、异常人格特征或异常行为方式，是一个人表现为没有能力按照社会认可的适宜方式行动，以致其行为的后果对本人和社会都是不适应的。

心理障碍是在特定情境和特定时段由不良刺激引起的心理异常现象，属于正常心理活动中暂时性的局部异常状态。它既可以包括轻微的心理问题，也包括比较严重的心理活动紊乱。常见的心理障碍有以下几种。

一、创伤后应激障碍

创伤后应激障碍（Post-traumatic Stress Disorder，PTSD）是指突发性、威胁性或灾难性生活事件导致个体延迟出现和长期持续存在的精神障碍，其临床表现以再度体验创伤为特征，并伴有情绪的易激惹和回避行为。简而言之，PTSD是一种创伤后心理失平衡状态。1993年问世的国际疾病分类第十版（ICD-10）举出了若干这类事件的例子，例如，自然灾害和人为灾害：战争、严重事故、目睹暴力造成的死亡或他人惨死、身受酷刑、被奸污、恐怖行为等，几乎所有经历这类事件的人都会感到巨大的痛苦。创伤性事件是PDSD诊断的必要条件，但不是PDSD发生的充分条件。虽然大多数人在经历创伤性事件后都会出现程度不同的症状，但研究表明只有部分人最终成为PDSD患者。PDSD的核心症状有三组，即：闯入性症状、回避症状和激惹性增高症状。PDSD患者通常会经历诸如反复做噩梦和头脑中不时出现恶性事件场景记忆闪回，伴有睡眠困难，感觉与人分离和疏远等。这些症状若足够严重并持续时间是够久，将会显著地破坏个人的日常生活。

二、常见的神经症

神经症又称神经官能症，是一组非精神病功能性障碍的总称。它是由于各种精神因素引起高级神经活动的过度紧张，致使大脑功能活动暂时失调而形成的一组疾病的总称。

《中国精神障碍分类与诊断标准》（第三版）（CCMD-Ⅲ）对神经症的描述性定义为："神经症是一组主要表现为焦虑、抑郁、恐惧、强迫、疑病症状，或神经衰弱症状的精神障碍。本障碍有一定的人格基础，起病常受心理社会（环境）影响。症状没有可证实的器质性病变做基础，与病人的现实处境不相称，但病人对存在的症状感到痛苦和无能为力，自知力完整或基本完整，病程多迁延。"

神经症是临床上最常见的心理疾病之一，占精神科门诊病人的60%～80%，以18～30岁的青年患者为多。大学生中最常见的神经症主要有：焦虑症、抑郁症、强迫症、恐怖症和神经衰弱。

（一）焦虑症

【案例】 吴某是某高校会计专业大三的学生。从小学起，她就是班里的学习尖子，老师的宠儿，父母的宝贝。高考那年因身体原因和临场发挥欠佳，没能考上大学，后经过复读考取了一个不是十分理想的大学。当时她心里很不是滋味，不想上。父母再三做她的思想工作，鼓励她上了大学后努力考取研究生。自她上大学以后，父母就经常鼓励她一心一意学习考研，不要分心。她总担心自己万一考不上怎么办，越担心越不能集中精力，总是处在焦虑不安的状态中，学习由班上前几名掉到中游。随着考研时间的临近，她的精神越来越紧张，时间一长，精神不堪重负。现在一天到晚神思恍惚，心烦意乱，拿起书就头疼，常感到心慌、心悸，不明原因地担忧和恐惧。有时父母大老远跑来学校看她，她却避而不见。总认为别人都在嘲笑自己，说自己的闲话，碰到芝麻大的事都害怕，过马路怕被车撞，开冰箱怕触电，夜里失眠，白天昏昏沉沉。最后她无法坚持在校的学习生活，不得不休学回家。吴某是典型的焦虑性神经症。

焦虑性神经症（Anxiety）又称焦虑症，也是神经症中常见的一种，是由紧张、不安、焦急、忧虑、恐惧等感受交织而成的以焦虑情绪反应为主的一种情绪状态。常伴有头晕、胸闷、心悸、呼吸困难、口干、尿频、尿急、出汗、震颤和运动性不安等症状，其焦虑并非由实际威胁所引起，或其紧张惊恐程度与现实情况很不相称。

焦虑性神经症是一组以广泛和持续性焦虑或反复发作的惊恐不安等情绪障碍为主要特征，同时伴有植物神经功能兴奋和过度警觉的精神障碍。

焦虑症与正常焦虑情绪反应不同：第一，它是无缘无故的、没有明确对象和内容的焦急、紧张和恐惧；第二，它是指向未来，似乎某些威胁即将来临，但是病人自己说不出究竟存在何种威胁或危险；第三，它持续时间很长，如不进行积极有效的治疗，几周、几月甚至数年迁延难愈；第四，焦虑症同时伴有多种躯体症状。

焦虑症主要是由心理社会因素所引起的。它的产生与患者经验、个性特点和无助感、自我期待值过高等因素有关。个性敏感、自卑、过于自我关注、依赖性强、太在乎别人看法，即具有焦虑特质的人，容易患焦虑症。社会中竞争激烈、个人心理压力大，如果在这种情况下又缺乏必要的人际交往和社会支持，这种无助感也容易使人产生紧张焦虑而患病。个体自我期望值过高，过分高估困难，对成功和失败过于紧张，患得患失，也容易出现焦虑症。大学生常见的焦虑是考试焦虑和社交焦虑。

（二）抑郁症

【案例】 小沈，21岁，大二学生。出身于普通的农村家庭，性格优柔寡断，从小学到中学的学习成绩一直不错。刚进大学时对一切都感到新鲜，跟宿舍的同学相处得不错。进入大学以来曾担任学生会干部，但是由于没有重视自己的学习，大一时，有一门课程补考不及格，渐渐开始觉得大学生活和学习没什么意思，整个人渐渐变得懒散、随便，学习也不那么认真了，整日沉默少言，对外界事物也失去了年轻人的敏感与好奇，显得麻木起来。总觉得自己什么都不好，什么都没有，对各种活动都失去了兴趣，加上性格又很孤僻，有孤独感、无助感，不愿与人交流，不愿参加任何集体活动，没有一个知心朋友。现在他整天一个人独来独往，有时躺在床上听音乐，终日精神抑郁，闷闷不乐，或长吁短叹，情绪极为低落，而且昼重夜轻。该同学患的是典型的抑郁症。

抑郁性神经症（Depression）又称抑郁症，是一种以情感障碍为主、以显著而持久的心境低落为主要临床特征的一种情绪状态。抑郁症是一种常见的心境障碍，以显著而持久的心境低落为特征，且心境低落与其处境不相称，严重者可出现自杀念头和行为。抑郁症有单相抑郁症和躁狂抑郁症单相发作两种类型。

抑郁症有明显的特征：情绪低落、思维迟缓、语言动作减少和迟缓，通常称为“三低”。

抑郁症诊断标准如下（本抑郁发作标准仅适用于单次发作的诊断）。

（1）症状标准：以心境低落为主，并至少出现以下几项中的4项：兴趣丧失、无愉快感；精力减退或感觉很疲乏；精神性迟滞或激越；自我评价过低、自责，或有内疚感；联想困难或自觉思考能力下降；反复出现想死的念头或有自杀、自伤行为；睡眠障碍，如失眠、早醒，或睡眠过多；食欲降低或体重明显下降；性欲减退。

（2）严重标准：社会功能受损，给本人造成痛苦或不良后果。

（3）病程标准：符合症状标准和严重标准至少已持续两周；可存在某些分裂性症状，但不符合分裂症的诊断。若同时符合分裂症的症状标准，在分裂症状缓解后，符合抑郁发作标准至少两周。

（4）排除标准：排除器质性精神障碍，或精神活性物质和非成瘾物质所致抑郁。

迄今为止，抑郁症的病因与发病机制还不明确，一般认为，抑郁症与遗传因素、生化代谢异常和心理社会因素有关。半数的患者遭遇过不良的心理刺激，如突然发生的重大生活变故，或长期持续存在的不愉快情感体验。少数患者在身体因素影响下发病。

延伸阅读9-1

教你区别抑郁情绪和抑郁症

生活里，抑郁是一种很常见的情感成分，是人之常情。人们遇到精神压力、生活挫折、痛苦的境遇或生老病死等情况，自然会产生情绪变化，尤其是抑郁情绪。抑郁症也是以情绪抑郁为主要表现的一种精神疾病，是一种病理性的抑郁障碍。可以从以下几个方面区别正常的抑郁情绪与病理性抑郁。

（1）有无原因。正常人的情绪抑郁是以一定的客观事物为背景的，即“事出有因”。而病理性情绪抑郁通常无缘无故地产生，缺乏客观精神应激的条件，或者虽有不良因素，但是“小题大做”，不足以真正解释病理性抑郁征象。

（2）持续时间。临床实验表明，人的情绪以28天、智力33天、体力23天为一个变化周期。处在高峰期会精力充沛，神清气爽；处在过渡期会波动较大，过渡期属危险期；在低谷期则会精力不足，精神低迷。所以人在低谷期或是有外部事件刺激时，就会出现抑郁情绪，但通常都是一过性的，经过自我调适就能缓解；而病理性抑郁症状通常持续两周以上，甚至数月或者半年以上，且症状还会逐渐加重并恶化，不经治疗则难以自行缓解。

（3）严重程度。抑郁情绪的抑郁程度较轻，病理性抑郁的程度严重，并且会直接影响患者的工作、学习和生活，使其无法适应社会，影响其社会功能的发挥，如果不进行及时的干预治疗，最终患者可能会感觉生不如死，进而出现自我毁灭行为。

（4）生物症状。病理性抑郁往往伴有明显的生物性症状和精神病性症状，如持续的顽固失眠、出现多种消极心理和行为表现，同时体重、食欲和性欲下降，全身多处出现难以定位的功能性不适和整体性的症状关系，检查又无异常，以上这些均是抑郁症的常见征象。

（5）变化规律。典型抑郁症有节律性症状特征，表现为晨重夜轻的变化规律。许多病人常说，每天清晨时心境特别恶劣，痛苦不堪，因而不少病人在此时常有寻求自杀的念头。至下午3～4点以后，患者的心境逐渐好转，到了傍晚，似乎感到没有毛病了。次晨又陷入病态抑郁的难熬时光。

（6）发作倾向。抑郁症可反复发作，每次发作的基本症状大致相似，有既往史可供印证。

（7）家族病史。抑郁症的家族中常有精神病史或类似的情感障碍发作史。

大学生患抑郁症的主要原因如下。

（1）生活、学习中的重大挫折、失败，如失恋、亲人去世、与家人关系紧张、成绩滑坡、身体状况恶化等，导致情绪低落，自尊心受到伤害，自信心下降，心境陷入抑郁。

（2）某些不良的人格特征容易使人抑郁。临床发现，抑郁症往往发生在抑郁人格基础之上，如性格孤僻内向，多愁善感、好思虑、敏感性强、依赖性强，寡言少语，自我封闭，态度悲观，自卑、自责、自罪等。自卑心一向很强的人，在受到挫折后很容易产生失望、自卑进而发病。

（三）强迫症

【案例】 大二女生小张，做事仔细、认真，追求完美，不满意就重做。从幼儿园到高中都是一个听话、爱学习的好孩子，初中时当过班长。进入大学三个月后，开始出现反复洗手、长时间洗澡及反复洗涤衣物的情况，担心自己的这些异常行为被同寝室的同学发现，小张洗涤时总是尽量避开同学。情况逐渐严重，发展到洗涤的次数越来越多，花的时间越来越长，以致早早起床希望赶在寝室同学起床前洗漱完毕。白天逃课洗衣服，只要发现已晾晒的衣服被人碰了一下，就一定要取下来重新反复清洗，晚上同学们都睡下了她才开始洗漱。她知道没必要这样做，但就是克制不了。通过较长期心理咨询，小张的情况逐渐好转。小张患的是典型的强迫性神经症

强迫症（Obsessive Compulsive Disorder，OCD）是一种以强迫观念和强迫动作为特征的神经症，患者在主观上感到有某种不可抗拒和被迫无奈的观念、情绪、意向或行为，同时自己认识到这些强迫性欲望或观念是不应该、不必要的，但又无法控制，因而产生严重的内心斗争并伴随强烈的焦虑和恐惧情绪，有时为了减轻焦虑而做出近似仪式性的动作。强迫症常发生于青年期。

强迫症状有多种表现，患者可能以一种为主，也可能几种兼而有之。

（1）强迫观念。头脑中反复出现多种毫无意义的思想、语言、记忆、联想等，包括强迫性怀疑、强迫对立观念、强迫性穷思竭虑等。如对自己已经做完的事情，虽然反复确认但是仍然不放心，强迫性怀疑；又如对自己以前的往事反复回忆，难以摆脱，痛苦不堪，进行强迫性回忆；患者有时思考一些毫无现实意义的问题，或产生某些不能控制的联想，尽管患者的逻辑推理正常，自制力也完整，也知道没有必要深究，但总是无法克制地穷思竭虑。

（2）强迫意向。患者反复产生一些违背自己意愿而有可能导致可怕后果的欲望冲动，虽然这种意向一般不会付诸行动。如看到刀就产生砍人的意向，到高处有想往下跳的欲望等。

（3）强迫行为。强迫行为与强迫观念密不可分，是强迫观念的外化。明知无意义但控制不住去重复一些行为动作，如强迫计数，不由自主地去数路过的电杆或台阶、教室的灯或课桌椅；也表现为强迫性仪式动作，如说话前总要敬礼鞠躬；还可表现为强迫洗手、强迫洗衣、强迫检查等行为。

强迫症状大多是由强烈而持久的精神因素及情绪体验诱发而来的，或病前有躯体疾病、过度疲劳或身体衰弱等，从而造成神经系统功能减退而发病。这种神经症与患者以往的生活经历、精神创伤或幼年时期的遭遇有一定的联系。患强迫症的人，大多属于理想主义的人，遇事过分谨慎、过分认真，追求完美、刻板、倔强、墨守成规等强迫性人格特点。有明显的“不完善感”、“不安全感”或“不确定感”。他们常常对自己、对他人要求很高，总是在怀疑和否定自我或批评别人，内心常常有明显的冲突，徘徊于服从与反抗、控制或爆发两种极端之间。研究发现，大学生强迫症的高发可能与社会竞争的加剧及严重的就业压力有关。

（四）恐怖症

【案例】 小霞是某高校三年级研究生。有一天，她的同学买了一只宠物仓鼠，小霞看到后表现得非常害怕，再也不敢回宿舍。原来，她怕一切带毛的动物，甚至连毛茸茸的小鸡也不敢碰，这些动物离她稍近一点儿，便可使她毛骨悚然、惊恐万状。小霞患的就是典型的恐怖性神经症。

恐怖性神经症（Phobia）又称恐惧症或恐怖症，是以恐惧症状为主要表现的神经症。指对某些特殊处境、物体或与人交往时产生异于寻常的恐惧或不安的内心体验，常伴有心悸、气促、面红、出汗等自主神经功能紊乱症状。患者恐惧的强烈程度与引发恐惧的情境通常不相称。患者明知自己的恐怖是不切实际的，而且所害怕的事物和情景并不会对自己造成伤害，但就是控制不住地感到恐惧，常伴有回避行为，患者会感到非常痛苦。因此，常常用主动回避的方式来解决焦虑，只有脱离

该情境后症状才逐渐缓和、消失。

最普遍的恐怖症类型是单纯恐怖症，即引起患者恐怖的对象是某种单一事物。临床上，恐怖症的表现形式多样。有场所恐怖症、社交恐怖症、空间恐惧症、动物恐怖症、疾病恐惧症等。恐怖症患者中约有一半为社交恐怖症，社交恐怖症患者因害怕与人交往，不敢出席公共场合，对他人常常避而不见，严重影响了患者的社会适应力，给患者带来了极大的困扰。

恐怖症的成因往往与早期经历的不良体验有关，诱发心理冲突的不良生活事件或者他人的示范与影响也可能引发恐怖症。这往往与患者以前在某一特定场景受到惊吓或有过痛苦经历有关（如被狗咬过而怕狗），为了防止再次出现过去的痛苦经历，他们在心理防御机制上就采取了躲避、退缩的行为。另外，恐怖症的形成也与认知和个性有关，患者大都具有胆小、害羞、被动、依赖、焦虑等性格特征。如性格偏向于幼稚、胆小、被动、害羞、依赖性强、对自身过分关注和内向的人容易患社交恐怖症。大学生恐怖症主要表现为社交恐怖、考试恐怖等。

（五）神经衰弱

【案例】 王某，男，19岁，某校二年级学生。从大二开始，上课时感觉头痛，晚上难以入睡，多梦，早醒，每晚睡2～3小时，次日感到头痛、乏力，看书注意力不集中，而且健忘。头部经常微痛，学习难以集中精力，但参加文体活动不受影响；情绪也更易激怒，常因小事与宿舍同学争吵，非常痛苦，四处求医未见好转，认为睡眠改善了一切都会变好。临床诊断：王某得的是神经衰弱。

神经衰弱（Neurasthenia）是大脑神经活动长期持续性过度紧张，导致大脑的兴奋和抑制功能失调，神经活动能力减弱而产生的心理障碍。此病大多缓慢开始，起初程度较轻，病情反复波动，以后症状逐渐加重，且较固定和持久。有的患者的病程可迁延很久，长达几年或数十年。如果经过积极、及时的治疗，消除病因，且患者又能正确对待疾病，合理安排工作和学习、生活，疾病可以缓解或痊愈，愈后一般良好。

神经衰弱的症状具有多样性，有下述症状中至少三项，常可诊断为此病。

（1）衰弱症状，如脑力易疲乏，感到精力不济和反应迟钝，注意力难以集中或不能持久，记忆力降低。

（2）情绪症状，常常出现紧张烦恼，激动易怒，往往伴有因症状而发生的继发性焦虑、抑郁。

（3）兴奋症状，精神易兴奋，回忆和联想增多且控制不住，患者对指向性思维感到吃力，而缺乏执行的思维却很活跃，控制不住。

（4）紧张性头痛或肢体肌肉酸痛。

（5）睡眠障碍，难以入睡，多为浅睡眠状态、多梦，醒后不解乏，睡眠醒觉节律混乱（白天无精打采、想睡，夜间睡不着）。

神经衰弱的主要生理基础是皮质的内抑制过程减弱，神经细胞的刺激阈限降低，从而产生了兴奋性增高的表现。凡是能引起持续的紧张心情和长期的心理冲突的一些因素，如亲人亡故、学习负担过重、人际交往关系不和谐等这些使神经活动强烈而持久地处于紧张状态的因素，超过了神经系统张力所能承受的限度，即可发生神经衰弱。

神经衰弱是大学生中常见的一种心理障碍。大学生患神经衰弱的原因是多方面的，主要有：具有性格内向、心胸狭窄、胆怯，敏感多疑，急躁或主观、自制力差等不良的人格特征；对未来前途过分焦虑，学习和竞争的压力过强；生活和事业上的挫折带来的精神创伤和消极情绪，如亲人去世、学习负担过重、人际关系紧张、失恋，身患重病等，这些事件易使个体长期处在压抑、忧虑、怨恨、绝望等消极状态之下，从而使人发病。

（六）疑病症

【案例】 张某，男，20岁，某校二年级学生。入大学参加体检正巧感冒发烧。医生在为他听心脏时，低声自语说："心尖区有点风吹样杂音……"小张听后很紧张，问医生是不是心脏病。医生回答他，这是生理性杂音，不要紧的，但是小张同学却放心不下。他联想起上生理卫生课的老师曾说过心脏病是有杂音的，现在医生的话只是安慰自己罢了，于是他坚信自己患上了心脏病，从此，他到北京、上海、广州等地知名医院到处求医，医生明确告诉小张他的心脏没有问题，是小张自己瞎猜疑，但小张很生气，说："我难道还希望自己生病不成？病生在我身上，我自己还不清楚？"最后，经心理医生诊断小张同学患的是疑病症。

疑病症（Hytozhondria）是一种以担心或相信患严重躯体疾病的持久性为主的神经症，病人因为这种症状反复就医，各种医学检查阴性和医生的解释，均不能打消其疑虑。主要表现是怀疑自己患了某种疾病，并带有一种固执的病态信念，很难改变。特别容易与肿瘤、精神病等慢性病联想起来，常伴有焦虑或抑郁。

疑病症在大学生中比较常见，患病者的性格特点一般表现为：对待任何事物都高度敏感，谨慎固执，疑心重，依赖别人，平时也比别人更关注健康状况，只要身体有一点变化，都会产生不同程度的紧张心理，有时表现为疑虑重重，有时表现为恐惧不已，有时一只苍蝇飞在身上，也会让他产生很多的心理疑惑。

三、人格障碍

人格障碍亦称病态人格，指在没有认知过程或智力障碍的情况下，人格特征明显偏离正常，形成了一贯的反映个人生活风格和人际关系的异常行为模式。按照特质理论的说法就是一些人格特征处于正态分布的一个极端的表现。这些人往往难以适应社会生活，难以与别人和谐共处。虽然这些人格特征我们可能都有，但是他们可能处于极端。如偏执型人格障碍通常多疑，过分敏感，对别人有强烈的敌意，难以信任别人。病人虽然无智能障碍，但适应不良的行为模式难以矫正，仅少数病人成年后在程度上可有改善。人格障碍大都始于童年期或青少年期，逐步而缓慢地发展，长期发展会延续至成年期，而且一旦形成后一般难以改变，甚至持续终生。

（一）人格障碍主要表现

1. 社会适应性差

人格障碍患者心理紊乱，情绪不稳，自制力差，易冲动，难以与人相处，人际关系紧张，常做出不符合社会规范的事情。

2. 无自知之明

人格障碍患者把自己遇到的困难归咎于命运或别人的错误，没有自知之明，看不到自己的缺点，他们经常把社会或外界的一切看作是荒谬的，不应该如此的。

3. 无责任感

他们认为自己对别人没有责任，如对不道德行为没有罪恶感，伤害别人没有内疚感和后悔感，并倾向于为自己的行为开脱责任，把自己的利益放在首位，而不顾及别人的心情和状态。

4．极端猜疑和固执

他们走到哪里就把自己的猜疑、仇视和偏见带到哪里，即使环境发生了变化，他们的观点仍不会改变。

5．否认自己的人格障碍

他们的行为常常伤害或打扰别人，别人指出或揭露他们的怪癖和不良行为时，他们都会不以为然，或否认自己有心理缺陷。

但是值得注意的是，人格障碍的诊断需要专业的精神科医生才能做出，不能仅根据某个行为就判断某人有病或者有障碍。同样，人格障碍的治疗也需要专业的机构来进行。表9-1列出了精神疾病诊断标准DMS-Ⅳ中的一些主要的人格障碍类型及其对人的行为的影响程度。

表9-1　人格障碍划分

中度障碍	典型行为
依赖型人格	过分地服从和依附他人
表演型人格	过分地向他人表达情感和寻求他人注意
自恋型人格	妄自尊大，过分地期望别人不断赞扬自己
反社会型人格	不负责任，有反社会行为，如攻击他人、骗人、行为粗暴无礼，对人毫无同情心
重度障碍	典型行为
强迫型人格	行为呆板，一切必须井然有序、绝对完美
分裂性人格	缺乏情感，无意与他人建立亲密的人际关系
回避性人格	在公共场合感到不舒服，害怕被人评价，极度害羞
极度障碍	典型行为
边缘型人格	行为冲动，在对自我的表象，与他人的关系和心境等方面极度不稳定
偏执型人格	极度怀疑他人的动机，认为他人所做的一切都是要危害自己
分裂型人格	与社会隔绝，行为极度怪异，思维混乱，但并非严重精神错乱

（二）大学生常见的人格障碍

1．偏执型人格障碍

【案例】 王某，男，20岁，某高校大二学生。该生性格固执、多疑，情绪不稳，心胸狭窄，自我评价高，不愿接受不同意见。在日常生活和学习过程中遇到挫折总是责备别的同学，办了错事常把责任归于别人。常常把同学提出的中性的甚至是友好的表示看作敌视或蔑视行为，常与人发生摩擦，几乎与宿舍的同学都吵过架。一次，该生的一本复习资料丢失，认为是同宿舍的同学联合起来整他，想让他考试不及格，便与舍长及其他同学多次发生争吵，并要求辅导员调换宿舍。由于该生性格多疑敏感，与同学的人际关系紧张，故其他宿舍同学都不愿意接纳他，辅导员也很为难，曾经多次找他谈话，做思想工作，均无任何效果。该生是典型的偏执型人格障碍。

偏执型人格障碍又称作妄想型人格，是以明显的猜疑和偏执为主要特征的一类人格障碍。特点是主观、固执、敏感易怒、心胸狭隘、报复心强。一方面，骄傲自大，自命不凡，总认为自己怀才不遇，自我评价甚高；另一方面，在遇到挫折失败时又过分敏感，怪罪他人，推诿责任，很容易与他人发生冲突和争执。脱离实际的争强好胜，固执地争取一些不合理的权利和利益，患者把生活中本与自己无关的事件都认为是针对自己的，对现实生活中或想象中的耻辱特别敏感多疑。平日无端猜疑，过分警惕，对他人没有应有的信赖。

调查资料表明：这种人格障碍的人数占心理障碍总人数的5.8%，实际情况可能要超过这个比例。偏执型人格障碍患者以男性较多见，且以胆汁质或外向性格的人居多。

2. 分裂型人格障碍。

【案例】 小刘，19岁，大一新生，刚进校两个月就被学校送回了家，原因是他进大学后从不跟人打交道，总是独来独往，性格很孤僻。有一天，他由于迟到受到老师的批评就躲到寝室再也不肯去上课，而且还说自己是外星人，连父母都不肯相认。

分裂型人格障碍的特点是孤僻内向，不爱与人交往，社交范围狭窄，应变能力差，社会适应能力不良。情感冷漠，无亲切感。既不能表达对他人的体贴、温暖，又对批评和赞扬无动于衷。喜欢幻想，行为有时怪诞，工作、学习缺乏积极性。

3. 攻击型人格障碍

【案例】 小王，男，20岁，某高校大二学生，自入学以来，情绪极不稳定，脾气暴躁，稍有点小事就爱发火，甚至大打出手。事后他也很后悔，也会向别人道歉，不久却又旧病复发。小王从小就脾气暴躁，敏感，做事易冲动，经常和别人发生争吵和冲突，为此其父母很烦恼。小王具有爆发型人格障碍的典型特点。

攻击型人格障碍又称为爆发型或冲动性人格障碍。具有爆发型人格障碍的人情绪不稳定，自控能力严重不足，对事物的反应带有强烈的冲动性，微弱刺激常可引起过强的反应，常采取过激行为，不顾后果。这种人缺乏忍耐，很难与他人相处，不能持之以恒地从事某一工作。由于这种性格，他们常常在现实中碰壁，导致情绪沮丧，反而加剧了冲动反应的爆发。在平时，他们的情绪和行为是正常的，对发作时的所作所为感到懊悔，但又不能控制这种行为再次发生。

4. 强迫型人格障碍

【案例】 小刘，男，19岁，某高校大一新生。小刘凡事要求完美，过分自我克制，特别关注他人对自己的看法，因而说话、行动都缩手缩脚，行为死板，办事效率极低，凡事追求完美，生怕出差错而遭人讥笑。常因顾虑小事而忽略大事，如学习时，课桌上必须收拾得干干净净，要是课桌上放一支笔或一本多余的书，就要担心和分心，唯恐这件东西的存在会影响自己的注意力。常要求他人按自己的规矩行事，经常对他人不满，人际关系极差。遇事优柔寡断，思前虑后，难以抉择，常错失良机。小刘表现出的是明显的强迫性人格障碍。

强迫型人格障碍的主要特征是具有强烈的自我束缚意念。强迫型人格障碍的人固执迂腐，刻板保守，过于要求精确，凡事按部就班，循规蹈矩，没有丝毫的灵活性，不问客观情况是否许可与必要，把大量精力与时间用于反复检查核对，不允许有半点错误。在学习、工作中动作节奏缓慢，一旦受到干扰，便会焦虑不安。由于具有强迫型人格的人过分苛求精确，因而做事犹豫不决，瞻前顾后，唯恐出一点小差错，导致干任何事情都效率低下，难出成绩。该症与幼年时期的家庭教育和生活经历有关。

5. 癔症型人格障碍

【案例】 李某，女，18岁，某高校大二学生。爱模仿戏装演员的动作，过分讲究打扮，爱穿时髦流行装。同时容易发脾气，自己的愿望如不能得到满足，就烦躁，甚至打人。常与同学吵架，爱指手画脚，拍桌子；爱听表扬的话，与人谈话时，总想让别人谈及自己如何有能力，亲戚如何有地位，自己外貌如何出众等，如果别人谈论别的话题，病人常常千方百计地将话题转向自己，而对别人的讲话内容则心不在焉。常常感情用事，以自己高兴与否判断事物的对错和人的好坏，对别人善意的批评，即使很婉转，也不能虚心接受，不但不领情，还仇视别人，迫使别人不得不远离她。爱出风头，有时对人过分热情，但若别人稍违于她，就与别人吵架，从而导致关系破裂，几乎无亲密朋友。近几年来，与人发生纠纷次数有所增加，给家庭带来许多麻烦。李某为典型的表演型人格障碍。

癔症型人格障碍又称为表演型人格障碍。其典型特征是心理发育不成熟，特别是情感不成熟，多见于女性，尤其是青年女性。随着年龄的增长、心理的成熟，这类患者的人格障碍会减轻。

癔症型人格障碍的人过分需要赞赏，或想方设法寻求关注；感情幼稚，富于幻想，依赖性和暗示性强，以自我为中心，追求刺激，喜欢拔尖，爱出风头。他们大多不是生活在现实社会，而是生活在幻想世界里，根据内心的愿望和需要把自己当成心目中的形象，结果是欺骗了别人，也欺骗了自己。由于他们的情绪常常处于不稳定的状态中，所以情绪往往变化莫测，易于激动，对人感情肤浅，缺乏知心之交。

6. 反社会型人格障碍

【案例】 李某，男，20岁，从小受到溺爱，性格固执、顽皮，喜欢恶作剧。上学后，经常打架闹事，欺负小同学，辱骂老师，初一因三门功课不及格而留级，后因表现太差，被勒令退学；在家不服家长管教，经常顶撞父母、吵闹，甚至与父母对打。17岁进工厂，常常旷工，招引一些朋友在家中吃喝玩乐，多次聚赌；18岁时与人寻衅闹事，纠集同伙用棍棒和皮带毒打他人，因致他人受伤被公安机关收容审查。李某属于比较典型的反社会型人格障碍。

反社会型人格障碍的典型特征是：缺乏道德意识、无内疚感和羞耻心、行为不符合社会规范，经常违法乱纪，对人冷酷无情等。反社会型人格障碍表现为情绪不稳定，受一时的冲动性动机支配，容易做出各种违法的不正当行动，其结果损人不利己；易冲动和攻击别人，危害别人时无内疚感；自私冷酷，忘恩负义，对自己的至亲也不例外，故意使其家庭、亲友、同事、邻居感到痛苦；经常撒谎，欺骗、欺侮弱小，以此获利或取乐。

由于反社会型人格障碍的病因较复杂，目前对此症的治疗主要是对那些由于环境影响形成的、程度较轻的患者，实施认知领悟法，这种方法有一定疗效。

7. 回避型人格障碍

【案例】 小宁是一名大一男生，他有一位好友小卓，两人一同考进了一所高校。高中时两人关系很好，进入大学后，小卓比较活跃，是院学生会干部，而小宁却没有担任任何职务。两人关系开始冷淡起来，而且小宁觉得小卓总在打击他。比如，当他专心学习时，小卓和其他同学在旁边议论“专靠勤奋读死书在大学已经不管用了”之类的话。他觉得这些议论是针对他、打击他。之后两人关系越来越差，这种情况一直延续至今。由于他们住在同一个寝室，所以他总觉得在受小卓的影响，因此根本无法专心学习。小宁属于典型的回避型人格障碍。

回避型人格障碍又称逃避型人格障碍，表现为行为遇缩、心理自卑，敏感羞涩，面对挑战多采取回避态度或无能力应对。与分裂型人格障碍患者不同的是，回避型人格障碍患者并不安于或欣赏自己的孤独，不与人来往并非出于自己的心愿，而是被迫的心理防御。这类性格的人很容易因他人的批评或不赞许而受到伤害，很少与人交往，不敢发表自己的见解，夸大潜在的困难和危险。本症与自我认识不足、缺乏自信心和受到挫折后的影响有关，为此可帮助患者正确认识自己，消除自卑感，克服人际交往障碍，提高自信心。

8．依赖型人格障碍

【案例】 张某，男，25岁，对父母怀有强烈的依赖感，从进实验高中，到选择大学和专业，都是父母或别人帮着办。在上大学前，一切事都是爸爸妈妈照料，甚至连衣服鞋袜都不会自己洗。进入大学后，非常想念自己的家，对大学的生活很不适应，整天在网吧打发时日，最后，连大学毕业证书都没拿到。离校后一次一次地换工作，反复责怪父母没钱、没本事，不能当自己的靠山，不断地向父母和弟弟、女友要钱，于是父母不再管他了。张某属于典型的依赖型人格障碍。

依赖型人格障碍又称作孱弱型人格障碍，患者缺乏独立性，感到自己无助、无能和缺乏精力，怕被人抛弃，常靠依附于别人来满足自己的需求，过分顺从别人的意志；要求和容忍他人安排自己的生活；当与他人的亲密关系终结时有被毁灭的体验感觉；有一种将责任推给他人的倾向。

9．自恋型人格障碍

【案例】 王某，人很聪明，学习刻苦，平时做事很有条理，精力充沛，喜欢在别人面前表现自己，认为自己无所不能，别人都不如自己，一听到别人的赞美之辞，就沾沾自喜，表现欲也很强。反之，则会暴跳如雷。喜欢指使人做事情，特别是在寝室总喜欢指挥别人这样那样，就连毛巾都要别人帮忙拿。只关心自己、不关心他人，总觉得自己这么优秀应该得到特别对待一样。王某是典型的自恋型人格障碍。

自恋型人格障碍的主要特征是过分地关心自我，以自我为中心和自夸自尊。自恋是自己过分自信、过分自满的一种自我陶醉的心理表现。这种人格障碍在生活中会表现得过分地爱慕虚荣，夸大自己，爱打扮爱臭美等。精神分析大师弗洛伊德认为，“自我恋”和“他人恋”成反比，人的力比多（心理能量）是一定的，投注到他人的能量少一些，投注到自身的能量当然就会多一些。

这种人格障碍的大学生往往以自我为中心，过分自我专注、自负、自以为才华横溢、能力超人，在日常生活中具有显示自己的倾向，以求引人注目；情感上不关心周围的人；在人际关系上缺乏热情。

四、精神疾病

精神疾病是指人脑机能活动失调，自知力丧失，不能与外界保持正常的联系，不能保持正常生活的严重心理疾病。精神疾病的种类比较多，主要有精神分裂症、心境障碍、偏执性精神病和反应性精神病等。这里我们主要介绍精神分裂症、心境障碍和癔症。

（一）精神分裂症

【案例】 小胡本来是一个品学兼优的大学生，但最近半年来，他的行为有点诡异，常常半夜起床翻箱倒柜，白天常常独来独往，少与人搭讪，生活变得懒散，经常不脱衣服，不脱鞋睡觉，学习成绩明显下降。他诉说常常觉得有人跟踪他，想害死他，称有人用先进的仪器监视着他的一举一动，想控制他，觉得街边的人都知道他的秘密，个个在含沙射影地议论他、嘲笑他。小胡认为同学经常私下里谈论他，说他坏话，合伙欺负他。他经常和舍友吵架，先后换了两个宿舍，但始终无法和同学友好相处。有一次，同学们正在上自习，他突然跑到讲台上，将自己的手机号写到黑板上，告诉大家说："这是我的手机号，有喜欢我的女同学可与我联系。"小胡被临床诊断为精神分裂症。

精神分裂症是人类最多见的一种精神疾病。主要表现是病人的思维、情感和行为互不协调，与现实环境脱离，呈现"精神分裂"现象。病人常沉醉于自己的病态体验中，对外界事务反应冷淡歪曲、意志衰退、行为懒散。多数病人在发病后的相当长时间内，还能保持和别人交往，但有些表现却是正常人无法理解的。有关系妄想、被害妄想或幻觉的病人会做出各种怪异行为。精神分裂症在所有的精神疾病中发病率较高，有关城市调查发现，本病约占各类精神疾病的57%，占住院人数的50%以上，且有不同的种类。从年龄上看，以16～35岁发病率最高。

延伸阅读9-2

神经分裂症的临床表现

1. 精神症状

本病的临床症状十分复杂多样，不同类型、不同阶段的临床表现可能有很大的差异。主要特点是具有特征性思维和知觉障碍，情感、行为不协调和脱离现实环境，无自知力。其常见症状如下。

（1）幻听：患者感到耳内或外界有声音，有时是听到有声音在骂他或议论他、说他的坏话。

（2）联想障碍：患者说话东扯西拉，叙述无主题，回答时答非所问，交谈十分困难。如问他："你哪儿不舒服"，患者答："我今年28，到2028年我58。"

（3）妄想：患者毫无根据地认为某些人正在对他进行跟踪和谋害；见别人吐痰，便认为是在唾弃他、骂他；见别人说话便认为是在议论他；或认为某异性喜欢上了自己，即使遭到对方拒绝，仍认为对方是在考验他；有的患者甚至认为自己拥有非凡的才智或财富，是名人的后裔等。

（4）情感障碍：最常见的表现是患者对周围发生的事情态度很冷淡，甚至对自己不能正常学习、生活表示无所谓，或出现得喜怒无常，无故哭笑，令人难以理解。

（5）行为障碍：患者出现各种怪异行为，如用脚尖走路，学狗叫，学猫叫，自言自语，对着天空说话等。

（6）意志减退：患者性格变得孤僻离群，不想工作、学习，不想接触社会。

（7）自知力缺乏：如否认自己有病。

2. 临床分型

（1）偏执型：以出现幻觉、妄想为主要表现。

（2）青春型：青春期发病，主要表现为幼稚、愚蠢的动作，吃不能吃的东西，如捡、食垃圾，或裸体，哭笑无常等。

（3）紧张型：主要以患者出现全身紧张，不言不语，僵如木头为主要表现。

（4）单纯型：此型多从青少年期开始发病，无特殊明显的特征，主要以性格日渐孤僻、不合群、学习成绩下降、生活懒散等为主要表现，易被家长和老师认为是“不求上进”。

3. 诊断依据

具有特征性思维、知觉障碍、情感不协调及意志缺乏等症状，如果病程持续3个月以上，并有缓慢发展趋势，即可认为其出现了精神分裂症。

精神分裂症的病因和发病机制尚不很明了，往往是由多种因素造成的，目前认为遗传、素质、年龄、环境、躯体等因素都有影响。发病率与性别关系不大。大部分病人属慢性起病，精神分裂疾病的早期症状为工作的积极性和工作能力下降、学生学习成绩下降，对人冷淡，与人疏远，对外界事物不感兴趣，对家人不知关心照顾，生活懒散，敏感多疑，性格改变等。部分病人会有失眠、头痛、头晕、无力、情绪不稳等不适感及神经症症状。部分病例可急性发作，临床上多表现为突然兴奋、冲动，言语凌乱，行为紊乱，片断幻觉和妄想。

此病多在青壮年时期起病，病程多迁延，起病形式可分为急性和慢性，前者治愈的希望较大，而后者很少有治愈的可能。此病的复发率较高，因此应注意预防复发，否则可能需要终生治疗。精神分裂症的治疗以药物治疗为主，并应适时进行心理治疗。

（二）躁狂症

【案例】 某男，24岁，大三学生。因兴奋、吹嘘、行为增多十余天就诊。十多天前因入党受挫出现情绪低落，夜不能眠。几天后，同学发现其兴奋、话多，经常手拿一本书到各个宿舍找同学谈话、演讲，说“这本书我能倒背如流，我有非凡的记忆力”，然后给同学背书。一直很晚还在宿舍高声演讲，不让同学睡觉。经常为小事与同学辩论、争吵。平时不打篮球，近一段时间下午经常到篮球场去，这个球场打一会儿又到另一个球场打，很短时间可能打了十几个球场。凌晨4点钟，别人还在睡梦之中，他便在操场上边喊边跑，大声喊叫。此同学被诊断为躁狂症，经家人同意将其送入精神病院接受治疗。

躁狂症在《中国精神疾病分类与诊断标准》（第三版）（CCMD-Ⅲ）中，作为心境（情感）障碍中的一独立单元，与双相障碍并列。躁狂症的基本临床表现是典型的“三高”症状，即情感高涨、思维奔逸和活动增多。同时有较多患者表现出精神病性症状（如幻觉、妄想等）。躁狂症发作时间需持续一周以上，一般呈发作性病程，每次发作后进入精神状态正常的间歇缓解期，大多数病人有反复发作倾向。如不及时治疗，易反复发作，长期的反复发作，会导致患者疾病慢性化、人格改变和社会功能受损。由于病前的人格和疾病症状的影响，患者酒精依赖、物质滥用、药物依赖发生率高。出现躁狂状态时，由于易激惹、冲动，控制能力弱，判断力受损而做出非理智行为，有可能出现行为轻率、不顾后果、随意挥霍、伤人毁物等异常举动。因此，一旦确诊躁狂症应当立即住院治疗，避免不良的后果发生。

躁狂症的诊断标准如下（本躁狂发作标准仅适用于单次发作的诊断）。

（1）症状标准：以情绪高涨或易激怒为主，并至少有下列表现中的3项（若仅为易激怒，至少需4项）方可确认为患有躁狂症：注意力不集中或随境转移；语量增多；思维奔逸（语速增快、言语急促等）、联想加快或意念飘忽；自我评价过高或夸大；精力充沛、不感疲乏、活动增多、难以安静，或不断改变计划和活动；鲁莽行为（如挥霍、不负责任，或不计后果的行为等）；睡眠需求减少；性欲亢进。

（2）严重标准：严重损害社会功能，或给他人造成危险或不良后果。

（3）病程标准：符合症状标准和严重标准至少已持续1周；可存在某些分裂性症状，但不符合分裂症的诊断标准。若同时符合分裂症的症状标准，在分裂症状缓解后，满足躁狂发作标准至少1周。

（4）排除标准：排除器质性精神障碍，或精神活性物质和非成瘾物质所致躁狂。

（三）癔症

【案例】 **电视剧《红楼梦》里有这样一个镜头：宝玉听说林妹妹走了，突然“不省人事”说起了胡话，指着条案上的大木船说：“林妹妹走了，就是坐着这条船走的，你们快去追吧。”按照民间通俗的说法，宝玉这个时候的状态叫作“撒癔症”，心理学上叫作癔症。**

癔症又称歇斯底里症，也是常见的神经官能症，多发于青春期，以女性为多。癔症主要是由于心理创伤导致大脑功能失调而呈现的多种变态心理症状，或者由精神刺激或不良暗示而引起的情感大发作。它与患者性格有直接关系，患者多是心胸狭窄而任性，易受暗示、喜欢夸张和以“自我为中心”的人。一旦遇到惊恐、侮辱、委屈或无法达到其要求及家庭变故等刺激，便会发作。

癔症的临床症状多种多样，颇为复杂。它既可有精神异常和类似神经病的各种症状，又可有内脏机能失调和自主神经机能障碍的症状，而且还可能由于模仿而产生新的症状。

癔症最常见的表现是：痉挛发作（抽搐），这是癔症最常见的形式。发作以前可有头痛、胸闷、心烦、委屈等表现，发作时四肢抽动或挺直，两眼球上翻，但不会达到意识丧失，因而在发作过程中常常有各种有目的的活动，如撕衣服、扯头发、捶胸、抓周围的人或发出怪笑等，同时面部可有各种表情，显得夸张与做作。发作的持续时间也大大超过了癫痫发作时间。痉挛发作后经常哭泣或不语，患者感到全身酸痛，疲乏无力。

癔症的另一种常见表现是情感暴发。患者在精神因素作用下，突然精神失常，如表现为哭笑、狂怒、叫喊、吵骂、打人、打自己、毁物等，有时还表现出委屈、悲伤、痛哭流涕，或又兴高采烈、又唱又跳，且常伴随幼稚、做作、撒娇或演戏样的动作表情，其说唱谩骂的内容多与精神创伤有关。发作时呈阵发性，在人多时，发作更为频繁。一般发作时间较短，发作过程中患者心里大致明白，但自觉控制不住。癔症的其他表现还有或为昏睡，呼之不应，或在意识模糊的背景下突然出现一些反常表现，如说不出自己的姓名、年龄，甚至连普通的名称也叫不上来，其表现是痴呆极其严重，但实际上智力并无障碍等。

第二节　大学生心理障碍的预防与治疗

心理咨询与治疗是心理障碍患者恢复健康的一条有效途径。现实生活中有不少人对心理咨询和心理障碍的治疗存有一些偏见和错误观念，这不仅给心理疾病的康复带来了很大的困难，也给社会、家庭、个人带来沉重负担。

一、正确看待心理障碍治疗

（一）了解心理障碍的“诊断”方法

判断是否有心理问题，特别是判断是否有某种心理障碍或精神病，实质上是一个心理评估与诊断问题，需要专业人员，如临床精神科医生、心理治疗师来完成这项工作。2012年，我国颁布了《中华人民共和国精神卫生法》，其中明确规定：精神障碍的诊断应当由精神科执业医师做出。通常，医师所使用的评估和诊断方法主要包括观察法、会谈法和测验法。因此，是否有心理障碍或精神疾病，不能仅根据一些情绪或躯体现象就轻易做出判断，更不能简单地“对号入座”。

（二）心理障碍需要专业心理咨询和治疗

心理障碍有好几百种，与躯体疾病一样也有轻重之分。轻度的心理障碍应该及时进行心理辅导和治疗，经过一段时间的心理咨询和专业治疗，可以康复；严重的心理障碍必须进行长期系统的、不间断的治疗。心理障碍是可以治疗的，而且也是可以治愈的，这早已被临床治疗所证明，只是需要一个良好的社会环境和社会支持系统来做保障。

根据《中华人民共和国精神卫生法》的规定，心理咨询人员不得从事心理治疗或者精神障碍的诊断、治疗。心理咨询人员发现接受咨询的人员可能患有精神障碍的，应当建议其到符合本法规定的医疗机构就诊。

正规医院的心理门诊或精神科的心理医生同时具备医生资格，拥有处方权，在运用心理咨询和治疗技术的同时，可辅助采用药物治疗和物理治疗的方法。对于疑似精神病患者或难以定性的边缘状态患者，心理医生可联合精神专科医生共同做出更加准确的诊断，以提供恰当的治疗。确诊为精神病的患者必须由医院的精神科或精神专科医院收治。根据病情严重程度，可采用门诊治疗、住院治疗并定期复查的方式。精神病患者如果能够早期发现，坚持治疗，绝大部分是可以恢复正常的工作、学习和生活的。

一般情况下，大多数心理障碍的治疗并不需要住院，单纯的心理咨询与治疗配合一定的门诊药物治疗即可有较好效果。但是，如果当事人发生以下三种情况，入院治疗则是必需的：当事人最近采取过自杀行为；当事人有周密的自杀计划和准备，有高度的自杀危险；当事人患有一种或多种有自杀危险的精神疾病，且处在症状发作期。在国外，以上三种情况一般需要采取强制入院措施，以保证当事人的安全，同时可以保证充分、有效、及时的药物治疗，挽救当事人的生命。

（三）正确看待心理治疗中的药物治疗

不论躯体疾病还是精神障碍都是生物—心理—社会多种因素共同作用的结果。中、重度的心理障碍需要采取心理治疗和药物治疗相配合的综合方案，以取得最佳的疗效。在服药过程中，很多患者对可能出现的各种副作用非常在意。任何事物都有矛盾的两面性，是药物就有治疗作用，也就有副作用。即使将来科学技术再发达，也很难制造出只有治疗作用，而完全没有任何副作用的药物。其实，虽然药品说明书上列举的各种副作用十分丰富，但在实际治疗中患者服药后出现副作用的可能性微乎其微。即使真的出现了药物的毒副作用，只要及时向医生报告，迅速调整药物种类和剂量也可以避免对身体的损害。

另外，某些精神科药物，特别是镇静安眠剂的确比较容易产生药物依赖性。避免产生依赖性的正确办法是遵照医嘱，按照科学的方法，根据症状的变化情况，定期复诊，在医生的指导下对药物进行增量和减量。很多患者，基于各种考虑，自作主张，在症状尚未完全控制的情况下，就自行减少用药甚至突然停药，出现症状复发又不得不增加药物剂量，如此反复多次，导致症状的加重和治疗的困难。

二、心理治疗的常用方法

（一）心理分析治疗法

心理分析治疗又叫精神分析疗法、分析性心理治疗，是心理治疗中最主要的一种治疗方法。

1. 经典心理分析疗法

经典的心理分析疗法为弗洛伊德所创立。其心理治疗的本质是：努力修通早年心理发育受挫的过程，解决当下面临的潜意识冲突。精神分析发展理论应用此疗法使病人从无拘束的会谈中领悟到心理障碍的症结所在，并逐步改变自己行为模式，从而达到治疗的目的。具体的技术包括：自由联想、梦的解析、移情、解释。这种治疗主要适用各类神经症的治疗。目前又发展出各种投射性的心理治疗技术，如沙盘游戏，绘画治疗等。

2. 认知领悟心理疗法

认知领悟疗法简称领悟疗法，这一疗法是钟友彬根据心理动力学理论并结合中国的具体情况和多年实践于20世纪70年代末提出的，又称“中国式的心理分析法”。这种疗法实际上是充分利用来访者的认知能力，引导其认识自己在个体心理发育某一阶段上所发生的某种停滞，并认识到这类心理发育停滞造成的心理和行为特点，进而引导来访者认识这些停滞的心理和行为特点与现在的年龄阶段是何等的不相容、不合理，最后通过领悟自身心理和行为的不合理性，达到矫治的目标。

认知领悟疗法认为，成年人产生心理问题的根源不在现在，而在于无意识幼年期的创伤体验，幼年期创伤包括父母离异、缺乏或失去母爱、各种躯体病痛和灾难、体罚、过度的情绪刺激、剧烈惊吓等。由此产生的焦虑称为初级焦虑。成年人处在困境中或遇到严重的心理冲突，同样会产生焦虑情绪，称为次级焦虑。这些焦虑经过心理机制的加工被转换成各种神经症的症状，但患者并不自知。

认知领悟疗法的治疗原理，是把无意识的心理活动变成有意识的，使求治者真正认识到症状的意义，以实现领悟，症状即可消失，这也是心理分析法治疗的原理。

（二）行为疗法

行为疗法又称行为治疗，是基于现代行为科学的一种非常通用的新型心理治疗方法。行为疗法是建立在行为主义理论基础上的心理治疗方法，行为主义理论认为来访者的异常行为和正常行为一样都可以通过学习获得，也能够通过另一种学习使之消失。行为疗法把治疗的着眼点放在可观察的外在行为或可以具体描述的心理状态上。根据行为学习及条件反射理论，行为疗法是消除和纠正异常状态并建立一种新的条件反射和行为的治疗方法。

1. 系统脱敏疗法

系统脱敏疗法又称交互抑制法，是由美国学者沃尔帕创立和发展的。利用这种方法主要是诱导来访者缓慢地暴露出导致神经症焦虑、恐惧的情境，并通过心理的放松状态来对抗这种焦虑情绪，从而达到消除焦虑或恐惧的目的。根据这一原理，在心理治疗时从能引起个体较低程度的焦虑或恐怖反应的刺激物开始进行治疗，一旦某个刺激不会再引起患者焦虑和恐怖等情绪反应时，治疗者便可向处于放松状态的患者呈现另一个比前一刺激略强一点的刺激，如果一个刺激所引起的焦虑或恐怖状态在患者所能忍受的范围之内，那么经过多次反复的呈现，他便不再会对该刺激感到焦虑和恐怖，治疗目标也就达到了，这就是系统脱敏疗法的治疗原理。

采用系统脱敏疗法进行治疗应遵循三个步骤：（1）建立恐怖或焦虑的等级层次，这是进行系统脱敏疗法的依据和主攻方向；（2）进行放松训练；（3）要求求治者在放松的情况下，按某一恐怖或焦虑的等级层次进行脱敏治疗。

2. 满灌疗法

满灌疗法又称“暴露疗法”“冲击疗法”“快速脱敏疗法”。它是鼓励求治者直接接触引致恐怖焦虑的情景，坚持到紧张感觉逐渐消失的一种快速行为治疗法。

3. 厌恶疗法

厌恶疗法又称“对抗性条件反射疗法”，它是应用惩罚的厌恶性刺激，即通过直接或间接想象，以消除或减少某种适应不良行为的方法。厌恶疗法的特点是，治疗期较短，效果较好。

4. 生物反馈疗法

生物反馈疗法又称生物回授疗法，或称自主神经学习法，是在行为疗法的基础上发展起来的一种新型心理治疗技术/方法。生物反馈疗法利用现代生理科学仪器，通过人体内生理或病理信息的自身反馈，使患者经过特殊训练后，进行有意识的“意念”控制和心理训练，使内脏逐步可以随意调节自身躯体机能，从而消除病理过程、恢复身心健康。

（三）来访者中心疗法

来访者中心疗法是人本主义心理疗法中的主要代表，这个疗法不是由某个学派的杰出领袖所创立，而是由一些具有相同观点的人实践得来的，其中有患者中心疗法、存在主义疗法、完形疗法等。在各派人本主义疗法中，以卡尔·罗杰斯开创的来访者中心疗法影响最大，是人本主义疗法中的一个主要代表。

来访者中心疗法是罗杰斯在人本主义理论的基础上提出的，罗杰斯认为个体内部蕴藏着自我实现的强大推动力，具有善良和良好发展的天然本性，心理咨询师只要提供适宜条件，提供一个优良的支持性的人际关系环境，来访者就能发挥其内在的潜能，自发地开始改变和成长。其实质就是让人领悟自己的本性，不再倚重外来的价值观念，让人重新信赖、依靠机体估价过程来处理经验，破除固有的不正确观念，使之可以自由表达自己的思想和感情，由自己的意志来决定自己的行为，掌握自己的命运，修复被破坏的自我实现潜力，消除心理问题，促进个性的健康发展。治疗师通过使用真诚的交流、无条件的积极关注、共情等方式，与来访者建立一种互相尊重、相互理解的良好关系，创造一种帮助患者了解自身的环境气氛，心理治疗的过程就是自我转变的过程。

（四）认知疗法

认知疗法于20世纪六七十年代产生于美国，是根据人的认知过程，影响其情绪和行为的理论假设，通过认知和行为技术来改变求治者的不良认知，从而矫正并适应不良行为的心理治疗方法。它运用认知重建的方法纠正人们不合理的信念，教给人们改善行为的技能和解决问题的策略。认知疗法不直接纠正患者的心理障碍，而是通过改变患者的不良认知来消除其症状。认知行为治疗理论经过多年的探索发展，主要心理治疗方法有合理情绪疗法、贝克认知疗法、认知行为矫正法等。

（五）音乐疗法

音乐是应用音乐和言语疏导的心理效应来改善和调节人的心理和生理功能，改善情绪状态，以减轻或消除症状的一种心理咨询方法。音乐不仅能给人以艺术的享受，而且对人的心理健康有重要作用。现代神经生物学研究证明，音乐对人的神经系统、心血管系统、内分泌系统、消化系统、呼吸系统等都有明显的影响，乐曲的不同节奏、旋律和速度等，可产生镇静作用、兴奋作用、催眠作用、降压作用等不同的效果。

常用的心理治疗方法还有支持疗法、森田疗法、暗示疗法、娱乐疗法等。同学们如果认识到自己在心理方面存在问题，还可以通过校园文化活动、校外生活、学习活动等途径来实现心理健康发展，促进人格的成长与完善。但是一旦发现自己的症状非常严重，已经无法正常学习、生活和工作，则一定要到正规医院做诊断和治疗，以避免延误病情。

延伸阅读9-3

森田疗法

森田疗法是由日本精神科医生森田正马教授于1920 年始创的，主要用于神经衰弱、强迫症和恐怖症等神经症的治疗。他认为神经症的根本原因在于想以主观愿望控制客观现实而引起的精神拮抗作用的加强，所谓精神拮抗作用表现为当一种心理出现时，另一种与之相反的心理也会出现；神经症的症状是疑病素质和由它引发的精神活动过程中的精神交互作用所致。因此，森田疗法的原则是“顺其自然，为所当为”，即对症状和情绪变化完全服从，放弃抗拒，以消除精神内部冲突。

森田疗法的疗程一般为一月，可分为四个阶段：一是绝对卧床期，隔离患者，使其对症状听之任之、平静下来，产生生活欲望；二是轻工作期，让患者白天到户外做轻微活动；三是重工作期，让患者读书、劳动，体验工作的愉快；四是生活训练期。森田治疗有住院和门诊多种形式，住院治疗有利于患者摆脱原环境产生的惰性，加上病友间的交往、医生的指导、自身的领悟，就比较容易治愈。

心理训练

团体活动：系统脱敏训练

训练目的：掌握系统脱敏要领，学会放松

训练准备：空旷的场地

训练时间：30分钟

具体操作：

1. 根据问题的需要和来访者的特点选择放松方法，让来访者学会放松

一般应用肌肉放松训练的方法来对抗焦虑情绪。训练时要先学会体验肌肉紧张与肌肉松弛间感觉上的差别，以便能主动掌握松弛过程，然后根据指导语进行全身各部分肌肉先紧张后松弛的训练。一般需要6～10次练习，每次历时20～30分钟，以达到全身肌肉能够迅速进入松弛状态为合格。

2. 建立恐怖或焦虑等级

求治者分别找出感到恐怖和焦虑的场景或事件，按照由轻到重的顺序排列，然后填写在主观感觉尺度量表上，量表分为10个等级，以0～100来表示。

3. 分级脱敏练习

（1）进入完全放松状态。

（2）想象脱敏训练：由咨询师口头描述，并要求对方在能清楚地想象此事时，伸出一个手指头来表示。让求治者保持这一想象中的场景30秒左右。想象训练一般在安静的环境中进行，想象要求生动逼真，像演员进入角色一样，中间不允许出现回避或是停止行为，一般忍耐一小时左右视为有效。实在无法忍耐而出现严重恐惧时，采用放松疗法对抗，直到达到最高级的恐怖事件的情景也不出现惊恐反应或反应轻微而能忍耐为止。一次想象训练不超过4个等级，如果在某一级训练中仍出现较强的情绪反应，则应降级重新训练，直至完全适度。如通过了全部情景，不再出现焦虑，肌肉处于松弛状态，即可以从模拟情境向现实情境转移，在现场中依次重复上述情景。

（3）实地适应训练：这是治疗的关键步骤，也是从最低级到最高级逐级训练，以达到心理适应。一般均重复多次，直到情绪反应完全消除，方进入下一等级。每周治疗1～2次，每次30分钟左右。

心理测试

抑郁自评量表

抑郁自评量表（SDS），是一个含有20个项目，分为4级评分的自评量表。主要适用于具有抑郁症状的成年人。抑郁自评量表评定的时间范围是“现在”或“过去一周”；采用4级评分，主要评定症状出现的频度，其症状标准为：“1”没有或很少时间，“2”小部分时间；“3”相当多时间；“4”绝大部分或全部时间。以下是抑郁自评量表的条文，括号中为症状名称，题号左方有“*”的是指反向题，即“4”没有或很少时间，“3”小部分时间，“2”相当多时间，“1”绝大部分或全部时间。

1. 我觉得闷闷不乐，情绪低沉（忧郁）。

*2. 一天中早晨最好（晨重晚轻）。

3. 我一阵阵哭出来或觉得想哭（易哭）。

4. 我晚上睡眠不好（睡眠障碍）。

*5. 我吃得跟平常一样多（食欲减退）。

*6. 我与异性密切接触时和以往一样感到愉快（性兴趣减退）。

7. 我发觉我的体重在下降（体重减轻）。

8. 我有便秘的苦恼（便秘）。

9. 我心跳比平常快（心悸）。

10. 我无缘无故地感到疲乏（易倦）。

*11. 我的头脑跟平常一样清楚（思考困难）。

*12. 我觉得经常做的事情并没有困难（能力减退）。

13. 我觉得不安而平静不下来（不安）。

*14. 我对将来抱有希望（绝望）。

15. 我比平常容易生气激动（易激惹）。

*16. 我觉得做出决定是容易的（决断困难）。

*17. 我觉得自己是个有用的人，有人需要我（无用感）。

*18. 我的生活过得很有意思（生活空虚感）。

19. 我认为如果我死了别人会生活得好些（无价值感）。

*20. 平常感兴趣的事我仍然照样感兴趣（兴趣丧失）。

测验记分：待评定结束后，把20个题目中的各项分数相加，即得到总分，然后将总分乘以1.25之后取整数部分，就得到标准分。按照中国常模结果，抑郁自评量表标准分的分界值为53分；其中53分以下为正常，53～62分为轻度抑郁，63～72分为中度抑郁，72分以上为重度抑郁。

焦虑自评量表

焦虑自评量表（SAS）共有20个项目，请仔细阅读每一条，把意思弄明白，然后根据你最近一星期的实际情况，选择一个与你的情况最相符合的答案。A表示没有或很少时间有该项症状，B表示小部分时间有该症状，C表示相当多的时间有该症状，D表示绝大部分时间或全部时间有该项症状。

1. 我觉得比平常容易紧张或着急。
2. 我无缘无故地感到害怕。
3. 我容易心里烦乱或觉得惊恐。
4. 我觉得我可能将要发疯。

*5. 我觉得一切都很好，也不会发生什么不幸。

6. 我手脚发抖打战。

7. 我因头痛、颈痛和背痛而苦恼。

8. 我感觉容易衰弱和疲乏。

*9. 我觉得心平气和，并且容易安静坐着。

10. 我觉得心跳得很快。

11. 我因为一阵阵头晕而苦恼。

12. 我有晕倒现象，或觉得要晕倒似的。

*13. 我吸气呼气都感到很容易。

14. 我的手脚麻木和刺痛。

15. 我因胃病和消化不良而苦恼。

16. 我常常想要小便。

*17. 我的手脚常常是干燥、温暖的。

18. 我脸红发热。

*19. 我容易入睡并且一夜睡得很好。

20. 我做噩梦。

计分：正向计分题A、B、C、D按1、2、3、4计分；反向计分题按4、3、2、1计分。第5，第9，第13，第17，第19题各项目的计分，必须反向计算。

总分乘以1. 25取整数，即得标准分，分值越小越好，分界值为50。

一般来说，总分低于50分者为正常；50～60分者为轻度焦虑，61～70分者是中度焦虑，70分以上者是重度焦虑。

思考题

1. 大学生常见的心理障碍有哪些？
2. 心理障碍的治疗方法有哪些？
3. 你或周围人有心理障碍吗？你会如何面对和应对心理障碍？

第10章 生命教育与心理危机干预

我是谁？我从哪里来？要到哪里去？人生是什么？人活着是为了什么？什么样的人生最有价值？……当我们坐在明亮的教室中思考这些问题时，心中总有一种庄严的使命感，那是人类对自己永久的追问，也是生命本身最深厚的内涵！生命，是大自然赋予我们最珍贵的礼物，我们应该善待她，让她绽放最美的绚烂花朵。在这一章，我们将要了解大学生心理危机的表现及心理危机干预的方法。珍爱生命，热爱生活，学会生存，就从自我做起，从现在做起吧！

第一节　生命的意义

生命从何而来？这样看似简单的问题，却至今无从定论。

就目前人类所探知的宇宙知识来说，200亿年前，整个宇宙没有能量，没有时间和空间，150亿年前，宇宙大爆炸，出现了恒星、行星和星系；46亿年前，太阳系形成，地球形成，而生命就起源于46亿～35亿年前。在新生的地球上，只有在光、热、水、温度、大气均达到适宜的条件下，简单的物质元素才可以结合，生命才得以产生。

从最原始的海洋藻类生物，到目前所知的超过3000万种的生命物种，地球上的生命历经了5次大灭绝，却依然保持着繁荣而迷人的美丽景貌。人类，是目前地球上有机生命体的最高形式，已经繁衍进化了150万～200万年。如果说，在浩瀚的宇宙中，银河系、太阳系只不过是大海中的一粒沙，而地球只不过是银河系中普普通通的一颗星星，那么我们人类呢？我们每一个渺小的生命，在这个地球上存活的意义是什么？

俗话说，天有不测风云，人有旦夕祸福。地震、风雪、海啸、洪水、火山喷发等自然灾害，排山倒海，势不可挡，向我们展示了大自然的威力，让我们感受到生命的脆弱。每一个人，都要面对生老病死和不可预知的生命事件，这些越发让我们感到生命的无奈。可是，人类在这个地球上，面对无数次大灾大难，仍然生生不息，代代相传，书写着自己的历史，创造着新的奇迹。

一、生命的意义在于爱

每一个生命的诞生，都是爱的结晶。从给予我们生命的那一刻起，我们的父母就给予我们无限的爱和希望。也许，我们的父母没有受过高等教育，不懂得科学的教养方法，所以在某些方面留下了成长过程的伤痕。但是，每一个父母总是竭尽所能地爱着孩子。我们的生命，不仅仅是自己的，还是父母身体的一部分，是家庭的一部分，是父母生命的延续。身体发肤，受之父母，我们岂能随便地放弃和糟蹋!

正是因为有爱，对每一段生命来说，存在已是最大的意义。尼克·胡哲（Nick Vujicic），1982年12月4日生于澳大利亚墨尔本，是塞尔维亚裔澳大利亚籍基督教布道家，他天生没有双臂和双腿，却学会了骑马、冲浪、打高尔夫；他6岁开始上学，获得金融理财和地产双学士学位；他19岁开始巡回演讲，感动全球数十亿人；他没有四肢，但勇于面对身体残障，创造了生命的奇迹！面对这个重度残疾的生命，他的父母一度心生绝望；他曾受到小朋友们的嘲弄，曾请求上帝给他健全的四肢，也曾在被窝里悄悄哭泣，甚至想过自杀。但是，凭着对生命的无限热爱，在父母的爱心和坚持下，他坚强地活了下来，不仅如此，他还做出了令世人慨叹的业绩。

如今，这位残疾青年已经创办了演讲公司，并担任国际公益组织的总裁。2008年汶川大地震时，他曾来到地震灾区，以自己的经历鼓励人们不要放弃，要更好地生活下去。尼克·胡哲曾经说过："我感觉自己和别人太不一样，对我来说，将来必定是没有希望的。如果当时我就放弃，认为生命就此终结的话，那我就要错失这么多东西。生活就是生活，有成功也有失败，如此周而复始。难道每次我们经历所谓的失败就要心生绝望吗？"他说："我告诉人们失败时不要灰心，要始终爱自己。如果我能鼓励到哪怕只是一个人，那么这就是我这辈子的工作！"2012年2月20日，这名"无肢勇士"在全球粉丝的祝福下，终于找到了自己的幸福，步入了婚姻殿堂。

是的，当生命之花已然为我们开放的时候，我们有什么理由放弃她呢？亲爱的同学们，对于整个世界来说，你是其中一分子；对于学校来说，你是全校师生中的三万分之一；对于班级来说，你是同学们的三十分之一；对于寝室来说，你是兄弟姐妹里的六分之一；对于家庭和父母来说，你就是他们的全部；更重要的，对于你自己来说，你有100%的权利和义务体现生命的价值！快乐生活，感悟你所得到的爱，享受生命带给你的一切。同时你也有义务对父母、对他人、对社会回馈你的爱！不论生命给你带来的是贫穷还是苦难，请接受它吧，这是大自然给你的馈赠！

二、生命的意义在于奋斗

奋斗，能创造生命的奇迹。举世闻名的德国音乐家贝多芬，一生备受疾病、贫困和情感折磨，却从未停止与命运的抗争，谱写出了一首又一首令人歌颂的生命乐章；美国残疾教育家海伦·凯勒，在黑暗与孤寂的世界里写就14部著作，并建起了数座慈善机构；我国残疾人作家张海迪，曾经说过"我最大的快乐是死亡"，但是，她却活了下来。不仅如此，她创作和翻译的作品超过100万字，她用自己的言行，激励着广大青年和残疾人。这一段段传奇的奋斗经历，无不诠释着生命的终极意义——奋斗。

2005年，一个普通大学生的名字传遍中国，他用自己稚嫩的双肩扛起一家人的生活重担，被评为"感动中国"十大人物之一，他就是湖南怀化学院的在校大学生——洪战辉。在他11岁时，家庭突发重大变故：父亲疯了，亲妹妹死了，父亲又捡回一个遗弃的女婴，母亲和弟弟后来也相继离家出走，从此，洪战辉开始自力更生，当起了这个家的"家长"。从上高中时起，洪战辉就把这个和自己并没有血缘关系的妹妹带在身边，一边读书一边照顾年幼的妹妹，靠做点小生意和打零工等勤工俭学的方式来维持生活，并把妹妹带到自己上大学的异地他乡上学。在他身上，我们看到了高度的责任感，亲善友爱、团结互助的优秀品德，藐视困难、勇敢坚强的奋斗精神，和自强不息、勤奋学习的进取精神。他成为当代的英雄，并被共青团湖南省委、省学联授予首届大学生品学奖，教育部发出《关于开展向洪战辉同学学习的通知》，号召各级各类学校向洪战辉学习。但是面对各级政府、媒体和社会的捐助，他婉言谢绝了，他说："不接受捐款是因为我觉得一个人自立、自强才是最重要的。我现在已经具备生存和发展能力，这个社会上还有很多处于艰难中而又无力挣扎出来的人们，他们才是我们现在需要帮助的！"

在我们身边，在逆境中成长奋斗的大学生还有很多。有的同学家境贫寒，自己用辛勤的劳动所得支付学费；有的同学身残志坚，在校园中快乐前行；有的同学父母早亡，仍然用微笑拥抱着生活……他们是不幸的，正当年少却过早承受生活的磨砺。但他们又是幸运的，因为逆境，他们学会了承担学会了生存学会了生活，更加懂得生命的可贵。谁说这不是生命的一大馈赠呢？……比起他们，我们还有什么理由抱怨枯燥的生活、郁闷的世界呢？

有人说，奋斗不在于你的起点有多高，不在于你拥有了多少，而在于你做了多少，你朝着你的目标前进了多少。是的，每个人都有不同的生命故事，然而，为了自己的生命而奋斗，为了自己的理想而奋斗，为了实现自己的价值而奋斗，却是每个人为自己生命故事所能做到的最好的事情。只要你找准目标，然后朝着目标一点点靠近，到最后你就是生活的赢家！

三、生命的意义在于奉献

贝多芬说过，生命的多少用时间计算，生命的价值用贡献计算。2008年汶川大地震中，无数武警战士为了抢救同胞的生命而日夜不休，整日无眠；无数年轻的父母为了保护孩子，将自己的身体作为最坚固的防护墙；更有大爱无私的教师，像雄鹰一样，将逃生的机会让给孩子们，展翅保卫孩子幼小的生命……在这场震撼心灵的国殇中，我们见证了人性的光辉与伟大，互助友爱的精神更令我们感慨生命的伟大。正是因为有了爱和奉献，我们的世界才充满了温暖，每一个生命才得以浸润和感动。

2010年5月27日，一个普普通通的人——蒋小波，他的年轻生命因为癌症戛然而止，但是另外两人却因为他的奉献而重现光明。他就是湖南人文科技学院物理与信息工程系学生，年仅23岁。

2010年9月20日，毕业于护理专业的23岁女孩毕士敏，在离世前做出了一个重要决定：将自己的遗体捐献给医疗机构。

李清，一个43岁的下岗女工，被人们称为献血天使。目前，她仅捐献成分血就达28次之多，相当于22400毫升的全血，相当于10个人全身血液的总量。她说："献一次血，感觉像救了一个人。"

徐茂、田莉，这两名贫困大学生，用自己勤工助学所得支付学费后，还不忘生活在贫困地区的孩子们，分别资助了18名贫困儿童和16名留守儿童。

这样的例子还有很多很多……

人之所以区别于动物，就在于人类有着高贵的思想，讲道德，明事理，有无私奉献的精神，用聪明才智去创造人类美好未来。在这个世界上，我们的生命只有一次。但是我们却可以通过奉献，使自己的生命得以延续和延展。人类延续生命的方式有两种，一种是通过生命繁衍，传宗接代完成人类生命的自然延续；一种是“立德、立功、立言”完成人类生命的精神延续。奥斯特洛夫斯基说过，“人的一生应当这样度过：当他回首往事时，他不因虚度年华而悔恨，也不因碌碌无为而羞耻。”那么我们当代大学生，应该用什么来证明自己生命的价值呢？

四、生命的意义在于创造价值

对于每个人来说，生命的意义并不仅仅是为了活着，而是为了更好地活着。我们要充实生活的每一个瞬间，创造生命的价值。医生靠治病救人实现自己的人生价值，教师以教书育人实现自己的人生价值，农民和工人，用辛勤的劳动实现自己的人生价值，而各领域的名人专家，用才智和胆识为世界创造了无限价值。歌德说：“你若要喜爱自己的价值，就得给世界创造价值。”也许有同学会说：“我要是碰上一件能使我的生命有价值的事就好了，否则，我一个普通的人，能创造出什么有价值的东西呢？”是的，同学们，我们都是普通的人，谁也没有呼风唤雨的神器，谁也没有摧枯拉朽的力量。但我们不能就此否定生命的价值。也许正因为普通、因为平凡，生命的价值才显得更加伟大。

2009年10月24日，湖北省荆州宝塔河江段江滩上有两名小男孩不慎滑入江中，正在附近游玩的长江大学10余名大学生发现险情后，迅速冲了过去，其中有三名同学被冲入湍急的江水中，不幸遇难。

这次大学生因救人而溺亡事件，也再次引发了人们对“90后”大学生的重新认识。现在在读的大学生，一度被称为“迷失的、自我为中心的、无社会责任感的、垮掉的”一代。但是我们也欣喜地看到，在我国大学生村干部计划、大学生志愿服务西部计划、高校毕业生“三支一扶”计划实施之后，每年都有上万名大学生主动请缨，在遥远的边疆，在艰苦的山区，在日复一日平静生活中，奉献着自己的青春和才智，实现着自己的理想和价值，为我们做出了表率。

五、生命带给我们什么

当我们呱呱坠地来到这个世界，生命带给了我们什么？也许有的同学会说，我才不稀罕父母带给我的生命，如果可能，我宁愿自己从未来到这个世界！

可是，你可曾见过那些在生死线上挣扎的人们，他们是如此渴望一个健康的身体，完整的生命！

生命赐给了我们一双眼睛，去欣赏和观看五彩斑斓、春夏秋冬和悲欢离合；

生命赐给了我们一双耳朵，去聆听世界上美妙的声音，听从师长的教诲，从而学会知书达理；

生命赐给了我们一张嘴巴，可以表达内心，传递温情；

生命赐给了我们一颗心脏，可以感受爱，体悟爱，付出爱；

生命赐给了我们一双手，可以去触摸柔嫩的花朵儿，也可以用它创造价值；

生命赐给了我们一双脚，可以走遍天下，走出通往幸福的阳光大道……

在生命的道路上，我们不可避免地会遭遇欢乐和苦痛、责任和义务、爱和被爱、富有或贫穷，也许我们还会遭遇彻骨心扉的伤害、艰苦卓绝的奋斗和手足无措的迷茫……可是，这又有什么关系呢？我们每个人都清楚地知道，生命的终点只是一座坟墓，那么我们为什么要匆忙走向那里呢？也许，我们无从选择生命的起点，但是我们可以选择生命的终点。我们要学会用心生活的艺术，跟随生活的方向而充分享受此时此刻。对于大学生来讲，找到自己的目标，为之努力和奋斗；寻找生活的乐趣，充满好奇地探索未知的人生；给自己一个快乐的理由，努力开创属于自己的生活，这就是对生命最大的尊重，是生命价值最好的体现。

的确，随着社会竞争的日趋激烈，在纷繁复杂的信息化时代中，当代大学生更容易迷失自我，陷入心理危机。面对一朵朵生命之花过早陨落时，我们屡屡在哀痛中思考：问题的症结究竟何在？当校园里的自杀、他杀事件逐年增多时，更加警示我们：心理危机就在身边。作为生活在象牙塔里的大学生，必须要学会自我调适，学会识别心理危机，掌握自救和互助的方法，努力减少、直至避免悲剧的发生。

第二节　大学生心理危机的表现

近年来，大学生心理危机事件时有发生。

世界卫生组织公报曾经指出，自杀每年造成约100万人死亡，全球平均每40秒就有一人死于自杀。因此，校园危机事件所造成的社会阵痛更加巨大，对大学生群体产生的心理冲击更加剧烈。

那么什么是心理危机？大学生心理危机的表现有哪些？哪些因素可能导致大学生心理危机呢？

一、什么是心理危机

“危机”（Crisis）这个概念在很多领域中广泛使用。《韦伯斯特词典》把危机定义为“决定性或至关紧要的时间、阶段或事件”。《辞海》中解释：“危机是一种紧急状态。”在我国传统文化中，危机是一个非常玄妙的词汇：凡是有危险的地方都潜藏着机遇。既体现了辩证思维的智慧，又透视出危险与机遇并存的思想。的确，心理危机是一把双刃剑，心理危机可能导致严重的病态或过激行为，包括杀人和自杀。与此同时，心理危机中潜藏着机会，它带来的痛苦会迫使我们积极寻求帮助，带给我们成长的机遇。可以说，心理危机与成长相伴而生。没有心理危机，就没有成长。

1954年，美国心理学家卡普兰首次提出心理危机的概念，并对其进行了系统研究。他提出，心理危机是当个体面临突然或重大生活逆遇（如亲人死亡、婚姻破裂或天灾人祸等）时所出现的心理失衡状态。他认为，每个人都在不断努力保持一种内心的稳定状态，使自身与环境相平衡与协调，当重大问题或变化使个体感到难以解决、难以把握时，平衡就会被打破，正常的生活受到干扰，内心的紧张不断积蓄，继而出现无所适从甚至思维和行为的紊乱，进入一种失衡状态，这就是危机状态。

在我国，特别是从20世纪90年代开始，学者们逐渐关注心理危机，开展了广泛的研究并取得了一些决定性的成果。如樊富珉认为危机有两层含义，一是指突发事件，出乎人们意料发生的，如地震、水灾、空难、疾病暴发、恐怖袭击、战争等；二是指人们所处的紧急状态。马湘培认为，心理危机是指某种心理上的严重困境，当事人遭遇超过其承受能力的紧张刺激而陷于极度焦虑、抑郁、失去控制、不能自拔的状态。由于情况紧急，既往惯用的应对方法失效，内心的稳定和平衡被打破，常常容易导致灾难性的后果。由此可见，心理危机有两个关键因素，一是它与挫折有关，二是它处于一种不平衡状态。

二、心理危机的反应

当我们处于心理危机状态时，会产生一系列的生理、情绪、认知、行为以及人际关系等方面的反应。

（一）生理反应

在应激条件下，个体会出现比较强烈的生理反应，如肠胃不适、腹泻、食欲下降、头痛、疲乏、失眠、做噩梦、易受惊吓、感觉呼吸困难、胸闷、哽塞感、肌肉紧张等。

（二）情绪反应

当危机出现时，焦虑、恐惧、抑郁、愤怒、沮丧、紧张、绝望、烦躁、害怕等消极情绪会笼罩上来，往往使当事人不能理智地分析危机事件而陷入糟糕的情绪泥潭。

（三）认知反应

危机中，在强烈的情绪状态下，一个人的认知反应会发生两极变化。有的个体会积极思维，调整自己的认知，运用理性思维调节自我，积极寻找解决办法，达到自我成长。而有的个体会关注于负性情绪，过分强调自身的感受而忽视周围环境和其他人的感受，不会换位思考，从而陷入狭窄的思维怪圈中，也就是我们常说的“钻牛角尖”。

（四）行为反应

在危机产生时，个体为了保护自己减轻或避免感受到痛苦，会采取一些应付方式，如吸烟、酗酒、倾诉等，这些行为采用了不同的防御机制，大致分为三类：一类是积极的行为反应，如坚持、升华、解决问题等；第二类是消极的行为反应，如否认、攻击、逃跑、放纵、退缩等；第三类是中性的行为反应，如转移、合理化、投射等。

（五）人际关系

处于心理危机中的个体，常常会把自己封闭起来，不太愿意与人交往，尽量避免人际沟通。对朋友的建议和劝告，常抱有怀疑的态度，从而使人际关系处于恶化的状态。

三、心理危机的发展过程

突如其来的危机事件，会让我们陷入震惊、迷茫、无措、痛苦的心理深渊，同时，也会让我们经历遥望、希望、激动、感动、喜悦的重生之路。人们对危机的心理反应通常经历四个不同的阶段。

（一）冲击期

发生在危机事件发生后不久或当时，感到震惊、恐慌、不知所措。如亲人或朋友突然死亡，突然听到某种传染疾病大面积爆发等消息后，大多数人会表现出恐惧、焦虑、痛苦和愤怒的强烈情绪，有的人还伴随着罪恶感，导致行为退缩，情绪抑郁。

（二）防御期

在这个时期，个体想恢复心理上的平衡，控制焦虑和情绪紊乱，恢复受到损害的认知功能。但是个体还不知如何做，不知如何正确地解决这个问题，于是会出现否认、合理化等应对方式。

（三）解决期

经历了危机初期的彷徨与无措后，个体会逐渐恢复平静，说服自己接受现实，寻求各种资源努力设法解决问题。此时，个体焦虑减轻，自信增加，社会功能逐渐恢复。

（四）成长期

经历了危机变得更加成熟，获得应对危机的技巧。但也有人消极应对而出现种种心理不健康的行为。

四、心理危机可能的结局

由心理危机所产生的情绪失衡状态并不是持续终生的。绝大多数学者认为，人的心理危机状态要持续4～6周，在这段时日里，由于处理危机的方法不同，个体先前经历危机的体验不同，加之人格特质的不同，当事人的结局也会各不相同。危机事件对大学生既是一个危险，又是一个机会，它对大学生的生活、工作和身心都可能造成一定的影响甚至伤害，一般有4种结局。

（一）顺利度过危机

危机事件激发他去面对问题克服困难，采取得当措施，因此他不仅顺利地度过了危机，而且通过危机学会了解除困境的新方法，并总结经验和教训，整个身心健康水平得到提高，心理素质得到增强，人格得到了成长与完善，这是最佳的结局。

（二）虽然度过了危机但可能留有心理创伤

特别是成长中的大学生，有的会形成一种偏见，留下痛点，影响今后的社会适应，遇到同样的事情会采取消极的态度，比如大学生失恋之后如果留下阴影，会对世间是否有真爱产生怀疑，不利于他日后的生活。

（三）缺少应对危机的办法

表现出心理的恐慌/无助，出现心理障碍，甚至转为神经症或精神病，以后任何生活变故都会诱发心理危机，当事人的心理承受力和心理健康水平会明显下降。

（四）未能度过危机

心理承受不了出现崩溃，采取自伤自毁，甚至自杀的行为。

延伸阅读10-1

影响心理危机结局的因素

同样一件事情，在有些人眼里不过是平常小事，会微笑着应对顺利解决，而对于另外一些人来说，则成为具有伤害意义的心理危机事件。而同样的心理危机发生在不同人的身上，会因当事人的人格特质和应对方式的不同而呈现不同的结局。那么影响心理危机结局的因素有哪些呢？ 一般说来，某一事件是否会成为危机，以及危机是否能顺利度过，主要受以下因素的影响。

（1）个体对事件的知觉。对某一事件的认知和主观感受几乎决定了人们的行为应对方式。如果个体对某事件的认知出现偏差，就会影响到主观感受，相应地也会影响所采取的行为。而如果我们对事件的知觉是客观的、合乎逻辑的，则会提高解决问题的可能性。如一个同学总是认为“世界上没有人会真正关心你，人只有靠自己”，在生活中便感受不到人际间的温暖，在遇到人际冲突时，更会倾向于做出负面的推理，从而使人际关系更加不和睦。

（2）社会支持系统。人的本质是社会化的，人际交往和他人的支持是人类的基本需要。社会支持系统是人们应对各类压力的重要心理资源，当这种资源缺乏或丧失时，我们在压力面前将变得无比脆弱、不堪一击，从而导致心理危机的发生。若在危机中仍未有足够的社会支持，心理危机更可能进一步发展而导致不良后果。

（3）应对机制。人们通过日常生活，学会了运用各种手段去应对焦虑和减少紧张，并逐步形成了应对压力的模式。那些被人们运用的、有效的应对策略会成为人们日常生活中解决压力的一部分而被纳入他们的认知模式中，并逐渐形成了人们解决压力的一套有效的应对机制。相反，如果没有恰当的、有效的应对机制，个体的压力或紧张将持续存在，危机便会随之产生。

（4）个体的人格特征。心理危机还受个体人格特征的影响，容易陷入危机状态的个体在人格上具有特异性：如注意力明显缺乏，看问题只看表面而看不到本质；内向、偏执等，这种人格特征使个体遇到危机时往往瞻前顾后，总会联想不良后果；情绪情感不稳定，自信心低，独立处理问题的能力极差；解决问题时缺乏勇气进行尝试，行为冲动缺乏理性，经常会有毫无效果的反应行为。

五、大学生心理危机的表现及分类

大学生是一个特殊的群体。由于大学生必须要面对成长中的发展性课题，比如，自我同一性、职业生涯规划、恋爱与情感、人际关系、学业成绩等，这些课题有待于认真思考、正确处理，它们既是大学生成长的外部动力，也是潜在的应激源，使大学生容易发生成长性心理危机。另外，大学生处在走向成熟的过渡阶段，生理方面更多具备了成人的特征，但社会阅历和经验相对不足，处理问题的社会经验和能力更是有限，这种反差的存在，使得心理危机在他们身上十分容易得到表现乃至爆发。按照心理危机的诱发原因及持续时间，心理危机可分为4类：境遇性心理危机、存在性心理危机、病理性心理危机和成长性心理危机。

（一）境遇性心理危机

境遇性心理危机是当个人遇到罕见的、超常的、无法预测和控制的突发性事件或境遇时所产生的心理危机。例如，交通意外、被绑架、突然被诊断出身患绝症、被强奸、自然灾害等。如2008年5月12日汶川大地震，对于因这场地震而出现的心理危机就属于境遇性心理危机。再如亲历父母亡故、车祸现场等重大生活事件也可能导致境遇性心理危机。

【案例1】 我好害怕一个人

冬日的一个下午，小芸在舍友的陪伴下来到咨询室。她低着头，似乎刚刚哭过，眼睛红红的。坐下来，小芸断断续续地跟咨询师讲述了她的心事。她说她很害怕，晚上不敢一个人走路，白天也不敢自己在宿舍待着，无论去干什么，必须要有人陪着才能踏实一些。在咨询中得知，她高中的一个好朋友刚刚因病去世。小芸说："在她去世之前，我去看望过她。看到她那苍白的脸，瘦弱的身子，我就感到特别的悲凉。她还那么年轻，才刚考上大学呀！命运为什么如此的不公！"说完，小芸又陷入极大的悲痛中，哭了起来。"我现在经常想到她，一想到她，我就感到很害怕，生命太脆弱了，我害怕哪一天我也会消失在这个世界……"看着她无力的样子，咨询师进行了一系列的哀伤辅导，让她与好友完成告别，并重新认识这个危机给她带来的影响。第二次，又一起讨论了对生和死的看法，使她树立了信心。经过这两次咨询，小芸基本能从好友的死亡阴影中走出来，不再害怕生命的无常，能够投入正常的生活和学习中。

（二）存在性心理危机

存在性心理危机是指大学生因为人生的存在性问题而产生的心理危机。它伴随着人生一些重要而根本的问题，比如，关于人生的目的、责任、独立性、承诺等。存在主义心理治疗创始人欧文·亚隆认为，我们生活中的所有痛苦都基本源自4个方面的困扰：死亡、孤独、自由和责任、意义。实际上，因为年龄和身心发展阶段的固有特点，大学生对存在性问题的思考是比较集中的。

曾经有一位哲人说过，没有思考过死的人不能称为真正的人。生和死是人生的基本课题，作为一个人活在世上，一定会去考虑生命、死亡：我什么时候死，我应该怎么样去过自己的一生。探索人生，探索自我发展，探索自己存在的意义和价值，这种思考肯定会有很多的困扰。很多大学生有这样的困惑：我存在的意义到底何在？按照佛语说，生命就是走向死亡的迂回曲折的过程。有人说，人终极的目的地就是死亡，反正我会死亡，我为什么还活？这些存在性的困扰，人们尤其是青年人在探索自我、探索人生时总会遇到这些人生话题。

【案例2】 一个人到底有几个我？

一次团体辅导培训课结束后，一位皮肤黝黑的男生站在培训老师面前。他急切地说："老师，我能不能问你几个问题？"就这样，他带着焦急的心情开始了对生命的探寻之旅。他说："老师，我是一个很上进的人，您也能看得出来吧。我在学院学生会担任学习部部长，在班级里担任班长，平常工作很积极，对自己要求很高，对同学也都很好，很愿意帮助他们，因此人缘非常好。但是不知道为什么，我跟我女朋友相处的时候，几乎变了一个人。跟她在一起的时候，我几乎不说话，喜欢待在自己的世界里，思考自己的问题。其实有时候我也不愿意跟她在一起，我宁愿自己待着，给自己一个宁静的空间。”老师问：“在这几种空间里，你有什么不同吗？”他陷入了沉思，回答道：“跟同学在一起，我觉得我必须要强大，就像一个将军一样，这样才能树立威信。”一边说着，他站起来，握紧拳头，目光炯炯地看着前方，真的像一位将军在指挥千军万马作战。“而跟女朋友在一起时，我好像想休息一下，因为我真的很累了。”说到这里，他的目光黯淡下去，“而当我独自一人时，这时才是真正的我。我感到自己很卑微，很小，想藏起来不让别人看见。也许，我还能想想白天发生的事情，自己有哪些方面做得不好，自己该怎样去努力改进，但是这种孤独又让人非常难受……老师，你说我怎么差别这么大？到底哪一个才是真的我？就像我这样，每天为了树立自己的形象搞得这么累，有什么意义！我到底该怎样做？如果这样继续下去，我还要忍受多少孤独？”说完这些，他低下头，脸上露出痛苦、纠结的表情……

其实，这位男生的思考里包含了对人生的意义、承担的责任、自由和孤独、自我同一性等重要课题。这些课题是每个人都要面临和经历的，当我们对这些问题理不清头绪的时候，就会陷入心理危机之中，甚而对生命的价值产生怀疑。同学们不妨在生活中多交流类似问题，当这一切豁然开朗之时，我们心灵的窗户也会随之向整个世界打开。

（三）病理性心理危机

在青少年群体发生的危机中，多以病理性心理为主要特征，因为青少年的某些心理障碍或心理疾病本身可能就是一种心理危机，如抑郁症、焦虑症、躁狂症等。也有些失调的行为可能引发心理危机，如品行障碍或违法犯罪等。其中，抑郁症是自杀率最高的精神障碍。随着社会压力的增大，大学生罹患抑郁症的比例有所增加，目前的调查表明：精神病者的自杀率高于一般人口的10～90倍，甚至有高于一般人口727倍的报告；自杀者中，精神障碍的比重很高，为74%～100%，其中患有精神病的13%～52%。可能导致自杀的精神疾病种类很多，尤以精神分裂症和抑郁症为最多。

【案例3】 黑夜里的孤独

小楠，以前是一个看起来活泼开朗的女孩，今年读大三。最近，她感到自己已经无法承受心灵上的痛苦，于是来到咨询室求助。她说：“白天，我能跟同学们一起做些事情，可是一到夜深人静或者独自一人时，就会陷入孤独静寥的世界。我经常回想自己身边的种种事情，心底总有一种悲凉在全身弥漫开来。我说不好这种悲凉是什么，反正白天跟人在一起时挺好的，但是一个人的时候，就总是觉得自己一无是处。”她问：“我这样活着有什么意义吗？学习上，达不到爸爸妈妈的要求，真对不起爸妈对我的培养。能力上，也没有达到我自己的要求，我有时甚至想，干脆结束自己的生命吧，这样就不会有任何压力了。”当咨询师问她这种情况持续多长时间时，她回答道：“在高中和大一的时候，每次遇到压力，我就会这样，当时还吃了药辅助治疗。就像这次，也是因为要准备考研，所以感觉压力特别大，老师，这会不会是什么病？还需要吃药吗？”鉴于这种情况，咨询师给她做了一份抑郁自评量表，测试报告显示为“中度抑郁”，经过医院检查，小楠确实需要服用药物以缓解抑郁症状。之后，学院为其办理了病假手续，小楠在家一边接受心理咨询一边按时服药。两个月后，小楠基本康复，回到了学校。

（四）成长性心理危机

大学生中常见的心理危机大多属于成长性心理危机。这类危机往往出现在个人成长过程中某些重大转变的节点，这时外界对个体的要求往往出现重大的改变，从而导致个体出现异常的心理反应。对大学生来说，新生入学的不适应、宿舍人际关系的不和谐、考试屡遭挂科、不喜欢所学专业、评优落选、不能顺利就业，等等，当我们遇到这样一些发展中的困难或阻滞时，就会产生压力，若不及时进行疏导，就会逐渐转化为心理危机。成长性心理危机是大学生最常见的一种危机，但只要及时接受咨询和疏导，努力将“危险”转化成“机会”，我们就会豁然开朗，得到自我的成长。

六、心理危机的极端表现——自杀

自杀是指个体蓄意或自愿采取各种手段结束自己生命的行为，是心理危机严重到已经无法忍受的地步而采取的一种较为极端的行为反应。一提到自杀，我们通常会认为是自杀者“一时想不开”，觉得没有什么办法能够阻止自杀，我们甚至不敢去碰触这个字眼，因为这种行为太过惨烈。确实，自杀，一个就太多。对于正值青春年华的大学生来讲，自杀不单是对自己生命极不负责任的行为，而且还给家庭带来无限的哀愁和沉重的负担。

（一）自杀的阶段

自杀过程一般分为4个阶段：自杀念头萌生阶段、内心生死矛盾冲突阶段、自杀决定阶段、自杀实施阶段。

1．自杀念头萌生阶段

自杀者因各种原因出现自杀意念。有些自杀意念是闪念之间，而有些自杀意念则是一经产生就很难消除。尤其是理智性自杀念头一经形成，会相当顽固，挥之不去。

2．自杀彷徨

萌生自杀念头后，常常会有一段时间的犹豫不决、彷徨徘徊，此刻，他们心中充满着激烈的冲突与斗争，在生与死的抉择中，无数次进行权衡与选择。包括考虑自杀方式、自杀后果、自杀时的感觉、未遂造成残废的可能、自杀后亲人及其朋友的感受，等等。在彷徨中，他们也可能做一些理论上的准备，如搜集有关自杀的信息，搜集自杀主题的作品，或观看有关的影视录像。

3．自杀决定

自杀者在经过激烈的生与死的较量之后，做出自杀决定，心态也随之恢复了平静，认为最终找到了解决问题的出路。这时他们可能会有一些反常的举动，如忽然话多了起来，与同学非常亲近，表露出歉意，以及处理后事的一些行为。与此同时，他们也在积极准备行动计划，如写遗书、准备工具、交代后事、打电话或写信告知相关人员。

4．自杀实施

自杀者经过足够的心理准备后，死亡的心理能量充满着内心。他们会坚决果断、采取出乎意料的方式结束自己的生命。

（二）大学生自杀的类型

近年来，急速攀升的大学生自杀率已经引起社会各界的广泛关注，大学生已经成为自杀的高危人群。作为社会宝贵的人力资源财富，大学生的自杀，对社会与家庭造成的损失是无法估量的。

1．寻求解脱

有的大学生面临自己难以解决的人生问题时，会感到极度的自卑、羞愧、恐惧、空虚与绝望，感到已经走投无路，只能选择自杀的方式以避免痛苦。如某大学生在大一结束时，因学业成绩不理想被留级试读。在试读期间，他学习认真努力，但成绩依旧不理想，根据学校的学籍管理规定，该生应当退学。临近寒假，同学们都高高兴兴准备回家，这位同学觉得没有脸面见家人，死是唯一的选择，于是最终选择了自杀。他在遗书中写道："对于自己，我觉得没有脸面再活下去；对于家人，我无法面对他们二十年的培养。死亡是唯一的选择，也是我最后的解脱。"

2．自我防御

当面临挫折情境，特别是当事人认为是由于自己的原因所造成这种情境时，自杀行为可以成为改变挫折情境、减少自责或逃避处罚的手段之一，但无疑也是最消极的一种防御方式。用"一了百了"的方式解决问题，只能将痛苦与创伤留给自己的亲人。如某大一学生被怀疑盗窃了舍友的银行卡和现金，在无数次解释仍无法证明自己清白的情况下，他极度绝望，选择触电自杀，以死亡来证明自己的清白。在他死后一年，真正的小偷被抓获，令冤枉他的同学悔恨终生。用死亡来捍卫自己的尊严，看似高尚，实则是内心脆弱、亵渎生命的表现。

3．放任性自杀

放任性自杀是指漠视生命，生活稍有挫折就选择结束生命的行为反应。个体对生命的漠视，使生命不再令人敬畏。受不良文化的影响，如"杀人不过头点地""生也何欢，死也何苦""一了百了"，个别大学生视生命为草芥。在这种思想的影响下，个体很容易在遭遇挫折后用死亡的方式结束所谓的痛苦。

4．报复性自杀

报复性自杀是当个体因某种原因产生内心的愤怒与敌对情绪时，为迫使对方承受法律责任或道义与良心上的谴责，以死向对方示威以达到报复的目的。这种自杀的目的是通过自杀行为来操纵他人或社会。如一位高中生因为父母教育过于严厉，对父母怀恨在心，想要通过"自杀"来报复父母，使其终身受到良心的谴责。

5．威胁性自杀

威胁性自杀是当个体面临人生危机，不知该如何应对时所采取的一种行为。这类自杀者并非真的希望结束生命，而只是把自杀作为一种要挟对方，向对方讨价还价，迫使对方就范的手段。这类自杀者往往摆出自杀的架势，虚张声势以引起他人关注，在恋爱受挫、人际冲突情境中最为常见。如一位男大学生因为恋人提出分手，便以割腕自杀相威胁，最终以女生妥协告终，在以后的相处中，男生反复使用自杀威胁女生，对女生造成了严重的身心伤害。

第三节　大学生心理危机的预防与干预

一、心理危机干预的对象

心理危机干预是指对处在心理危机状态的个体采取明确有效的措施，使之最终战胜心理危机，重新适应生活。

北京市教工委、教委、卫生局、团市委联合出台的《北京高校学生心理素质教育疾病预防与危机干预大纲》认为，心理危机的干预对象包括以下12类。

（1）遭遇突发事件而出现心理或行为异常的学生，如家庭发生重大变故、遭遇性危机、受到自然或社会意外刺激的学生。

（2）患有严重心理疾病，如患有抑郁症、恐惧症、强迫症、癔症、焦虑症、精神分裂症、情感性精神病等疾病的学生。

（3）既往有自杀未遂史或家族中有自杀者的学生。

（4）身体患有严重疾病，个人很痛苦、治疗周期长的学生。

（5）学习压力过大，因学习困难而出现心理异常的学生。

（6）个人感情受挫后出现心理或行为异常的学生。

（7）人际关系失调后出现心理或行为异常的学生。

（8）性格过于内向、孤僻、缺乏社会支持的学生。

（9）严重环境适应不良导致心理或行为异常的学生。

（10）家境贫困、经济负担重、深感自卑的学生。

（11）由于身边的同学出现个体危机状况而受到影响，产生恐慌、担心、焦虑、困扰的学生。

（12）其他有情绪困扰、行为异常的学生。

尤其要关注上述多种特征并存的学生，其危险程度更大，更应成为重点干预的对象。

二、心理危机的症状

大学生若出现下列几种情况（包括个体所面临情境及其身心症状和行为表现等），则已罹患心理危机的可能性较大。

（1）重大丧失（如亲人死亡、人际关系破裂、考试失败、失恋、遭受拒绝等）后出现异常表现。

（2）遭受严重突发事件的刺激后有异常反应。

（3）明确或间接表露自己感到痛苦、抑郁、无望、无价值感甚至流露出死亡的意图。

（4）孤僻、人际关系恶化。

（5）物质滥用量加大。

（6）易激惹、与人敌对。

（7）持续不断的悲伤或焦虑。

（8）依赖性加大。

（9）出现自毁性或攻击性行为。

（10）日常学习、工作、生活状况出现明显的负性改变。

三、心理危机的预防

（一）正确看待压力、挫折与危机

人的认知犹如“过滤镜”，它会使许多情境改变颜色。还记得“情绪ABC理论”吗？在这个理论中，A是指事件（Actizating Event）；B指信念（Beliefs），C是人的情绪和行为结果（Consequence）。通常人们会认为，人的情绪是直接由诱发性事件A引起的，即A→C。但ABC理论则指出，诱发性事件A只是引起情绪的间接原因，而人们对诱发性事件所持的不合理的信念、看法和解释才是引起情绪反应更为直接的原因，即A→B→C。在我们的生命词典中，压力、挫折、危机随时可能出现，那么我们应该树立怎样的危机观呢？

首先，要认识到，压力、挫折和危机都是客观存在的。人的一生，困难、挫折和危机是不可避免的，或者可以说是与生俱来的，这是客观存在的东西，不以人的意志为转移。面对客观存在的这些情境，我们应该承认它，怨天尤人是没有任何意义的。

其次，压力、挫折和危机又是辩证的，是可以转化的。对我们来说，这既是刺激、威胁，但同时也是挑战、契机。从积极的意义上看，适度的压力、挫折是维系正常心理功能的条件，有助于人们适应环境，提高能力，有助于认识自身的长处与短处。而危机能激发我们潜能的发挥乃至发挥到极致。危机的克服能使人在增长人生经历的同时提高自信心，使人生变得丰富而充实。回想我们过去的经历和挫折，不就是因为有了它们，我们才逐渐变得坚强、勇敢和富有能力吗？

最后，在面临压力、挫折和危机时，我们还要积极应对，不能采取回避、否认、攻击等消极的行为方式。唯有此，我们才能在危机中得到成长。

（二）培养积极健康的心理品质

当代大学生，不仅需要渊博的知识、强健的体魄，还应该具备积极健康的心理品质。当大学生踏入校园时，就应该着手培养积极、乐观、健康、向上的心理品质，从而为自己走好未来的人生之路做好准备，这也是预防心理危机的最根本要求。

（1）正确认识自我、评价自我、悦纳自我，拥有自信，消除自卑。

（2）主动适应环境，尤其是适应集体环境、人际关系和学习工作环境。

（3）从一点一滴做起，强化良好的个性，接纳自己的独特性。

（4）学习人际交往技巧，建立宽厚的人际关系。

（5）掌握职业生涯规划的方法，为自己的未来做一个定位。

（6）学会调节、管理、控制自己的情绪，做情绪的主人。

（7）确立健康的恋爱与性观念，培养爱的能力，在爱中成长。

（8）学会如何应对压力，将压力转化为促进个人发展与成长的动力。

当心理危机降临时，任何人都无法阻挡，但是，当我们拥有了强大的心灵时，再难的路也会走过去，再坎坷的坎也会迈过去。让我们试着从一点一滴做起，培养自己良好的心理品质吧！

（三）争取社会支持

社会支持（Social Support），是指个体与社会各方面包括父母亲人、朋友、同学、伙伴等及家庭、学校及班级等组织通过支持性行为所构成的人际交往系统。社会心理学认为，社会支持是个体在与社会发生联系时所获得的精神上和物质上的支持，是人们有意识或无意识构建的在一定情境下处理应激事件时的一种资源。从这个角度来看，社会支持系统既包括个人与社会所发生的客观实际的联系，如直接得到物质上的捐助；也包括个体在一定情境中主观体验到的情感上的支持，即个体在社会交往中体验到的被尊重、被支持、被理解和对生活环境满意与适应的程度。

人生之路非坦途，我们每个人都会遇到这样那样的麻烦、困扰、逆境，每个在困境中的人都希望得到理解、帮助与支持，因此，建立相互支持的系统尤其重要。而父母、亲戚、老师、同学、朋友，以及各种各样正式和非正式组织都可能成为我们的社会支持资源。

（四）学会自助、求助和助人

首先要认识到：心理危机是每个人都可能遇到的人生境遇，而且，我们完全有能力度过心理危机。无论我们是否处于危机中，我们都首先应该掌握“三助”的方法，即自助、求助和助人。

1. 学会自助

即要自觉提高自身的心理素质，掌握心理调适的方法，完善自己的个性特征，抵御心理危机的侵扰。

2. 学会求助

即在发现自己出现危机征兆时，及时向外界或专业的心理机构求助，以帮助自己尽快解除危机。

3. 学会助人

即对周围陷入心理危机或存在自杀危险的同学，及时给予支持和帮助，必要时诉诸专业机构。

四、心理危机的干预

（一）及时转介至专业机构

当遇到心理问题时，大学生首先选择的是向朋友倾诉，其次是向母亲、同学、恋人、父亲、同龄亲属倾诉，而选择向心理咨询师倾诉的仅占3.2%。可见他们更倾向于向关系亲密的非专业人员求助。这不仅给自己增加了许多痛苦，而且也增加了问题解决的难度。为了适应大学生的心理需求，目前各大高校均设有心理健康教育中心或心理咨询室。当有心理危机发生时，可直接与专业机构取得联系，以获得及时的专业帮助。

（二）专业机构能帮你做什么？

在学校心理健康教育中心及社会专业医疗机构，专业人员会为你提供如下服务，帮助你度过心理危机。

（1）评估你的心理危机状况。

（2）帮助你疏导负性情绪。

（3）帮助你正视危机，提供可能的应对和处理方式。

（4）帮助你获得新的信息和知识，从而寻找另外的解决办法。

（5）可能的话，在日常生活中提供必要帮助，如回避一些应激性境遇。

（6）采用专业技术，如焦点解决短期心理治疗、认知行为疗法、辩证行为治疗等技术，帮助你澄清有关认识误区。

（7）督促当事者接受帮助和治疗。

（三）对于自杀，我们能做什么？

如果我们能够用心辨别，其实，我们会发现，自杀是有规律可循的，而自杀行为，也是可以阻止的。那么我们应该怎么做呢？

1. 正确认识自杀

如果注意捕捉一些预兆，就可以有效地防范自杀。但是对于自杀，我们似乎总能从别人那里听到一些“传说”，从而耽误了转介和干预的最佳时机。实际上，那些“传说”中有一些是对于自杀的误解。

（1）威胁别人说要自杀的人不会自杀。事实上大量自杀死亡者曾威胁过别人或者对他人公开过自己的想法。10个自杀的人中，有8个曾经表示过自杀的意愿。

（2）自杀者有精神疾病。事实上仅有少部分自杀未遂者或自杀成功者患有精神疾患。他们中大多数人是具有严重的抑郁、孤独、绝望、无助、被虐待、受打击、深深地失望，失恋或者别的情感状态的正常人。

（3）自杀发生在家庭中，具有一种遗传倾向。事实上，自杀倾向虽然与某些特定基因有一定的关联性，但它绝大部分还是习得性的或是情境性的。

（4）自杀总是一种冲动性行为。事实上，自杀有一些是冲动行为，另一些则是在仔细考虑之后才实施的。

（5）如果一个人曾经想过自杀，那么他永远就会有自杀的企图。事实上，一般而言，想要自杀的人只是在有限的时间内有这种想法，自杀的想法往往与抑郁症有关，而抑郁症会随着治疗进程而消退。

（6）想要自杀的人已经做出很明确的自杀决定。事实上，大多数人并没有决定是生还是死，他们常常与死亡赌博，让别人拯救自己。

（7）“自杀”过一次的人恢复正常，情绪好转，就没有再次自杀的危险了。事实上，自杀危险在抑郁症好转三个月内仍然存在，因为这时个体仍是抑郁的，而且有能力实施自杀计划。

2. 如何觉察自杀征兆

企图自杀的人，一般会在言语或行为上透露出自杀的想法。

（1）言语上的征兆

① 直接向人说：“我想死。”“我不想活了。”

② 间接向人说：“我所有的问题马上就要结束了。”“现在没有人可以帮助我。”“没有我，他们会过得更好。”“我再也受不了了。”“我的生活毫无意义。”

③ 谈论与自杀有关的事或开自杀方面的玩笑，如跟同学开玩笑“我死了你会伤心不？”

④ 谈论自杀计划，包括自杀方法、日期和地点。

⑤ 流露出无助或无望的心情。

⑥ 突然与亲朋好友告别。

⑦ 谈论一些可行的自杀方法。

（2）行为上的征兆

① 出现突然的、明显的行为改变（如中断与他人的交往或出现很危险的行为）。

② 退缩和独处明显增加，减少与其生活中的重要人物的交流。

③ 抑郁的表现。

④ 无故送东西、送礼物给亲人或同学，无理由地向他人道谢或致歉。

⑤ 有条理地安排后事。

⑥ 频繁出现意外事故。

⑦ 饮酒或吸烟的量大增。

⑧ 躯体症状，如进食障碍、失眠或睡眠过多、慢性头痛或胃痛、月经不调、无动于衷。

⑨ 对学习失去兴趣，上课无故缺席，迟到早退，工作或学习成绩下降。

⑩ 严重的自卑感和羞耻感等。

3．如何帮助有自杀征兆的人

（1）表达你的关心，询问他们目前面临的困难及困难给他们带来的影响；

（2）保持冷静，耐心倾听，让他谈出自己内心的感受，尽力想象自己处在他们的情况时是何感受，也不试图说服他们改变自己的感受。

（3）要接纳他，不对其做任何道德或价值评判。

（4）在相同境遇下，你也会有同样的感受，说出你的感受，让他们知道并非只有他自己才有这样的感受。

（5）给予希望，让他们知道面临的困境是能够改变的，但不要认为凭借自己的能力就能够帮他解决问题。

（6）他们可能会拒绝你要提供的帮助，有心理危机的人有时会否认他们面临的问题，不要认为他们的拒绝是针对你本人。

（7）大胆询问他们是否有自杀的想法："你是否感觉到那样痛苦、绝望，以至于想结束自己的生命？""有时候一个人经历非常困难的事情时，他们会有结束生命的想法。你有那种感觉吗？"询问一个人有无自杀念头不但不会引起自杀，反而可以拯救生命。但不要这样问："你没有自杀的想法，对吧？"

（8）相信他们说的话，当他们说要自杀时，应该认真对待。

（9）如果他要你对其想自杀的事情给予保密时，不要答应。

（10）让他相信别人是可以给予他帮助的，鼓励他再次与你讨论相关的问题，并且要让他知道你愿意继续帮助他。

（11）说服其相关人员共同承担帮助他的责任。

（12）如果你认为他当时自杀的危险性很高，不要让其独处，要立即陪他去学校心理健康教育中心或医院接受评估和治疗。

（13）对刚出现自杀行为（服药、割腕等）的人，立即送到最近的医院进行抢救。

五、在危机中成长

每个人心中都有两种力量：成长的欲望与退缩的冲动。当遇到困难、危机与创伤时，我们不止一次地问自己：我们能做什么？能够渡过这个难关吗？伴随着自我怀疑甚至自我否定，这些想法在斗争着、冲突着，影响着我们的生活、影响着我们的选择。那么，我们该如何在危机中获得成长呢？

首先要正确评价危机结果及危机带来的影响。当危机发生时，必定会带来精神上的苦恼，但同时我们也要客观分析危机的结果，看看危机到底在哪些方面对我们造成了什么影响？通常，当我们处于危机时会过分夸大危机的痛苦和后果，而当危机已经解决时，会发现，危机并没有当时那么令人恐惧。不仅如此，我们还会发现危机带给了我们许多启发。“福兮祸之所伏，祸兮福之所依”，这句古话同样适用于心理危机的情境。

其次要总结经验，不断提高应对危机的能力。一个人处理危机的能力，在很大程度上取决于以往处理危机的经验。生活的能力不是凭空生成的，它需要在具体的生活实践中一点点地培养、获得。如果一个人从小没有养成独自处理“小”问题的能力，那又怎能在未来的生活中，很好地处理人际关系、婚恋矛盾、事业选择这样的“大”问题呢？

最后，还需要我们很好地认识自我、跨越现有状态，以更加开放的心态接纳自我，提升自我，促进自我成长。有的人之所以不能成长、成熟，其障碍主要来源于内心，一是自我设限。如有的学生认为：“我不够漂亮、不够有吸引力，因此不能受到大家的喜欢”；有同学说：“我就是这样的，即使知道不好我也不改！”二是不愿意离开舒适区。懒惰是人类最大的敌人，我们在舒适区待得越久，就越不敢超越自我。其实，人的每一次成长，都是伴随着痛苦的。有的同学在安全的环境里，幸福地享受着小孩儿般的待遇，当面临困难、压力和危机时，裹足不前，害怕独自前行，害怕成长所带来的责任。但是，我们也要清楚地知道，成长就是不断突破舒适区，不断承担新责任。我们要在危机发生后，再次审视自我，发现自己的长处和不足；要敢于突破自我，提升自我。自我成长的关键在于不要“自我设限”，成长并没有想象中那么困难，重要的是要给自己一个尝试的机会！

心理训练

一、团体活动：生命曲线

训练目的：人的一生，总是充满了曲折。在成长道路上，有令我们开怀幸福的时刻，也有令我们悲伤痛苦的时刻。这每一笔欢乐或痛苦都是我们人生的宝贵财富。现在，让我们拿起笔，来画一画自己的生命曲线吧，认识自己的生命历程吧

训练准备：笔和纸

训练时间：30分钟

训练步骤：

1. 请看下图的坐标，其中横坐标代表你的年龄，纵坐标代表你对生活的满意程度。未来使曲线起伏明显，可以把对过去最不幸事情的满意度定为0，最高兴、最成功的事情，满意度定为100%。

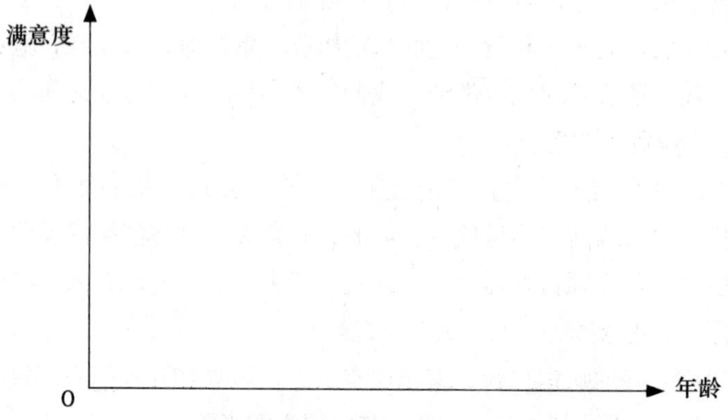

2. 请你找出自己生活中的一些重要的转折点，如果你认为此转折点是正性的，满意度较高，请用绿色表示，如果你认为此转折点是负性的，满意度较低，请用红色表示。然后将这些转折点连成线，一边连线一边反省。最后，请你用虚线表示你未来人生的趋向。

3. 我们每个人在生活中都要面临大大小小的压力，当承受的压力超过了自己的应对能力时，就会出现危机。请你看着你的生命曲线中出现的那些“红点”，按照对你的影响的严重程度，将历次危机写在下面。同时，请你回想一下，它发生在何时？你是凭借什么度过危机的？它又教会了你什么？

二、团体活动：生命中的最后7天

训练目的：认识生命的美好，认真对待生命中的每一天

训练准备：笔和纸

训练时间：30分钟

训练步骤：

由于某种原因，你的生命只剩下7天。如果这时你的身体正常，可以自由地思考与行动，你会如何使用这仅剩的7天呢？把你想做的事情和打算，安排写在下面的横线上吧！

第一天：

第二天：

第三天：

第四天：

第五天：

第六天：

第七天：

三、团体活动：墓志铭

训练目的：反省自己的价值观，了解自己的人生目标

训练准备：笔和纸

训练时间：30分钟

训练步骤：

每个人的生命尽头，都是一座坟墓。现在，你得病即将离世了，你要替自己写下墓志铭，概括你的一生。墓志铭将会刻在墓碑上，供人凭吊。在墓志铭中，你可以简单到只有自己的名字、生年及卒年，也可以长篇大论，但是最少要包含以下内容。

（1）一生的最大目标；

（2）在不同年纪的成就；

（3）对社会、家庭或其他人的贡献；

（4）我是一个怎样的人。

现在请填写“墓志铭”表格吧！

“墓志铭”表格

1. 姓名： （ — 年）
2. 墓志铭：

心理训练

自杀态度问卷（QSA）

性别：______ 年龄：______ 年级：______ 学院：______ 编号：______

指导语：本问卷旨在了解你对自杀的态度。下列每个问题的后面，都标有1、2、3、4、5五个数字供你选择，数字1～5分别代表你对问题从完全赞同到完全不赞同的态度，请根据你的选择在方框内打钩。

心理测试

序号	题目	完全赞同 1	赞同 2	中立 3	不赞同 4	完全不赞同 5
1	自杀是一种疯狂的行为	□	□	□	□	□
2	自杀死亡者应与自然死亡者享受同样的待遇	□	□	□	□	□
3	一般情况下，我不愿意和有过自杀行为的人深交	□	□	□	□	□
4	在整个自杀事件中，最痛苦的是自杀者的家属	□	□	□	□	□
5	对于身患绝症又极度痛苦的病人，可由医务人员在法律的支持下帮助病人结束生命（主动安乐死）	□	□	□	□	□
6	在处理自杀事件过程中，应该对其家属表示同情和关心，并尽可能为他们提供帮助	□	□	□	□	□
7	自杀是对人生命尊严的践踏	□	□	□	□	□
8	不应为自杀死亡者开追悼会	□	□	□	□	□
9	如果我的朋友自杀未遂，我会比以前更关心他	□	□	□	□	□
10	如果我的邻居家里有人自杀，我会逐渐疏远和他们的关系	□	□	□	□	□
11	安乐死是对人生命尊严的践踏	□	□	□	□	□
12	自杀是对家庭和社会一种不负责任的行为	□	□	□	□	□
13	人们不应该对自杀死亡者评头论足	□	□	□	□	□
14	我对那些反复自杀者很反感，因为他们常常将自杀作为一种控制别人的手段	□	□	□	□	□
15	对于自杀，自杀者的家属在不同程度上都应负有一定的责任	□	□	□	□	□
16	假如我自己身患绝症又处于极度痛苦之中，我希望医务人员能帮助我结束自己的生命	□	□	□	□	□

续表

序号	题目	完全赞同 1	赞同 2	中立 3	不赞同 4	完全不赞同 5
17	个体为某种伟大的、超过人生命价值的目的而自杀是值得赞许的	□	□	□	□	□
18	一般情况下，我不愿去看望自杀未遂者，即使是亲人或好朋友也不例外	□	□	□	□	□
19	自杀只是一种生命现象，无所谓道德上的好与坏	□	□	□	□	□
20	自杀未遂者不值得同情	□	□	□	□	□
21	对于身患绝症又极度痛苦的病人，可不再为其进行维持生命的治疗（被动安乐死）	□	□	□	□	□
22	自杀是对亲人、朋友的背叛	□	□	□	□	□
23	人有时为了尊严和荣誉而不得不自杀	□	□	□	□	□
24	在交友时，我不太介意对方是否有过自杀行为	□	□	□	□	□
25	对自杀未遂者应给予更多的关心与帮助	□	□	□	□	□
26	当生命已无欢乐可言时，自杀是可以理解的	□	□	□	□	□
27	假如我自己身患绝症又处于极度痛苦之中，我不愿再接受维持生命的治疗	□	□	□	□	□
28	一般情况下，我不会和家中有过自杀者的人结婚	□	□	□	□	□
29	人应有选择自杀的权利	□	□	□	□	□

评分方法：

该量表由4个分量表组成，1、3、7、8、10、11、12、14、15、18、20、22、25题为反向计分，即选择“1”“2”“3”“4”“5”分别记5、4、3、2、1分；其余条目均为正向计分，即选择“1”“2”“3”“4”“5”分别记1、2、3、4、5分。

对自杀行为性质的认识	1、7、12、17、19、22、23、26、29题平均分
对自杀者的态度	2、3、8、9、13、14、18、20、24、25题平均分
对自杀者家属的态度	4、6、10、15、28题平均分
对安乐死的态度	5、11、16、21、27题平均分

分别计算4个维度的条目均分，以2.5分和3.5分为两个分界值，将对自杀的态度分为三种情况：

≤2.5分为对自杀持肯定、认可、理解和宽容的态度；

＞2.5分或＜3.5分为对自杀持矛盾或中立态度；

≥3.5分为对自杀持反对、否定、排斥和歧视态度。

你的得分是：________。

思考题

1. 大学生心理危机的类型有哪些，请举例说明?
2. 自杀过程可以分为哪几个阶段，每个阶段都有什么心理特征?
3. 哪些人可能最需要心理危机干预?
4. 心理危机的信号有哪些?
5. 你曾经遇到过心理危机吗？请以“我在危机中成长”为题，写一篇自我成长小故事，要求结合自身成长经历，描述危机发生时的心理感受，分析可能的解决办法，并从中得到感悟和成长。
6. 如果你身边有同学表现出自杀征兆，你可以如何帮助?

参考文献

［1］ 杨素华，孙新红. 大学生积极心理培养［M］. 济南：山东人民出版社，2014.

［2］ 夏翠翠. 大学生心理健康教育［M］. 北京：人民邮电出版社，2013.

［3］ 韩方希，王月琴. 大学生心理健康教育［M］. 北京：科学出版社，2013.

［4］ 吴萍娜. 大学生心理健康与发展［M］. 厦门：厦门大学出版社，2013.

［5］ 沈德立. 大学生心理健康［M］. 北京：高等教育出版社，2013.

［6］ 陈济川. 大学生心理健康教程［M］. 厦门：厦门大学出版社，2013.

［7］ 郑洪利等. 阳光心旅——大学生心理健康教育［M］. 青岛：中国海洋大学出版社，2012.

［8］ 刘国秋. 大学生心理健康教育［M］. 济南：山东人民出版社，2013.

［9］ 叶琳琳. 大学生心理健康教育与心理素质训练［M］. 北京：北京师范大学出版社，2012.

［10］ 孟庆荣，陈征澳. 大学生心理健康（第2版）［M］. 北京：清华大学出版社，2011.

［11］ 曾奇峰. 幻想即现实［M］. 太原：希望出版社，2010.

［12］ 李晓波，谢岗. 高校心理委员培训教程［G］. 北京：化学工业出版社，2010.

［13］ 杨甫德. 恋爱必懂的100个心理学效应［M］. 北京：中国水利水电出版社，2011.

［14］ ［美］布雷姆，米勒等. 爱情心理学（第3版）［M］郭辉等，译. 北京：人民邮电出版社，2010.

［15］ ［美］罗伯特·J·斯滕伯格. 爱情心理学［G］. 北京：世界图书出版公司，2010.

［16］ 岳晓东. 爱情中的心理学［M］. 北京：机械工业出版社，2010.

［17］ 蔺桂瑞，杨芷英. 大学生心理健康与人生发展［G］. 北京：高等教育出版社，2010.

［18］ 杜玉凤，李建明. 大学生心理健康［M］. 北京：教育科学出版社，2010.

［19］ 徐光兴. 创伤危机干预心理案例集［M］. 上海：上海教育出版社，2010年.

［20］ 刘峰，蔡迎春. 大学生心理健康——心灵成长之旅［G］. 北京：清华大学出版社，2011.

［21］ 白波，吉峰. 大学生心理健康教育［G］. 济南：山东人民出版社，2010.

［22］ 戚昕. 大学生心理健康［G］. 北京：人民邮电出版社，2010.

［23］ 杨昭宁. 大学生心理健康教育［G］. 济南：山东人民出版社，2012.

［24］ 江燕. 大学生失恋问题的现状调查与分析［J］. 中国电力教育，2012.

［25］ 祝志高. 从当代大学生的婚恋价值取向看高校婚恋教育［J］. 乐山师范学院学报，2010.